Frédéric hoebeeck

Cette blessure

« Souvenirs d'un enfant de l'Assistance Publique »

2ème édition revue et corrigée

Dépôt légal Belgique : D/2019/13.820/1

Bibliothèque Royale de Belgique

Dépôt légal : Mai 2025

I.S.B.N. : 978-2-8106-2916-9

E.A.N. : 9782810629169

Édition : BoD · Books on Demand, 31 avenue Saint-Rémy, 57600 Forbach, bod@bod.fr

Impression : Libri Plureos GmbH, Friedensallee 273, 22763 Hamburg (Allemagne)

Ce livre aurait pu s'intituler :

« De couleur écarlate »
(Mention au vêtement du Christ avant sa mort)

« Éducation perverse d'une religion mal arrangée »

« L'embellie »
(Référence à la chanson de Jean Ferrat)

« La vie vaut-elle la peine d'être vécue ? »

« Témoin de la vie ».
(Se rapportant aux Témoins de Jéhovah)

« Mes tréfonds »
(Allusion au livre de Jean-Jacques Rousseau :
« Mes confessions »)

Mais je l'ai finalement appelé :

« Cette blessure »
(Référence à la chanson de Léo Ferré)

-

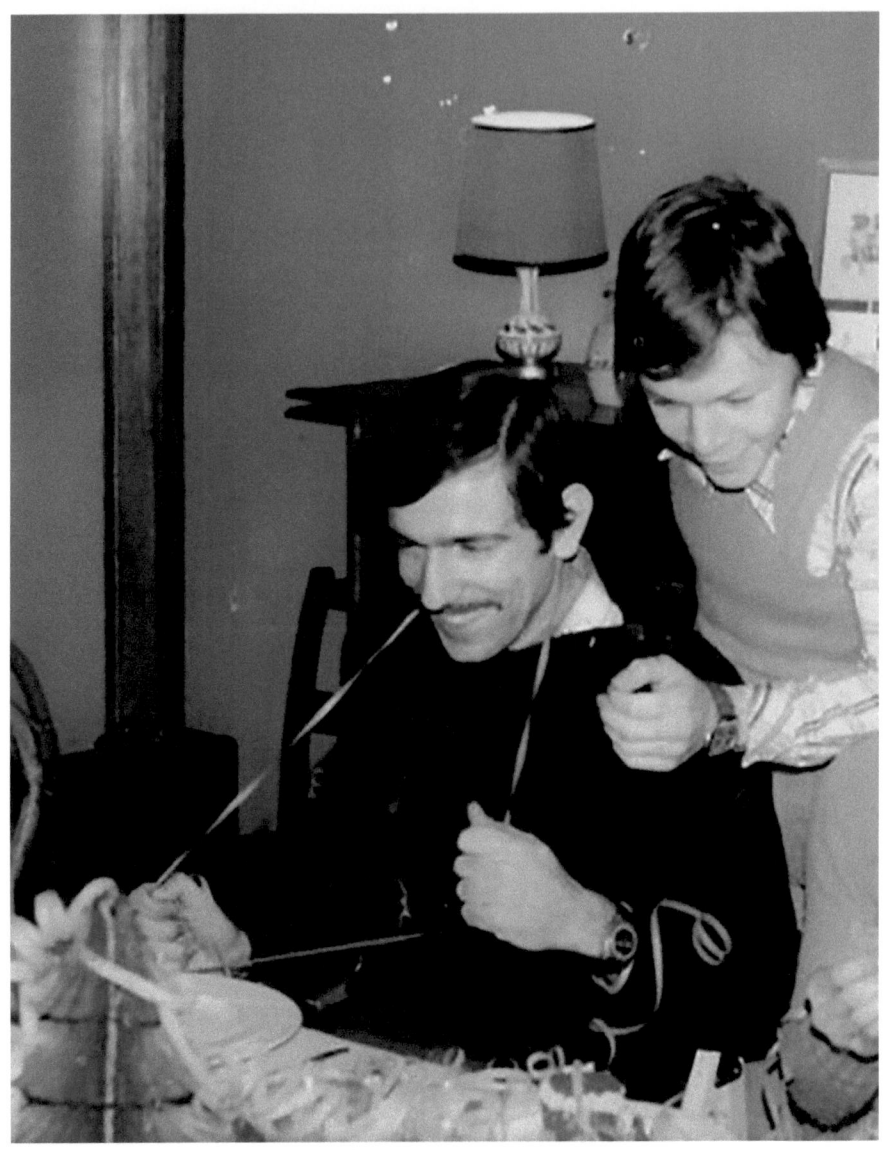

« Paul et moi, photo prise en 1976, jour de Noël »

Paul nous a quittés le 20 janvier 2015 et a consacré toute sa vie à soutenir les enfants en difficultés.

Il est mort le jour de sa retraite, à croire qu'il ne put y avoir pour lui une autre vie en dehors des institutions.

Ce livre est dédié à tous les acteurs sociaux, aux enfants des homes et en particulier à :

Paul Wittebols

Qui est Frédéric hoebeeck ?

Prévert aurait pu écrire de lui :

Il est comme il est
Il est fait comme ça
Quand il a envie de rire
Oui il rit aux éclats
Il aime celui qui l'aime
Est-ce sa faute à lui
Si ce n'est pas le même

Qu'il aime chaque fois
Il est comme il est
Il est fait comme ça
Que voulez-vous de plus
Que voulez-vous de lui

Guy JOLLY

Préface

Ce livre raconte mon histoire, celle d'un enfant qui a séjourné dans les institutions de l'État de 1962 à 1983. Cette période est marquée par la transition de l'assistance publique vers une professionnalisation du secteur socio-éducatif.

Le clergé s'occupait en général des malades, des hospices pour personnes âgées, des pensionnats pour enfants, de la scolarisation et de bien d'autres choses qui touchaient de près comme de loin à l'assistance des indigents. Cette transition ne s'est pas faite sans heurts et bien des choses ont changé depuis.

Ce livre retrace, à travers ma vision, l'atmosphère qui y régnait jadis et les incohérences de l'époque. Il était courant de distinguer l'aide par l'âge de la personne et ne tenait pas compte des besoins essentiels individuels. C'était l'âge qui déterminait le placement dans une institution. Il y avait seulement comme distinction institutionnelle les enfants avec les enfants, les adultes avec les adultes et les vieillards avec les vieillards. Les besoins propres à chacun sont maintenant examinés par des spécialistes qui orientent les cas similaires, ou se rapprochant, dans des institutions plus spécifiques à la situation donnée de l'enfant ou de l'adulte. Par contre, le modèle scolaire, où les classes, en primaire, étaient regroupées, a été abandonné. Est-ce une bonne chose ?

À l'époque, il n'existait pas de prisons pour mineurs délinquants. Un tueur mineur était mis dans une institution de l'État sans distinction. Il y avait bien une à deux structures connues à l'époque comme Brasschaat, côté Flandre et Wauthier-Braine, côté Wallonie, mais très vite les places étaient prises et ne permettaient plus d'introduire d'autres mineurs délinquants. Faut-il encore rappeler que les éducateurs n'étaient pas spécialisés et servaient plus de gardiens que d'aides et de soutiens aux mineurs. Il arrivait très régulièrement que des enfants très perturbés rejoignent d'autres enfants qui ne posaient pas de soucis majeurs. Le mélange des deux était une difficulté de taille et empêchait bien souvent de soutenir individuellement l'enfant carencé. Cette dissonance aggravait bien souvent l'attitude des uns sur les autres.

Mon parcours est également une piste vers une compréhension de l'enrôlement sectaire. Les mouvements à caractère sectaire ont vite fait d'appâter ces enfants carencés ou en difficulté ou en révolte contre la société. Je témoigne de ma naïveté et de mon manque de moyens pour éviter ce genre de piège que bien souvent une famille traditionnelle avertie évite par un partage d'opinions et une connaissance plus approfondie des écrits sacrés.

Dans le corps enseignant et éducatif, cette partie de la connaissance est évitée sous un prétexte de neutralité religieuse ou philosophique. En empêchant cette transmission du savoir ancestral et familial, on peut provoquer chez un jeune adulte une recherche sans protection vers ces mouvements radicalisés ou à dérive sectaire religieuse ou philosophique.

De nos jours combien de familles peuvent encore se prévaloir de cet échange philosophique et religieux ? Nos familles se déchirent et se dispersent comme la balle dans le vent. De plus, nous vivons de grosses périodes de crise économique qui provoquent un taux de chômage élevé. Près d'un tiers des habitants de la Belgique vit sous le seuil de pauvreté. Ces situations sont propices à l'endoctrinement et à la manipulation. Nous connaissons de surcroît une montée de la radicalisation et du terrorisme en Europe.

CheCoPa, Asbl créée en septembre 2015 pour prévenir et soutenir les personnes endoctrinées, tente entre autres par l'information, de combler cette absence chez ces enfants, en partageant un moment de savoir sur les grandes lignes des écrits religieux. C'est au travers de cette information que l'enfant devenu adulte pourra comparer et se faire sa propre opinion. Il ne sera pas sans connaissance élémentaire une fois contacté par ces mouvements apocalyptiques. Les points les plus usités pour enrôler les jeunes sont la fin du monde et un devenir radieux dans un hypothétique paradis à venir en s'appuyant sur l'insécurité et le désir de vivre en appartenance à un groupe. Si nous pouvons démontrer par les écrits sacrés que ces choses ne sont en fait que de la manipulation et rien d'autre, les jeunes seront à même de discerner et d'éviter les pièges tendus.

J'en ai payé les frais et m'en suis tiré miraculeusement à l'âge de cinquante ans. J'en témoigne dans les derniers chapitres de mon livre.

Mon histoire est l'histoire d'une famille parmi tant d'autres et qui est propre à la Belgique. Les circonstances de la vie et les rencontres m'ont permis d'éviter ou de susciter une voie différente pour chacun d'entre nous. Le hasard et la providence ont été fortuits et ne permettent pas d'en tirer une conclusion, mais mon vécu est une approche et une réflexion pour le secteur socio-éducatif.

Le récit est linéaire aux temps passés et donne l'impression d'être une narration descriptive des faits sans s'appesantir sur mes sentiments. Pourtant, tout est émotion, émotion qui revient à la vie à chaque souvenir transposé sur la page. Ce livre est au sens propre du terme un vécu réel et émotionnel depuis le début jusqu'à sa fin. Il vous appartient, vous lecteur, de pénétrer dans cette intimité et d'en décoder le sens selon votre propre vécu et votre perception de la vie.

J'ai ajouté à cette deuxième édition deux chapitres, celui de ma sortie de ce mouvement sectaire qu'est l'organisation des Témoins de Jéhovah et la fin de vie de ma maman.

Frédéric hoebeeck,
Membre-fondateur de CheCoPa

« On ne voit bien qu'avec le cœur, l'essentiel est invisible pour les yeux. »

Antoine de Saint-Exupéry

Avertissement

L'histoire qui va suivre est une autobiographie. Je tenterai de suivre de façon chronologique ma vie et m'appuierai sur ce que ma mémoire veut bien me dévoiler au moment de l'écrit. Je m'efforcerai d'être le plus fidèle à la réalité. C'est pourquoi si certaines personnes se retrouvent dans ce livre, qu'elles ne se vexent pas dans leur for intérieur de la description que j'en ferai, car mon but n'est nullement de porter préjudice à autrui ni de revendiquer une certaine justice.

Je nommerai la personne par son prénom avec la première lettre du nom de famille afin de garder l'anonymat.

J'écris ce qu'est ma réalité, celle que ma perception et ma mémoire veulent bien me révéler selon mon angle de vision. Ma perception des événements est toujours en relation avec les informations que je connais au moment des faits, selon les capacités à les comprendre et de les analyser avec ou non une influence de ma structure émotionnelle et cognitive.

Cette autobiographie suscitera chez le lecteur un lien avec ses propres expériences et comparera son vécu avec le mien si celui-ci se trouvait dans une circonstance proche de la narration.

J'ajouterai à cette autobiographie les pensées qui me traverseront l'esprit et le cœur. Je ferai une auto-analyse et une autocritique de mon histoire selon ce que j'ai compris et appris à travers mes expériences, mes lectures et mes observations de la vie. Cela apparaîtra en *italique* dans le texte. Je serai direct et franc et quelquefois cru dans mes propos.

Je ne veux d'aucune façon romancer ma vie ni l'embellir, mais bien la révéler dans son état originel. Je me présenterai à l'état brut, sans fioritures, sans compromis. Il vous appartiendra de me façonner au travers de votre jugement comme on façonne une pierre pour lui donner son éclat et en finalité lui donner la valeur que vous lui prêteriez.

Mon plus grand désir serait donc d'apporter un espoir pour toutes les personnes qui auraient pu vivre une situation similaire à la mienne et de partager avec tous les acteurs sociaux une partie de ma vie afin qu'ils puissent mieux cerner l'apport affectif, psychologique, matériel et spirituel qui sont une nécessité pour guider enfants et jeunes adultes dans leur devenir.

Je veux juste que mon histoire, si elle vaut la peine d'être contée, soit une expérience utile à partager.

La trame de mon histoire expliquera la façon dont l'État belge s'occupait des enfants abandonnés ou orphelins au début des années 1960, car inévitablement l'histoire entre en ligne de compte. Il y aura manifestement une grande différence entre le passé et le présent. La société a évolué et évolue toujours vers une professionnalisation de métier socio-éducatif. Apparemment, la bonne volonté d'aider ne suffit plus. Le milieu de l'éducation est devenu une organisation structurée qui s'oblige à limiter la relation filiale à une relation professionnelle.

Je toucherai aux différents inconvénients que suscite l'une ou l'autre méthode d'éducation. La différence réside dans l'approche entre l'adulte et l'enfant. J'ai eu l'occasion d'exercer dans le secteur socio-éducatif et j'ai relevé certaines anomalies, dont celle-ci : la relation humaine entre adulte et enfant ne peut ôter une partie sensible et incontrôlable qu'est la spiritualité. Elle touche une partie non quantifiable ; elle remet en question le professionnalisme par rapport à la bonne volonté humaine qui s'exerce souvent par vocation. Dans les années avant 1970, ce sont essentiellement des volontaires et le clergé qui s'occupaient des orphelins et des enfants abandonnés. Qu'est-ce qui a changé depuis ? De nos jours, cette partie innée à l'homme est volontairement oubliée dans l'éducation institutionnelle. Pourquoi ? Une révolution sociale passée sous silence.

De plus en plus, la partie spirituelle ou engagée de l'âme est basculée vers une neutralité dans le dessein de ne pas choquer les clivages religieux ou pour le sacrosaint de la laïcité. Les fêtes de Noël sont appelées fêtes d'hiver et les fêtes de Pâques, fêtes de printemps. Une minorité impose à la majorité de taire son origine religieuse afin de garder une paix relative et publique. L'avenir nous dira si ce changement aura été pour un mieux, mais permettez-moi d'en douter.

Si j'entreprends cet ouvrage, c'est également pour mieux me détacher du passé et pour y mettre un terme, car ce vécu m'empêche de me sentir comme les autres et de vivre en harmonie avec les autres. Le fait d'écrire permet de me dé-barrasser de fardeaux trop lourds à porter et de libérer l'esprit ou la conscience d'un poids qui m'empêche de pro-gresser. Ce livre est donc une thérapie qui touche à ma conscience émotionnelle et cognitive.

Je pense avoir fait le tour de mon avertissement, j'entame donc mon récit et je vous souhaite d'y trouver sujet à médi-ter.

« Grand-Place de Bruxelles »

Premiers pas dans la vie, crèche Marie-Henriette

© Fh. 2015   « Entrée de l'Hôpital St Pierre »
        Ancienne bâtisse datant de l'époque de ma naissance

Je suis né à Bruxelles, à l'hôpital St-Pierre, dans le quartier populaire des Marolles, à quelques dizaines de mètres de la gare du Midi et de la porte de Hal.

Cet hôpital St-Pierre était connu du grand public pour le coût modéré qu'il appliquait aux assistés de notre société. Il était et est toujours financé par l'entraide sociale. Il demeure comme par le passé sous le patronat du Centre Public d'Action Sociale (CPAS) de Belgique qui s'appelait à l'époque les Commissions d'Assistance Publique (CAP). Ce service de l'État a vu le jour peu après la Première Guerre mondiale, en

1925. Ce service d'aide avait pour objet d'aider les défavorisés de la société en leur prodiguant, entre autres, des soins médicaux à moindre coût.

L'hôpital ressemblait, vu de l'extérieur, à une caserne. Il a été construit avec des briques rouges. Il comprenait près de cinq étages. Pour y accéder, il fallait passer sous un porche fait de pierres bleues de Belgique. Il y avait souvent un garde posté dans un petit bureau dont la tâche consistait à filtrer les entrées. Une barrière empêchait les véhicules de pénétrer dans la cour. Seules les ambulances pouvaient y accéder ; elles avertissaient de leurs arrivées inopinées par une sirène stridente qu'on entendait dans tout le quartier, à n'importe quelle heure du jour et de la nuit. Le gardien levait alors la barrière. Les visiteurs ou les patients devaient passer quant à eux par un second petit porche, situé juste à côté et muni d'une petite grille. Ce petit porche ne permettait pas à deux personnes de passer de front, ce qui obligeait le sortant ou l'entrant à céder systématiquement le passage à l'autre. L'afflux était grand pendant la journée.

Cet hôpital se caractérisait par sa position géographique puisqu'il était au début d'une rue très commerçante nommée la rue Haute. Beaucoup de restaurants méditerranéens s'y étaient installés.

À partir de dix-huit heures, les odeurs d'agneau ou de scampis à l'ail envahissaient la rue. En journée, l'afflux de voitures et de bus était intense. De fait, ces odeurs se mêlaient à la pollution de la ville et quelquefois, une forte odeur de combustion vous prenait à la gorge et vous empêchait presque de respirer. Cette rue était très fréquentée par des touristes qui désiraient également faire des affaires. Près de là se trouvait le célèbre « marché aux puces », place du Jeu de Balle, ainsi que nombre d'antiquaires et de petits magasins aux prix modérés.

C'est dans ce quartier que je suis né, au mois de mars, de l'année 1962, le 27 à 6 heures du matin, d'une mère, elle-même âgée de 27 ans. Ma famille, qui était pauvre, comprenait déjà une sœur, âgée d'un an et un demi-frère, de 5 ans. Ma vie a commencé avec une tare, je suis né dans une famille de parents divorcés. Ma mère avait eu un garçon avant de vivre avec mon père. Mon père avait eu trois garçons avant de vivre avec ma mère.

Ma sœur Christiane et mon demi-frère Eddy ont été durant ma plus tendre enfance ceux qui m'ont choyé avec ma mère et mon père. Peu de temps après, un autre frère, prénommé Patrick, est venu élargir notre cellule familiale. Un an après, un autre frère, Éric, s'est ajouté. Ma mère et mon père ne se sont d'ailleurs pas arrêtés en si bon chemin puisqu'un an après la naissance d'Éric, un autre frère lui a succédé : Édouard. Et pour finir, Daniel, le benjamin de la troupe, est né 15 mois après Édouard. Nous étions donc, en fin de compte, six frères et une sœur.

Ne me demandez pas comment s'est passée ma toute petite enfance, car je ne me souviens de rien si ce n'est d'une anecdote que ma mère me racontait souvent : celle d'aimer les bananes. Chaque fois que nous en recevions, ma sœur et moi, je me précipitais pour manger la mienne et celle de ma sœur. Pour tout dire, ma sœur n'aimait pas les bananes. D'où son dévouement à me les refiler, sous le regard médusé de notre mère.

Très vite, ma vie a pris une direction chaotique, étant né de parents divorcés, d'un père alcoolique et d'une mère qu'il faut bien qualifier d'« hystérique ». Mon avenir se traçait devant moi comme une pièce de théâtre de mauvais goût dont on pouvait déjà deviner le scénario à l'avance.

Peu de temps après nos naissances, nous étions soigneusement déposés chaque matin dans une grande crèche catholique, appelée « crèche Marie-Henriette ». Cette crèche se situait dans une rue du même nom à Schaarbeek, une des 19 communes de Bruxelles. Ce nom de Marie-Henriette faisait référence à la dévotion d'une dame qui avait donné sa vie entière pour de bonnes causes. La crèche était tenue par des religieuses habillées de longues robes noires et de coiffes tantôt blanches, tantôt noires qui symbolisaient la soumission au Seigneur. On y mettait les enfants pour la plupart abandonnés par leurs parents ou en danger, selon l'estimation des assistants sociaux du CAP. Juste à côté, il y avait une école d'infirmière.

À l'époque, le voisinage de la gare du Nord métamorphosait déjà le lieu en le rendant plus moderne. Des immeubles d'appartements s'érigeaient en donjons majestueux devant les portes de la vieille crèche. Ces immeubles se répandaient dans le quartier à la manière des mauvaises herbes. La folie du nouveau frappait de plein fouet ce vétuste quartier, dont les différents chantiers paralysaient une bonne partie du fonctionnement. Peu de temps après, la vétuste crèche devint à son tour un chantier. Elle allait faire peau neuve.

Dès que l'on passait la porte-cochère située à l'entrée de la crèche, on se trouvait devant à un grand escalier qui donnait accès aux étages supérieurs où se trouvaient les chambres et le bureau de la sœur directrice. La crèche ressemblait à un vieux monastère avec ce qui caractérise un tel établissement : l'odeur de sainteté, l'odeur de la bonne vieille cire.

À l'intérieur, tout était en bois sauf les larges escaliers de quatre marches en marbre blanc moucheté, situés directement à gauche de l'entrée. Ces grands escaliers donnaient accès à une double porte ouvrant sur le parloir. Le sol du parloir comprenait un vulgaire vieux plancher bruni par les couches de cire que mettait régulièrement la sœur-nettoyeuse. Dès que l'on pénétrait dans cette pièce, une forte odeur de cire envahissait nos poumons. Sur la gauche, à l'entrée de cette pièce, se trouvait un grand socle surmonté d'une statue qui représentait une grande Madone tenant dans ses bras un petit enfant Jésus.

Cette salle servait d'accueil pour les visiteurs et pour les parents, un lieu de retrouvailles avec leurs bambins déposés le matin. Pour les moins chanceux, les parents ne revenaient les chercher que le vendredi pour passer le week-end en famille.

Le couloir d'entrée se prolongeait jusque dans la cour principale qui ressemblait à une cour de ferme. Sa surface était celle d'un demi-terrain de football. Entourée de hauts murs, elle n'avait d'autre sortie que celle de l'école primaire qui lui était annexée.

Sur le côté sud, il y avait l'internat et sur le côté nord, l'école primaire et maternelle. Cette école avait deux entrées, l'une qui donnait dans la cour et permettait aux pensionnaires de la crèche de ne pas quitter leur demeure, la seconde qui s'ouvrait de l'autre côté du pâté de maisons et était accessible aux enfants du quartier.

Dès que l'on pénétrait dans cette cour, on pouvait entrevoir une annexe, côté est. Elle se composait de matériaux peu esthétiques puisque la façade était faite de plaques en polystyrène bleu et de vitres plastifiées, toutes griffées par l'usure du temps ou par la négligence des enfants. Des tôles opaques blanches et ondulées protégeaient des intempéries. Cet ajout contenait les urinoirs et les cabinets au nombre de cinq ou de six. Les portes de ceux-ci ne se fermaient plus. Peut-être n'étaient-elles jamais fermées pour éviter toute imprudence des enfants ?

Au départ, nous restions à la crèche pour la journée, le temps que notre maman puisse faire son travail dans une usine de tissus. Elle avait un horaire très varié, ce qui l'empêchait quelquefois de venir nous prendre en fin d'après-midi. Une bonne partie de notre enfance se résumait à attendre que notre maman vienne nous reprendre pour nous ramener à la maison. Souvent, notre attente se terminait par une longue nuit dans les dortoirs de la crèche où des centaines d'enfants vivaient un jour de plus sans leurs parents.

Notre avenir se profilait à l'horizon semblable à un fractionnement de la matière dû à des chocs incessants. Nous vivions une existence difficile par son cahot et son irrégularité. Notre personnalité se dessinait mal. Notre avenir était hypothéqué.

Quelquefois, nous avions la chance de voir notre maman un après-midi de week-end et alors c'était un moment de plaisir accompagné de surprises, de friandises et d'autres bonnes choses comme celle d'aller boire une orangeade au café du coin. Mais cela se terminait presque invariablement par un retour à la crèche où nous avions fini par élire domicile.

Je me souviens d'une anecdote. Nous avions tellement peu l'occasion de boire une limonade que quand cela arrivait, je tenais mon verre, en main, si fort que ma mère m'en faisait le reproche : « Laisse ton verre sur la table, on ne va pas te le voler ! », disait-elle. Mais elle ne savait pas à quel point cette limonade était pour moi un bien précieux. Je n'arrivais pas à le lâcher...J'avais cette peur intense qu'on me le prenne. À la crèche rien ne nous appartenait, tout était pour la collectivité. Si vous reveniez de votre visite avec quelques friandises, elles étaient automatiquement reprises pour en faire le partage. L'intention n'était pas mauvaise, mais je ressentais cela comme une violation de mon être. Recevoir de ma maman un bien, fût-il éphémère, était pour moi comme recevoir un câlin ; me le prendre provoquait en moi comme une déchirure profonde de mon être.

Je ressentais ces visites comme un abandon renouvelé, mais notre maman devait travailler et ne pouvait pas s'occuper de nous tous. Notre papa apparaissait et puis disparaissait, selon les bêtises qu'il avait commises, comme celles de voler ou de ne pas payer ses amendes de circulation. La police le recherchait pour diverses autres raisons. Mon papa était le plus souvent absent de notre vie d'enfant qui commençait à devenir de plus en plus douloureuse. Et lorsqu'il était là, il était pour la plupart du temps saoul et violent, à cause de la boisson.

Je me souviens, un jour, d'avoir entraperçu ma mère à la crèche, je devais avoir 4 ou 5 ans. Un compagnon de chambrée m'avait signalé sa présence dans le parloir. Je ne m'y attendais pas, car nous n'étions pas un vendredi ni un jour de week-end. Je soupçonnais donc une mauvaise blague de ce compagnon puisque les sœurs de la crèche n'étaient pas venues me quérir. Je suis néanmoins allé me poster dans un couloir annexe qui menait au parloir. Une bonne partie du bâtiment était en construction à ce moment, de sorte qu'il n'y avait pas encore de portes. Cette partie du bâtiment n'était d'ailleurs pas accessible aux enfants de mon âge, mais comme j'avais déjà la fâcheuse habitude de n'en faire qu'à ma tête, j'étais passé par un chemin plus rapide pour accéder au parloir qui avait de surcroît l'avantage de ne pas m'obliger de passer devant la sœur surveillante qui m'aurait sans hésitation empêché d'y accéder.

Arrivé par la petite porte du fond du parloir, j'entendis la voix de ma mère et celle de ma sœur Christiane qui pleurait. Une responsable de la crèche tenait Christiane par le bras tandis que ma mère tirait ma sœur par l'autre bras. Elles se disputaient ma sœur comme on se disputerait un morceau de chiffon que l'on préférerait voir déchiré que de le laisser à son adversaire. La Sœur responsable criait que ma mère ne pouvait pas reprendre Christiane sans l'autorisation de l'assistance publique (CAP). Ma mère hurlait qu'elle voulait reprendre Christiane chez elle ; et ma sœur pleurait, déchirée, impuissante, entre l'autorité constituée et l'amour d'une mère.

Ce moment douloureux pour ma sœur, et pour ma mère, qui se voyait refuser ce qui lui est sien, m'a fortement bouleversé. En assistant à cette scène, je me suis rendu compte que ma maman était venue pour prendre Christiane. Et moi qui étais-je à ses yeux ? Je ressentis très douloureusement cette étrange préférence d'une maman pour un autre, fût-elle ma sœur. Dans cet univers où l'on est seul et où on le restera toujours, dans cet univers de solitude où tout n'existe qu'au travers de notre propre moi, une déchirure s'était produite dans ma petite tête d'enfant, provoquée par l'amour égoïste et possessif de ma mère pour ma sœur. Je n'ai pas pleuré au moment des faits, je n'en ressentais pas le désir. Je suis parti, interpellé par cet événement avec une sorte de blessure, mais sans aucune entaille apparente. À l'époque, je n'ai d'ailleurs rien dévoilé de cet incident à qui que ce soit. Ni la responsable ni ma mère ne m'ayant vu pénétrer dans le parloir, je suis parti sans rien dire par ce chemin dérobé qui m'avait conduit en ce lieu de vertu troublé. Néanmoins, il y avait une douleur en moi, tapie au plus profond de mon être, une douleur qui attendait le moment propice pour se révéler et me meurtrir. Ce n'est que bien plus tard que j'ai ressenti cette déchirure au plus profond de mes entrailles.

Aujourd'hui encore, quand je repense à cette scène, je ressens cette meurtrissure ; elle me laisse un sentiment de dégoût et de tristesse pour toute la portion de la vie qui a suivi ces événements. Évidemment, maintenant que je connais la suite de la vie de ma sœur, je suis heureux de ne pas avoir été le préféré de ma mère. Il n'en reste pas moins que tout enfant aspire légitimement à l'amour profond d'une personne qu'il considère lui appartenir.

Mes frères n'ont rien su de cette histoire. Je crois d'ailleurs que même actuellement, ils n'en ont toujours pas connaissance. Par contre, ils ont très vite compris que nous n'étions pas des enfants désirés. Notre mère avait une forte attirance émotionnelle pour Christiane, simplement parce qu'elle était une fille. Je crois d'ailleurs que cette propension du sexe a dû nous marquer dans notre petite enfance et s'imprégner en nous comme une évidence d'un organe non désiré. À ce propos, je me rappelle que lors des quelques week-ends que je passais à la maison, ma mère me mettait les bas collants et les robes de ma sœur Christiane. Était-ce par souci d'économie ou par désir de maquiller ce qu'elle n'aimait pas ? Je me promenais donc dans cet accoutrement dans les rues de

Bruxelles. J'étais gêné et humilié ! J'avais alors entre 7 et 9 ans.

Souvent, les parents ne se rendent pas compte du mal qu'ils font subir à leurs enfants parce qu'ils pensent bien souvent qu'un enfant ne comprend pas ces choses comme la pudeur, l'affection, l'amour, la différence, la douceur. Les adultes oublient qu'ils ont été enfants. Ils ont acquis un autre mode de communication, celui d'un langage raisonné. L'enfant est comparable à une éponge qui absorbe et qui s'imprègne de tout.

Le contenu que l'enfant amasse est au départ à l'état brut. Il le classe dans sa petite mémoire selon le genre et selon ce qu'il connaît déjà. Tout ce qui lui est inconnu trouve une place dans un tiroir d'objets bizarres. Ce n'est qu'après, lorsqu'il aura compris, qu'il le classera dans le tiroir approprié. L'enfant ne comprend souvent les événements que bien plus tard dans sa vie.

L'enfant voit tout, entend tout, sent tout, vit tout et enregistre tout. Il est un réservoir extraordinaire d'émotion, de spontanéité, d'amour véritable, mais aussi de méchanceté non contournée et d'égoïsme. Il voit, mais il ne sait pas toujours tout !

L'adulte, lui, a oublié ce qu'il était jadis, un enfant avec ses émotions, ses désirs, ses peurs, ses envies... L'adulte est passé d'un état d'inconscience à un état de conscience, comme le papillon passe au stade de la chenille avant sa mutation finale. Nous sommes là, coincés dans un stéréotype de comportement socialement admis et qui nous empêche de vivre plus profondément la vie.

Nous avons perdu ce regard fabuleux qu'un enfant peut porter aux choses de la vie, ce regard merveilleux qui découvre, qui admire et qui est fort par sa simplicité. Nous nous blasons et nous nous enfermons dans notre tour d'ivoire. Nous nous revêtons très fréquemment d'un scaphandre pour nous protéger de projectiles que nous nous envoyons bien souvent nous-mêmes.

La prise de conscience du danger, n'existe-t-elle pas seulement à travers notre propre prise de conscience ?

L'enfant n'a pas encore compris le sens de la vie, cette prise de conscience qui lui donne finalement une raison d'exister ou de ne pas exister. L'enfant ne sait pas au départ ce qu'est la mort, l'amour, la douleur... Il vit, c'est tout.

Je paraissais, probablement, aux yeux de ma mère comme un enfant difficile alors que...

Ma vie dans cette crèche de la rue Marie-Henriette à Schaerbeek a duré près de 6 ans. Je m'appelais à l'époque : « Frédéric Vandroogenbroeck ». Je me rappelle qu'en gardienne, l'institutrice m'épargnait cette corvée de l'écrire, et je me contentais d'écrire mon prénom. Ce nom bien compliqué me venait d'un père qui n'était pas le mien, mais celui de mon grand frère Eddy. Ma mère était encore en instance de divorce au moment de ma naissance. Ce père de mon grand frère Eddy était, si j'ai bonne mémoire, militaire de carrière. Il a fini sa vie comme balayeur de rue pour la commune de Bruxelles. Pour l'administration, j'étais de toute façon un enfant adultérin, né de père inconnu. Je crois qu'il n'y a rien à ajouter si ce n'est que le divorce est une question d'argent aussi bien pour les parties concernées que pour la justice. Et c'est probablement cela qui a été la cause de la longueur excessive de ce divorce qui a duré plus de cinq ans. À cette époque, les personnes qui n'avaient pas les moyens de divorcer pouvaient, moyennant une séparation de cinq années, divorcer à moindre frais. Actuellement cette période a été revue à la baisse. Six mois de séparation suffisent désormais pour divorcer.

À cette époque, j'étais déjà différent des autres. Je bénéficiais déjà de faveurs. Durant la longueur de ma vie, j'ai souvent bénéficié de différents avantages par rapport aux autres.

Ce n'est donc qu'au moment de mon départ en 1969 vers une autre demeure (dont je dirai mot plus loin), que mon nom a changé. Je me suis appelé : « Frédéric hoebeeck ». C'était le nom de jeune fille de ma mère.

Pourquoi m'avoir signalé ce changement de nom seulement deux ans après le changement officiel, qui datait de 1967 ? En fait, les responsables de la crèche ne voulaient pas m'en parler avant mon départ définitif, pour ne pas me perturber davantage. Les bonnes sœurs préféraient tout régler en une fois plutôt que de m'annoncer plusieurs changements successifs. Résultat : Je devais quitter la crèche qui était devenue ma demeure et changer mon nom de famille le même jour !

Mon nom de famille s'écrit avec une minuscule. D'où vient cette particularité ? Je n'en sais rien. Est-ce une faute administrative ou une volonté délibérée ? Je ne le sais toujours pas à ce jour. Toute ma famille porte cette minuscule sur sa carte d'identité. J'en ai tiré parti quelques fois, non pas pour revendiquer un quelconque signe de noblesse, car seuls les petits « de » bénéficient d'une reconnaissance officielle. Cette particularité du petit « de » représente un signe de noblesse qui date probablement de l'époque romaine, mais que les Français ont banni durant la période de la Révolution française de 1789, période de la naissance de la République française. En Belgique, le signe de noblesse est toujours d'actualité, car nous sommes sous un régime royal, dominé par une particratie dont la noblesse tire encore les ficelles.

La particularité de mon nom de famille a toujours été une anecdote amusante à partager avec mon entourage quand cela s'y prête. C'est une particularité qui nous différencie des autres, un signe qui nous identifie et nous classe à part.

Dernièrement, j'en ai tiré une qualité personnelle et un objectif à atteindre. Cette particularité est devenue pour mes enfants comme pour moi, un point fort : Le petit « h » représente la première lettre du mot « humilité » que j'oppose à la première lettre du mot « d » à la « désinvolture » que la noblesse arbore fièrement à l'égard des pauvres. Je tâche quotidiennement de mettre cette qualité qu'est l'humilité en valeur dans notre vie de tous les jours, une qualité bien nécessaire.

Mon passage chez les bonnes sœurs m'a fortement marqué et a laissé des séquelles semblables à l'empreinte qui permet d'identifier son bétail. J'ai été énurétique jusqu'à l'âge de cinq ans. Cette énurésie ne se liait pas, comme certains le pensaient, à un problème d'ordre affectif ou à une quelconque raison psychique due à l'absence de ma mère, mais bien à une éducation religieuse mal conçue. À chaque bêtise, la bonne sœur m'enfermait dans un placard pour me punir.

Ce placard servait pour le rangement des brosses et d'autres matériaux d'entretien. Ce placard devait avoir une profondeur d'un mètre environ. Il y avait deux étagères suspendues sur le côté droit en entrant. À mes yeux, cet endroit ressemblait à une cave profonde et poussiéreuse, remplie de toiles d'araignées. Comme j'étais petit de taille, je n'arrivais pas à l'interrupteur pour allumer la lampe, ni à atteindre la poignée de la porte pour l'ouvrir. La bonne sœur m'enfermait sans lumière et m'avertissait que si je n'étais pas calme, les rats, les araignées, les serpents et le méchant loup me mangeraient. Cette méthode était radicale : à peine enfermé dans ce placard, je me blottissais contre la porte. J'angoissais ! Je criais et sautillais sur place de peur qu'une éventuelle araignée, un rat ou un serpent, rôdant sur le sol, ne vienne me dévorer.

Cette torture durait de longues minutes. Mais le pire était le lieu où se trouvait le placard ; il se situait dans mon dortoir. Dans celui-ci, il y avait près de dix lits, soit des lits d'une personne et de petits lits à barreaux. Je dormais dans un petit lit à barreaux qui se trouvait près de la porte du placard. La porte se situait au nord-ouest par rapport à l'emplacement de mon oreiller. Et chaque nuit, quand le moment venait où je devais aller aux toilettes, je n'osais pas me lever de peur qu'un serpent, une araignée ou un rat ne vienne se loger dans mes draps et attende mon retour pour me surprendre. Je préférais faire pipi dans mon lit et m'humilier le lendemain devant mes camarades de chambre que de subir l'attaque surprise de ces horribles bestioles.

Certaines nuits, je me réveillais en sueur après avoir vécu un cauchemar. Je rêvais souvent que le méchant loup ouvrait la porte du placard pour me dévorer ; il sortait juste sa tête et me menaçait d'un regard furieux. Pour me rassurer que c'était bien un rêve, je regardais la porte du placard pour voir si elle ne bougeait pas et quelquefois, ne rêvant pas, je voyais cette porte s'ouvrir et la tête du méchant loup sortir. Je me cachais dans mes couvertures et me mettais les draps bien au-dessus de ma tête, pensant être mieux protégé. Je tremblais à l'idée que ce loup vienne me prendre dans mon sommeil. L'apparence du méchant loup était identique au méchant loup que nous connaissons dans l'histoire du petit chaperon rouge ; à la différence près que mon loup était bien vivant.

C'est seulement à l'âge de cinq ans que j'ai commencé à vaincre ma peur de la nuit, de ces monstres nocturnes. J'ai, petit à petit, réussi à me lever la nuit pour aller aux toilettes. Au début, je courais vite pour aller faire pipi et ensuite je longeais les murs en frissonnant pour rejoindre finalement, par un énorme saut, mes couvertures dans lesquelles je me blottissais pour ne laisser plus qu'entrevoir mes yeux qui exprimaient la peur envers ce fameux placard.

Mon corps était tremblant. Souvent, je pensais que les araignées, les rats ou le méchant loup s'étaient cachés près de mon lit. J'avais peur de les voir apparaître d'un coup, surgissant de derrière un lit ou de la couverture qui ensevelissait mon corps.

Depuis ce jour, j'ai gardé de ces moments passés la position de mon sommeil. Je ne dors que du côté gauche du lit et je ne dors vraiment bien qu'en me couchant sur le ventre et le visage tourné vers le nord-ouest. Mon édredon me couvre tout le corps et une bonne partie de mon visage. Mon regard se dirige toujours vers cette porte, devenue fantôme.

À partir du 27 mars 1967, le jour de mon cinquième anniversaire, je n'ai plus fait pipi au lit de manière systématique. Je devais cet exploit à une bonne sœur qui me réveillait deux fois la nuit et qui m'accompagnait jusqu'aux toilettes. Après avoir tenu quinze jours sans mouiller mes draps, la bonne sœur m'octroya un grand lit. J'en étais quitte des barreaux qui couvraient mon petit lit d'enfant. J'avais enfin l'espace pour mes jambes et mes bras. Je n'étais plus considéré par les autres comme un tout petit, mais maintenant comme un grand faisant partie de la bande des grands plumards. Néanmoins, je prenais le pli de dormir près du bord du lit et non en plein milieu comme tous les autres avaient coutume de faire. Et un jour, la bonne sœur m'avait dit que si je n'utilisais pas la totalité du lit, je reprendrais l'ancien. À partir de ce moment, je m'arrangeais pour occuper l'ensemble de l'espace, en écartant mes membres au maximum. Cette possibilité n'était pratique que si je me mettais sur le ventre, car à défaut je ne pouvais plus fixer la porte du placard.

Depuis ces événements, près de trente ans se sont écoulés et je ne sais toujours pas dormir autrement. J'ai été marqué au fer rouge et je souffre encore aujourd'hui de ces meurtrissures d'enfant.

D'autres scènes m'ont encore marqué dans mon enfance. Dans l'une d'elles, j'insulte une sœur simplement parce qu'elle m'imposait de dormir en début d'après-midi au lieu de me laisser jouer avec mes camarades de chambre. Il était de coutume de faire une sieste après le dîner. À cause des rénovations, nous dormions tous dans une grande pièce qui servait temporairement de dortoir, où des lits de camp en toiles bleues jonchaient le sol. Cette façon de nous imposer une chose qui n'allait pas de soi me faisait bondir. Je ne supportais pas que l'on m'oblige à dormir alors que je n'avais pas sommeil. Et comme la sœur surveillante était du genre sévère et intransigeant, je lui faisais sentir mon désaccord en perturbant la sieste collective. Pour cela, je parlais avec un autre compagnon. La sœur insistait pour que je dorme, mais comme je n'y arrivais pas, je ne pouvais lui obéir, et faire semblant me paraissait absurde. Cet état de fait ne lui ayant pas plu, elle me mit sur le balcon en guise de punition. Ce balcon, qui se situait au troisième étage, donnait sur la cour de récréation et on pouvait y voir l'école d'infirmière en cours de rénovation. Quoi qu'il en soit, j'ai hurlé de rage, adressant à la sœur toutes les insanités que je connaissais déjà. Je l'ai traitée, entre autres, de putain. Je tapais en même temps sur la porte de la terrasse avec mes mains et mes pieds.

Toutes les personnes qui étaient à la crèche et les étudiantes de l'école d'infirmière toute proche m'avaient entendu distinctement. La sœur pensa que j'allais me calmer. Elle attendait sans dire un mot derrière la porte en espérant que je me calme. Mais je continuais de plus belle, au point que la sœur responsable est venue voir ce qui se passait. Voyant la situation, elle me libéra de ma prison temporaire pour ne pas répandre le scandale dans tout le quartier. Ma connaissance rudimentaire des jurons était néanmoins parvenue aux oreilles de tout le monde et je passais désormais pour un garnement, à la fois impoli et impudent.

Cet événement anodin me rappelle un autre souvenir. J'avais rencontré, probablement dans les couloirs de la crèche une étudiante qui fréquentait l'école d'infirmière d'à côté. Elle s'appelait Christiane B. Je me rappelle fort bien de son prénom, car ma propre sœur portait le même. J'allais quelquefois avec elle chez sa maman qui tenait une pharmacie proche de la crèche. Le samedi, nous partions souvent en balade et nous la terminions chaque fois dans la petite pièce derrière la pharmacie. Je me régalais en mangeant des petits pots de miel que la pharmacienne recevait probablement en échantillons et qui étaient donnés pour prévenir les rhumes de saison. Christiane B. était très douce et très gentille. Elle devait avoir près des dix-huit ans et, en plus de sa gentillesse et de sa douceur, elle était jolie. Ces visites étaient pour moi un moment de plaisir. La fois où j'avais hurlé sur la terrasse, je devais justement la voir. Je me souviens d'ailleurs en avoir discuté avec elle. J'étais fier et content qu'elle m'ait entendu et que d'autres personnes apprennent mon existence par la même occasion, car elle avait parlé de moi à ses copines de classe. Christiane me sermonna pourtant, mais comme on sermonne un enfant qu'on aime : avec de la douceur et de l'amour. C'était un sermon moralisateur qui venait du fond de son cœur et d'une manière qui correspondait à son éducation chrétienne. C'était du genre : « Ce n'est pas bien ce que tu as fait, Frédéric ». Ce qui m'intéressait le plus dans cette affaire c'est que l'on s'occupe de moi et que je ne sois pas un oublié parmi tous les autres enfants. Je ne voulais pas être « un » parmi les autres.

Je crois que tout au long de mon enfance, je suis arrivé à faire passer ce message. Je sais que malgré le nombre d'années qui me sépare de ces moments, les sœurs de la crèche et les autres personnes qui ont eu cette responsabilité de m'éduquer ne m'ont pas oublié. De même que certaines personnes qui ont connu ma famille se rappellent encore, aujourd'hui, de mon existence. Pour certaines, c'était un calvaire, pour d'autres non. Et j'en ai eu des preuves lors du procès qui a condamné mon frère Éric d'un emprisonnement à perpétuité pour le meurtre d'un quinquagénaire. La sœur supérieure, psychologue de formation et directrice, à l'époque, de la crèche Marie-Henriette, était venue témoigner et avait en effet parlé de la vie difficile que nous traversions à cette époque. Mais pour ne pas perturber le bon déroulement de mon autobiographie, je traiterai de cette affaire le temps venu.

La suite de mes relations avec Christiane B. est confuse. Je me rappelle vaguement qu'elle voulait me prendre chez elle les week-ends et m'adopter, mais je pense que les responsables de la crèche ont dû le lui refuser. Je ne l'ai plus revue par la suite. Peut-être valait-il mieux que nos relations se terminent rapidement afin de ne pas agrandir une blessure déjà ouverte : celle d'un enfant non aimé de sa maman et qui ne demandait juste une seule chose, celle justement d'être aimé.

Ma mère passait quelquefois, par hasard, pour nous prendre le week-end, mes frères, ma sœur et moi. Comme ses visites n'étaient pas régulières, nous restions très souvent sur le carreau.

La sœur directrice de la crèche essayait de nous trouver des familles d'accueil. Pour pallier les différents problèmes qu'elle rencontrait avec ma mère, cette responsable faisait tout son possible pour la faire déchoir de ses responsabilités parentales. Elle multipliait les rapports à l'attention des assistants sociaux du CAP. Ces rapports mentionnaient les absences répétées de ma mère, les perturbations psychologiques que nous subissions à cause de ses visites irrégulières et d'autres choses encore dont je n'ai jamais vraiment eu connaissance. Plusieurs de mes petits frères côtoyaient une fausse marraine qui venait les prendre le samedi ou le dimanche. Ils partaient la journée et ne revenaient que le soir. En ce qui me concerne je n'ai jamais été dans une famille d'accueil, je ne sais pour quelle raison. Étais-je déjà trop vieux ou était-ce pour pallier à l'absence de mes autres frères qui partaient le week-end dans des familles provisoires. Restais-je à la crèche pour servir d'alibi au cas où ma mère passerait nous rendre visite ?

Il aurait été inconvenant et embarrassant de dire à ma mère que nous étions partis en week-end chez une personne étrangère à la famille. Cela aurait été une injure insoutenable pour elle qui semblait faire tout son possible pour nous voir. Elle devait jongler entre son travail, mon père alcoolique, ses responsabilités ménagères et d'autres choses qui sont souvent les parasites du temps et dont on ne sait que faire.

Daniel, mon petit frère cadet, m'a raconté, bien plus tard, comment il vivait ces moments dans les familles d'accueil. Il m'expliquait qu'il lui arrivait de voir une famille pendant quelques week-ends et ensuite pour des raisons inconnues, il ne les voyait plus. Il m'a expliqué une anecdote, vécue dans une famille d'accueil qui le recevait pour la première fois. Il m'expliqua qu'il devait aller aux toilettes et qu'il avait demandé l'autorisation pour s'y rendre. La dame l'accompagna, ensuite Il m'a expliqué qu'il avait fait un caca tellement long que son caca était parti dans la canalisation sans laisser de trace avant même de tirer la chasse. La dame lui avait demandé pourquoi il avait pris tant de temps pour aller aux toilettes et mon frère de répondre qu'il avait fait caca. Comme il n'avait pas tiré la chasse, la dame s'est empressée de le faire pour lui et ne voyant pas de trace de son passage dans le fond de la cuve, réprimanda mon frère en le traitant de menteur. La dame était outrée de l'attitude effrontée de Daniel qui avait insisté en lui réexpliquant la situation fortuite. Par la suite, il ne dit plus mot, mais la famille d'accueil mit un terme à la visite et reconduisit Daniel à la crèche. Daniel n'a plus jamais entendu parler de cette famille. Très régulièrement, il était parti en visite chez des personnes qu'il ne connaissait pas. Daniel avait 5 ans de moins que moi et on considérait probablement qu'il était plus facile de l'intégrer dans une nouvelle famille d'accueil. Daniel ne comprenait pas pour quelle raison il devait aller voir ces personnes. Il ne vivait pas de déchirure puisqu'il n'avait pas encore eu le temps de s'attacher, mais il était dubitatif devant ce défilement de personnes qui désiraient le prendre et qui, par la suite, le rejetaient pour des broutilles

Si ma mère passait pour nous voir et que mes autres frères étaient en visite dans des familles d'accueil provisoires, les sœurs lui disaient que mes frères étaient partis en activité avec le groupe d'enfants et qu'ils ne reviendraient que très tard dans la soirée. Ma mère attendait quelquefois leur retour. Elle comprenait le manège des sœurs et s'en était très souvent plainte auprès des assistants sociaux du CAP, mais en vain. Elle se trouvait impuissante devant l'autorité, elle ne connaissait rien de la loi et des droits parentaux. Elle devait s'incliner devant l'illustre savoir dont peuvent se targuer ceux qui pensent le maîtriser. À l'âge de quatorze ans, ma mère travaillait déjà et elle subvenait aux besoins de sa famille. À l'époque, seules les familles riches avaient accès au savoir et pouvaient s'instruire.

De son ignorance découlent beaucoup d'actes qui ont bouleversé sa vie et la nôtre. Elle ne connaissait rien et cela lui a valu beaucoup de déboires et de peines.

Y avait-il dans les démarches administratives de la crèche Marie-Henriette quelque chose d'inconvenant ? Pour ma part, le rôle que joue le Centre Publique d'Action Sociale est très ambigu. C'est le seul organisme d'État qui peut pénétrer dans ta vie privée sans ton accord et qui peut, de ce fait, se substituer à ton rôle paternel ou maternel. L'objectif est, en théorie, d'apporter une amélioration à l'éducation des enfants et à la vie journalière des parents. Et ma mère ne savait pas qu'une simple démarche de demander une aide ponctuelle allait entraîner automatiquement une enquête sur sa vie privée et aboutir à cette situation complexe pour son devenir et le nôtre.

Avant de connaître la crèche Marie-Henriette, ma sœur et moi l'accompagnions tous les jours à l'usine de vêtement. Nous étions avec elle jusque très tard le soir. Pour aller à son travail, ma mère devait tenir mon grand frère par la main et de l'autre main guider la poussette où nous étions ma sœur et moi. Ma mère ne connaissait personne pour nous garder en journée et le soir. Elle ne savait pas conduire et mon père ne la conduisait pas à son travail. Sa famille habitait à Anvers, à 60 kilomètres de Bruxelles environ et ne pouvait pas nous garder. Elle nous trimballait probablement de la commune d'Anderlecht qui était à 1 heure de trajet jusqu'à son lieu de travail. Nous prenions chaque fois le train. Et pour le retour comme il était souvent très tard, nous retournions en taxi. Un jour, son patron l'avait exhortée à demander une aide à l'assistance publique afin d'alléger son fardeau. Elle voulait que le C.A.P. l'aide à trouver une crèche à prix modique, car elle n'avait pas les moyens de payer la totalité des frais que cela exigeait.

Cette simple démarche a été le déclencheur de la suite de notre vie. Le CAP a commencé à faire une enquête administrative et psychologique sur la famille. Cette enquête avait abouti à la conclusion que nous étions en danger dans ce noyau familial. L'assistante sociale nous avait, suite à ce rapport, orienté vers la crèche Marie-Henriette. C'est après la naissance d'Éric que nous y avons élu domicile. Seul mon grand frère, Eddy était resté à la maison. Peu après notre placement, il est parti loger chez ma grand-mère maternelle, à Anvers où il est resté jusqu'à l'âge de 15 ans.

Ma mère pensait qu'elle pouvait nous reprendre quand elle le voulait. Mais elle s'est très vite rendu compte qu'on l'avait déchue de ce droit. Les sœurs nous avaient cloîtrés. Il lui était impossible de nous reprendre. Elle avait juste droit à des visites le week-end. Mais ce droit même allait, petit à petit, lui être rogné, car les sœurs jugeaient que notre mère était une mauvaise mère pour notre santé affective et psychologique et qu'il était préférable de la remplacer par un substitut parental.

*Comme si on pouvait remplacer une maman. Même si elle en venait à ne pas en être digne, rien au monde ne pouvait lui enlever cet état de fait. Ma mère est et restera ma mère. Quoi qu'elle ait commis, les liens qui unissent l'enfant à une mère sont indissociables et il est absurde et dangereux d'essayer de détruire cette relation même si cette relation ne cadre pas avec le mode de pensée en vogue. Ce n'était certainement pas en voulant se substituer à ma mère qu'on aurait pu nous aider. Pour notre équilibre psychologique et affectif, il était néanmoins nécessaire de recevoir de l'affection et de l'attention. À défaut de ces choses, l'acteur social se devait de pallier **temporairement** les parents, mais jamais il ne devait les remplacer. À l'époque, l'éducation en vogue était de remplacer la mère et le père par une nouvelle* *maman et un nouveau papa ou une mamy et un papy. Et tous les moyens étaient bons pour interdire une mère et/ou un père de voir ses enfants. Mes petits frères ont connu une maison d'accueil : La Chataigneraie, dirigée par une famille qui s'est substituée entièrement à notre mère et à notre père. J'en parlerai dans la suite de mon récit.*

À l'âge de trois ans, j'ai commencé à fréquenter l'école maternelle. J'apprenais à écrire mon prénom et à différencier les lettres de l'alphabet. J'ai fait mes trois gardiennes sans problème. À l'âge de six ans, je suis passé en première primaire qui correspond en France au CP, l'école élémentaire. L'institutrice qui m'instruisait devait être bonne pédagogue, car elle savait utiliser mes perceptions visuelles à merveille. C'est de cet enseignement que j'ai appris à distinguer ma gauche de ma droite. La fenêtre était à gauche et la porte à droite. Mon banc se trouvait juste à côté de l'entrée. Certes, il m'a fallu de longues années pour me détacher de cette astuce. À chaque fois que je devais différencier la gauche de la droite, je devais me représenter mentalement la position de la porte et la fenêtre de la classe de ma première année primaire. Si je n'appliquais pas cette méthode, je risquais très souvent de me tromper et alors c'était la catastrophe : je montrais à tous ma grande ignorance et mon manque de connaissances élémentaires.

Chaque individu a un de ses cinq sens qui lui sont plus développés ; certains c'est l'ouïe, d'autres l'odorat ; pour moi c'est la vue. J'ai une très bonne perception visuelle des choses et des visages. Par contre, ma mémoire cognitive me fait souvent défaut ; je n'arrive presque jamais à retenir les prénoms ou les adresses de mes amis ou de mes connaissances professionnelles. Souvent quand je téléphone, je dois faire un exercice mental pour me rappeler tous les noms des personnes que je suis susceptible de toucher. Et c'est souvent au dernier moment que les prénoms me reviennent, juste avant que la personne décroche. Mais quelques fois, le prénom ne me revient pas. Je suis alors très embêté, car je donne l'impression de ne pas considérer l'ami et de paraître hautain ou prétentieux.

Les seuls souvenirs qui me restent de ces moments scolaires à la crèche sont les relations que j'entretenais avec les personnes du sexe opposé. J'étais le préféré de ces demoiselles de sixième primaire et j'avais, lors de chaque récréation, le loisir de m'asseoir sur les genoux de ces belles et de me réfugier dans leurs bras. J'aimais beaucoup ces moments privilégiés, car les autres de ma classe me jalousaient. Quelquefois, je recevais une gaufre qu'on achetait dans une petite aubette annexée à l'école et qui était accessible de la cour.

Les filles aimaient me choyer, elles me trouvaient tout mignon. Il faut dire que je paraissais plus jeune que mon âge. J'étais, pour ces amantes, leur petit enfant adoré. Je leur suscitais ce désir de materner et elles trouvaient certainement en moi la réponse à leur instinct maternel. J'étais cet objet, capable de donner du plaisir à leur sens primal. Je ne m'y arrachais que lorsque la sonnerie retentissait. Alors je rentrais en classe encore avec ce goût de jouissance extrême qui me faisait frémir de plaisir. Cette chaleur maternelle m'était prodiguée par de belles demoiselles à la peau douce, humide et chaude. J'aimais attendre le moment de la récréation pour me blottir dans leurs bras et sentir en moi cette sensation troublante et agréable qu'est l'amour maternel.

Un jour de récréation, un ami de classe avait voulu montrer son audace et sa bravoure pour épater les filles. Pour cela, il avait décidé de grimper sur la gouttière qui descendait de la petite toiture d'un des bâtiments qui venaient d'être construits. Cette gouttière en acier était attachée par des colliers de serrage qui sortaient du mur et qui entouraient le tuyau tous les trente centimètres environ. L'ami en question était de forte corpulence, pour tout dire, il était très gros. Après avoir grimpé d'un à deux mètres, il s'était planté et était tombé par terre, non sans dommage, car une bonne partie de sa cuisse avait rencontré, sur le passage, une attache qui servait de serrage pour le tuyau. Cette rencontre a eu pour effet d'entailler sur au moins deux centimètres de profondeur sa cuisse et de laisser apparaître à notre vue une matière visqueuse et blanchâtre. Cette matière blanchâtre ressemblait étrangement à du riz cuit et pâteux. C'était un amas de graisses qui apparaissaient à cause de l'entaille. Curieusement, il n'y avait pas de sang qui coulait.

Un enseignant et une sœur l'avaient soulevé pour le mettre sur une civière et le conduire à l'infirmerie. Il n'avait même pas mal et semblait fier d'avoir attiré tous les regards sur lui. Son passage triomphant devant les filles ressemblait étrangement à celui d'un gros gibier cuit dressé sur un énorme plateau décoré de petits légumes préparés. Il se donnait en spectacle à ses admiratrices, tel le met principal d'un festin de noce. Sa prestance était, en fait, tellement majestueuse, que l'on aurait pu entendre, de sa bouche, sortir cette phrase : « Je me donne à vous mes belles, prenez-moi ! » J'étais pour ma part dégoûté par cette vue répugnante d'un amas de graisse qui couvrait son corps comme un manteau de fourrure. Cet incident m'avait coupé l'appétit. Et chaque fois que nous mangions du riz, je repensais à cet amas visqueux de graisses de couleur blanchâtre qui ressemblait à du riz pâteux et qu'on entrevoyait dans la jambe de ce héros d'un jour.

De cette cour, il me reste encore quelques autres souvenirs, comme celui de m'être disputé avec mon frère Patrick. Nous étions, mes frères et moi, reconnus pour notre mauvais caractère. Nous étions souvent punis. Nous piquions également des crises de nerfs et nous étions très colériques. Nous étions jaloux de l'affection que l'un pouvait avoir au détriment de l'autre. Si par malheur, l'éducatrice apportait une attention plus particulière à mon frère, je lui faisais sentir ma désapprobation en piquant une crise, en cassant quelque chose ou en me battant avec un de mes compagnons de groupe. L'éducatrice pouvait s'attendre à une soirée mouvementée.

C'est sans doute pour cela que les sœurs ont voulu me mettre en pension quelques mois sur la côte belge, histoire de vivre autre chose et de me discipliner par un rythme de vie différent de celui que je connaissais.

La mer du nord, passage obligé qui a marqué mon enfance !

Mon entrée en cette nouvelle demeure temporaire n'est pas passée inaperçue. J'étais déjà reconnu comme une forte tête. J'étais arrivé à l'heure du goûter. Les compagnons mangeaient des tartines et buvaient du lait chaud. A mon arrivée dans le réfectoire, la sœur qui m'avait conduit discutait de ma forte personnalité à l'autre sœur des lieux. Tandis qu'elle parlait de mon cas, la sœur des lieux me somma d'un ton sec de m'asseoir et de prendre mon quatre-heures. Il y avait du lait chaud à boire. Je m'étais empressé naïvement de signaler que je n'aimais pas le lait chaud à cause de la peau grasse qui flottait dans le bol. D'un ton autoritaire, la sœur me disait de boire ce lait en me menaçant de m'y forcer si je ne me pliais pas à cet ordre. Ma répartie fut tout aussi directe, car je renversai le bol par terre par un geste lent et précis. La sœur blessée dans sa fierté m'avait de suite préparé un autre bol et criait : « Ah ! tu vas le boire celui-ci ! ». Elle ne voulut sans doute pas perdre de sa notoriété devant sa collègue et auprès des autres enfants qui assistaient à la scène. Les deux sœurs m'avaient pris et mis debout sur une table d'enfant. L'une tenait mes mains et l'autre portait à mes lèvres ce lait répugnant et voulut me forcer à l'avaler. Comme je résistais à leurs avances, l'une d'elle me força en me pinçant le nez ce qui m'obligea à ouvrir la bouche et avaler cette substance dégoutante. Il n'a pas fallu longtemps pour que je réagisse car immédiatement, je le leur recrachai en plein visage. Après quelques insistances inutiles, elles ont capitulé et m'ont enfermé dans ma nouvelle chambre pour le restant de la journée.

Au travers de cette scène, j'avais montré que je n'étais pas un enfant comme les autres et que j'étais à prendre avec des pincettes. Mes relations avec ces sœurs sont restées, tout au long de mon séjour en cette demeure, très conflictuelles.

Quelquefois, pour éviter ces conflits du goûter, je m'arrangeais pour faire boire mon lait par un compagnon. Nous recevions régulièrement de la semoule de riz. Je n'aimais pas du tout ce goût fade et gluant, et pour ne pas devoir remettre mon bol rempli et le recevoir de nouveau le soir en remplacement du souper, je profitais de l'absence ou de l'inattention d'une des sœurs pour le vider dans les bacs à fleurs ou les plantes qui couvraient une partie de la cour. Je ne me suis jamais fait attraper, mais je devine, avec humour, la tête que devait faire la sœur en trouvant cela, régulièrement, dans les plantes, au moment de les arroser.

Souvent, nous passions nos journées à la plage sur la digue, là où le sable commençait à paraître. Nous restions assis l'un près de l'autre à jouer dans le sable sous l'œil hagard de la sœur surveillante. Quelquefois, nous allions sur la plage près de l'eau pour jouer. Nous faisions des châteaux et des tranchées pour que l'eau puisse venir au moment de la marée haute et entourer le château fort. Nous admirions, de plus loin, la force de l'eau quand elle pénétrait dans ces cavités qui lui servaient de protection. Voir la mer prendre le dessus sur notre construction éphémère nous remplissait de joie. Le château s'aplatissait de plus en plus et il disparaissait au fur et à mesure que l'eau montait.

Nous nous imaginions être dans des bus publics pour nous y asseoir. J'ai encore une vieille photo en noir et blanc qui relate un événement de ce passé. Nous étions tous assis sur le sable dans un semblant de bus en sable qui nous recouvrait sur les côtés. Une jeune éducatrice était à la place du chauffeur et devinez qui était dans Ses bras ? Moi, bien sûr ! À cette époque, mes frères Patrick, Édouard et Éric, étaient avec moi à la mer, en colonie de vacances. Nous nous étions disputés et c'est ainsi que je me retrouvai dans les bras de l'éducatrice.

© Fh. 2015   « La côte belge, 1968 »

« Patrick, Édouard, moi caché et Éric, 1968 »

Dans l'ensemble, ce passage à la mer m'a donné le courage de vivre et souvent quand je me sens seul ou triste, je passe un petit moment à la mer pour écouter le bruit des vagues et admirer cette force de la nature. La mer apaise souvent mes vieilles douleurs. Durant toute mon enfance, j'ai passé presque toutes mes vacances scolaires sur la côte belge. J'ai gardé un profond amour pour elle. Je me suis souvent demandé s'il n'y avait pas un lien psychique et affectif entre le mot « mer » et « mère ». Qui sait ? La mer n'est-elle pas notre source commune, selon les évolutionnistes ?

Après avoir passé quelques mois à la côte, je suis retourné à la crèche Marie-Henriette. Je n'ai de souvenirs que des samedis que nous passions ensemble, nous les oubliés du week-end. Nous allions tous les samedis à la Grand-Place pour voir les marionnettes du théâtre populaire de Toone.

Nous partions en groupe serré deux par deux avec une sœur devant et une autre derrière pour nous encadrer. Nous ne risquions pas de nous perdre. Nous partions à pied vers ce lieu magique qu'est la Grand-Place de Bruxelles. Nous allions comme de coutume à la rencontre de ces marionnettes de Toone. Image symbolique du bon vieux Bruxelles. Les marionnettes étaient faites de bois et de tissus. Elles étaient manipulées par des ficelles et une voix bien typée les faisait vivre une histoire qui nous faisait rire. Ne pensez pas que d'être abandonnés de nos parents, nous rendait moroses. Nous savions rire et vivre et profiter des bons moments.

Les samedis de Toone étaient pour moi un de ces bons moments. Nous y mangions après le spectacle une gaufre de Bruxelles et nous buvions une limonade. Nous aimions cette balade du samedi.

C'est à 7 ans que ma vie a de nouveau basculé. Une monitrice qui m'affectionnait est venue m'avertir que je ne pourrais pas aller avec les autres voir le spectacle de Toone ce samedi. En quelques mots, elle m'avait dit que je quitterais la crèche le jour même et que je ne m'appellerais plus « Frédéric Vandroogenbroeck », mais bien « Frédéric hoebeeck ».

Je récitais de vive voix : « Je m'appelle Frédéric hoebeeck, je m'appelle Frédéric hoebeeck ». La monitrice me demandait à nouveau si je me rappelais bien mon nouveau nom et je lui disais avec un air suffisant : « Ben oui, je m'appelle Frédéric hoebeeck maintenant ! »

Ma sœur, Christiane, avait quitté la crèche plus d'un an auparavant pour une petite maison prévue seulement pour les filles. Je suis parti pour la rejoindre dans une demeure qui lui était annexée et où j'allais vivre deux ans et demi. Mes autres frères, pourtant plus petits que moi, étaient eux aussi partis avant moi pour se retrouver dans une maison familiale située à la Hulpe : La Châtaigneraie. Mes quatre frères Patrick, Édouard, Éric et Daniel vivaient donc ensemble dans la même institution.

Après sept années passées dans cette crèche de la rue Marie Henriette, j'avais donc rejoint ma sœur là où elle vivait, mais dans la section des garçons qui était juxtaposée à celle des filles. J'allais continuer mon petit bonhomme de chemin vers une nouvelle destinée.

Patrick   Edouard   Daniel   Éric   Frédéric

© Fh. 2015   « mes frères et moi en 1969 »

© Fh. 2017   « L'amour avant tout »

Le home, rue de la **Consolation,** 81 Schaerbeek.

© Fh. 2015   Home du CAP « La Consolation »

Ma nouvelle demeure fût rue de la Consolation à Schaarbeek. Le tramway 81 passait dans la rue. Or ce numéro du
tramway était justement celui de la maison : 81. Les maisons
de cette rue, qui avaient toutes la même grandeur, étaient
collées les unes aux autres. Dans cette rue en pente, les maisons proches du tournant de la rue avaient leurs façades
noircies à cause du freinage répétitif du tramway en cet endroit. Souvent ornées de portes immenses, ces maisons de
maître dataient, me semble-t-il, des années d'avant la Deuxième Guerre mondiale.

Quelques fois ma mère venait me chercher moi et ma
sœur, nous prenions le tramway 81 pour rentrer chez nous.
Enfin chez nous ? Plutôt chez elle ! Ce tramway était le lien
entre l'institution et la maison familiale, 79, rue Stéphanie à

Laeken et l'entendre, me rappelait chaque fois que je n'étais pas chez moi rue de la Consolation, mais dans une maison pour enfants abandonnés. J'y vivais dans l'attente des visites de ma mère et dans l'espoir de rentrer un jour à la maison définitivement.

La section des filles, où vivait ma sœur, était plus petite que celle des garçons. Son entrée se trouvait dans la partie gauche d'un immense couloir principal où se trouvait, sur le côté, un banc en bois avec des accoudoirs en bois. Le fond du banc se soulevait. Il y avait un coffre de rangement, mais je ne me souviens pas s'il s'y trouvait quelque chose ou non ; peut-être des écharpes et des gants pour l'hiver.

La porte de la section des filles n'était pas grande. Elle était simple, en bois avec des petites vitres fumées. Celle de la section des garçons était bien plus imposante. Elle se situait à la droite, au milieu de ce même couloir et pour y accéder, il fallait monter quelques grandes marches de bois conduisant à une grande porte à deux battants. Cette porte vitrée était également faite en bois. Elle débouchait sur un petit couloir. À droite se trouvait le bureau de la directrice et à gauche un grand escalier qui montait vers les chambres et les lavabos, situés à l'entresol. En dessous de l'escalier qui montait vers les chambres se trouvait l'accès à la cuisine et à la réserve. Une porte à deux battants situés en face de la porte d'entrée de la section des garçons conduisait à la partie principale, faite de trois grandes pièces en enfilade qui recouvraient la totalité de la superficie de la maison côté garçons. La pièce qui servait de salon, côté rue, abritait nos jeux. C'est là que nous jouions quand il faisait mauvais dehors.

Nous jouions à de fameuses batailles de petits soldats de plastique. Nous avions l'habitude de jouer de longues heures à nous combattre par le moyen de ces petites figurines de l'armée américaine : les tuniques bleues. Je me rappelle des deux grands radiateurs blancs qui se trouvaient enfoncés dans le mur juste en dessous des fenêtres. J'avais l'habitude de placer mes soldats derrière l'un de ces pieds de radiateur, une excellente tactique pour ne pas perdre ses soldats. Le jeu consistait en effet à lancer à tour de rôle une bille sur les soldats ennemis : les soldats ainsi renversés étaient considérés comme morts. Il faut dire que je savais bien me défendre et prendre le terrain le plus approprié pour gagner. Cette situation engendrait quelquefois des discussions tumultueuses qui se terminaient par des coups de gueule, mais sans violence. J'étais un féroce stratège et je n'aimais pas perdre. Quand le gong annonçait le repas, c'était la fin de la partie. Mais ce n'était que partie remise pour une autre occasion.

Dans la pièce du milieu, il y avait les tables, accolées l'une à l'autre sur deux rangées pour former deux grandes tables dans le sens de la longueur. Nous y avions chacun une place attribuée. J'avais le dos tourné à la porte d'entrée.

Je me rappelle seulement des repas du vendredi. C'était le jour du poisson. Notre cuisinière, peut-être espagnole ou méditerranéenne, avait une forte personnalité. Elle faisait très forte impression quand elle arrivait avec ses plats. Je ne me rappelle que très partiellement de ma relation avec elle, mais je crois qu'elle était agréable et accessible.

Je pense d'ailleurs que l'on sous-estime le rôle que peut jouer une cuisinière dans la vie d'un enfant de home. Elle est souvent neutre dans les conflits et a une vision extérieure à la vie du groupe. Elle est souvent éprise de justice et d'amour maternel, un amour que ne peuvent pas toujours exprimer les spécialistes éducatifs sous le prétexte de neutralité. Difficile, il est vrai de donner un avis professionnel si l'on est soi-même impliqué dans la vie d'un enfant qui n'est pas le sien. On risque d'être partial et de privilégier l'un au détriment de l'autre. Pourtant je me souviens avoir fait plus que de bonnes choses en étant dans une relation affective avec des jeunes dont j'ai eu l'occasion de m'occuper lorsque j'ai travaillé comme éducateur dans des institutions. Le paradoxe du métier !

La suite de mes souvenirs me ramène donc au repas du vendredi, jour du poisson. Nous avions pour habitude de recevoir une soupe au poisson. Je ne pouvais pas supporter cette soupe, car elle était visqueuse et son odeur désagréable. J'en avais des hauts le cœur. Alors que les activités récréatives étaient superbes, les repas étaient un calvaire. Chaque vendredi, la scène recommençait. Je ne pouvais pas quitter la table si je n'avais pas avalé ma soupe et j'étais privé du reste du repas et du dessert. Selon l'éducateur en service, je risquais en plus d'être puni le restant de la journée et du week-end. Je quittais ainsi la table après tous les autres enfants pour rejoindre ce fameux banc du couloir d'entrée, non pas pour m'y asseoir, mais pour y rester debout, à côté, près d'un renfoncement. La seule condition pour rejoindre mes camarades était de terminer ma soupe. Ce n'est pas que je manquais de volonté, que je fusse têtu ou obstiné, mais il m'était totalement impossible d'avaler cette soupe visqueuse. J'avais essayé plusieurs reprises et chaque fois c'était la même chose, je vomissais presque immédiatement. Il en résultait que je passais une fois de plus pour un enfant difficile et rebelle aux yeux des éducateurs. Cette fausse appréciation me valait leur obstination à me resservir cette soupe, quelques fois mêlée de mon vomi, le vendredi soir et les autres jours du week-end. Jusqu'au moment où je tombais sur un éducateur qui m'épargnait la hargne des autres et j'étais alors quitte de ce terrible calvaire. Mais je n'étais pas définitivement libre pour autant, car cette scène se reproduisait chaque vendredi.

L'autre pièce du fond ne me laisse que peu de souvenirs. C'était par ce chemin que nous rejoignions la cour avant d'aboutir dans le jardin, car il y avait une petite cour avec un local, genre débarras aux vitres sales au point qu'il était presque impossible de voir ce qu'il y avait à l'intérieur. Ce local non chauffé et qui donnait dans la petite cour aux pigeons contenait des armoires métalliques. Nous y avions chacun une armoire avec notre nom pour entreposer nos affaires scolaires, nos chaussures, nos vestes et nos petits biens personnels. Il n'y avait pas de cadenas. Toute personne pouvait y pénétrer, fouiller et prendre ce qui lui semblait bon.

Quand je recevais la visite de ma mère, j'avais souvent droit à des bonbons et des biscuits. Sa visite, très rare et pourtant tant attendue, était un festin de friandises que je cachais au fond de mon armoire derrière des vêtements pour que personne ne puisse me les prendre. Quand nous allions dans le local pour y prendre nos vêtements ou les ranger, j'en profitais pour me gaver de bonbons en cachette. D'ailleurs, si j'en laissais dans mon armoire pour un autre moment, ils disparaissaient comme par magie. Une visite de l'extérieur ne passait généralement pas inaperçue. Un jour pourtant, j'avais oublié un sachet de bonbons dans mon armoire. Ce n'est que quelques semaines plus tard que je l'ai retrouvé, par hasard. Vous ne pouvez pas imaginer ma joie. J'étais heureux de pouvoir manger des bonbons alors que je n'avais pas reçu de visite.

Je n'avais des visites de ma mère que très rarement, elle ne me prenait plus aussi régulièrement. Elle ne pouvait pas, disait-elle. Je compris plus tard qu'elle venait chercher ma sœur chaque week-end. La petite cour des garçons donnait en effet dans celle des filles, située en contrebas. Je pouvais donc entrevoir Christiane lorsqu'elle y était et c'est de cette façon que je compris un jour que ma mère venait la prendre pour le week-end. Je demandai où était Christiane et les filles me disaient qu'elle était partie, soit avec ma mère, soit avec mon père. Je le demandai bientôt tous les week-ends et vivais à chaque fois la même frustration : celle de ne pas être aimé de ma maman. À la longue pourtant, la douleur finissait par devenir supportable.

La cour était dite « cour-à-pigeon », car il s'y trouvait deux pigeonniers attachés, en hauteur sur le mur d'en face du débarras. Ils ressemblaient fort à des donjons avec des trous qui permettaient aux pigeons de rentrer. Certains d'entre eux étaient blancs, symbole de la paix. Les grands du groupe étaient autorisés à les nourrir.

Il y avait dans la prolongation de la cour un immense jardin en forme de « L » inversé qui occupait toute la largeur de la section des garçons et des filles, mais seuls les garçons pouvaient y accéder. Vers la gauche, côté fille, il y avait un potager et trois arbres de pommes et de poires.

Au fond, côté garçons, se trouvait un bac à sable assez grand. J'aimais y jouer aux soldats et aux voitures blindées. Nous jouions à la guerre. J'utilisais des moyens de protection tels que l'immersion dans le sable ou derrière des obstacles de bois qui protégeaient mes hommes des assauts de l'ennemi.

Nous avions également une tortue de jardin qui aimait se promener. Elle se déplaçait en faisant comme si nous n'étions pas là, de façon majestueuse. Elle était la maîtresse des lieux. Certainement la plus âgée de nous tous. Elle méritait le respect et nous l'admirions. Nous lui donnions souvent une bonne partie des restes du potager. C'était un plaisir de la voir se promener et quand nous ne la voyions plus nous la cherchions, mais sans l'embêter, juste pour l'observer. Les hivers, elle se cachait dans le sol et réapparaissait le printemps suivant. Nous étions à l'affût chaque printemps pour la voir ressortir de son trou. C'était un plaisir de saison.

Un vieil homme s'occupait du jardin et du potager. C'était une personne agréable à vivre. Il donnait le sentiment d'être avec nous. En quelque sorte un grand-père affectueux.

Après un trajet d'une bonne demi-heure avec le tramway 81 qui s'arrêtait juste dans la rue Stéphanie, je rentrais chez moi, enfin, chez ma mère et toujours avec ma sœur. Nous passions notre week-end à aller aux différents cinémas, rue Marie-Christine, une rue parallèle à la nôtre. Il y avait trois petites salles de cinéma dans cette rue très fréquentée. L'une dans le haut de la rue était destinée aux personnes de plus de 16 ans : le « Marie-Christine ». Les deux autres salles de cinéma, le « Rio » et le « Wagram », se situaient l'une en face de l'autre en contrebas de la rue. On y jouait des films de guerres, de cape et d'épée, des péplums, des westerns ou des films de surhommes comme « Hercule ». J'aimais particulièrement ces films. Nous avions l'habitude, le samedi après-midi, d'aller dans l'une des deux salles et le dimanche systématiquement dans l'autre. Vu notre âge, nous n'avons jamais été dans la salle « Marie-Christine ».

Pendant ce temps, ma mère travaillait à la gare centrale, au centre de Bruxelles comme buffetière. Elle rentrait le soir et parfois mon père était là. Mais c'était assez rare en journée. Les fois où je dormais à la maison, je dormais sur un vieux sofa ou quelquefois dans le lit de mes parents. Mon père était toujours là pour dormir. Je dormais à côté de ma mère. Elle se plaignait toujours, car je bougeais trop la nuit. J'avais tellement peur de bouger que j'en coupais ma respiration. Mes nuits n'étaient donc pas fameuses. Je préférais encore dormir sur le vieux sofa pourri qui sentait le moisi que de subir la mauvaise humeur de ma mère chaque matin au moment de se lever.

Nous regardions le soir des feuilletons à la télévision, particulièrement, une série qui s'appelait « Angoisses ». J'avais à chaque fois la peur de ma vie. Les scènes étaient tellement angoissantes que j'avais toujours peur d'être surpris derrière moi par un méchant qui se serait introduit dans l'appartement et qui se serait glissé au fond de la pièce pour me surprendre.

Nous habitions dans un appartement du rez-de-chaussée avec trois pièces en enfilade. Celle qui donnait sur la rue était la chambre de mes parents, celle du milieu celle d'Eddy et celle qui donnait vers la cour était le salon où se trouvait la télévision. Les portes n'étaient jamais fermées. Nous étions toujours dans le noir pour regarder la télévision. Comme si le film n'était pas assez angoissant, il fallait encore rajouter la pénombre. J'avais des frissons dans le dos à l'idée qu'une personne puisse jaillir derrière moi. J'étais comme prostré sur ma chaise au point d'en être paralysé. La musique et la tension du film alimentaient notre angoisse. J'attendais avec une certaine impatience que ce film se termine, mais à chaque fois les scènes duraient à n'en plus finir. J'en sortais avec beaucoup de frayeurs, avec la peur au ventre au point que mes nuits étaient perturbées à chaque fois.

Le samedi, nous avions donc l'habitude d'aller, ma sœur et moi, au cinéma. Un jour que nous hésitions sur le choix du film, je traversais la rue pour regarder l'affiche et les quelques photos du film exposées à l'avant du cinéma, lorsqu'une voiture me percuta de plein fouet. Ma tête a heurté le capot et je suis tombé sans connaissance. Je me suis réveillé à l'hôpital en compagnie de ma mère et de ma sœur. Ma mère avait été appelée par la police sur son lieu de travail. Je n'avais rien de cassé à part ma jambe droite qui s'était déboitée. Je suis resté une nuit en observation. Je m'en sortais avec une grosse frayeur. J'approchais de mes neuf ans.

Cet accident ne se serait pas produit si mon attention n'avait pas été captée par un jeune de mon âge qui me narguait devant les affiches avec un air dédaigneux et provocant. Pire, lorsque je vis arriver la voiture, je pris le risque de courir en avant plutôt que de revenir sur mes pas. Fatale erreur.

La police m'avait interrogé sur les circonstances de l'accident. Je me souvenais juste de la couleur de la voiture. Elle était rouge. Le conducteur, qui ne s'était pas arrêté, me semblait être un homme, mais je n'avais pas plus de détails à fournir, si ce n'est, selon les dires de ma sœur, un renfoncement impressionnant que j'avais occasionné avec ma tête sur le capot de la voiture. Nous n'avons plus jamais fait allusion à cet accident par la suite. Je sais que mes départs en week-end avaient été restreints et que ma mère devait garantir sa présence durant les week-ends à la maison.

À de rares occasions, nous étions tous les frères ensemble à la maison. Nous nous baladions très souvent dans la rue Marie-Christine. Nous prenions quelques fois une glace au comptoir d'un glacier donnant sur le trottoir. Un jour, mon frère Éric râlait, car il n'avait pas eu le parfum qu'il voulait.

Ma mère avait pris le cornet et de rage le lui avait mis sur sa figure. Je ne vous dis pas le silence après, et la tête d'Éric. Nous étions bouche bée avec un rictus avorté sur nos lèvres.

Les fois où nous étions ensemble dans l'appartement, c'était la fiesta. Nous étions sous l'égide d'Eddy. Il avait peu d'autorité sur nous. Souvent, nous nous battions, ma sœur et moi sous le regard d'Eddy. Nous étions souvent en rivalité Christiane et moi. Ma sœur gagnait souvent. Elle était un garçon manqué. Eddy l'encourageait à me battre en l'incitant à me donner la raclée. Une fois, je lui ai donné un coup qui l'a fait pleurer. Eddy était très embarrassé. Après cela, nos relations furent plus sereines. Les bagarres n'étaient plus aussi déséquilibrées et donc plus aussi agréables à voir.

Le peu de fois où mon père était à la maison, c'était pour se plaindre de nous. Il ne disait pas grand-chose. Il donnait cette impression qu'on l'ennuyait. Il ne nous trouvait pas intéressants. Je sais qu'il avait dit une fois qu'il préférait des enfants plus grands, car il pouvait faire des activités qui lui collaient mieux à la peau. Il pensait probablement à la pêche, aux jeux de cartes et à la tournée des cafés du coin. Une scène m'a marqué profondément durant de longues années. Mon père se plaignait que nous avions un retard mental qui se traduisait par des échecs scolaires. Pour démontrer le contraire, ma mère m'avait demandé de lire un passage du journal que mon père prenait tous les jours chez le libraire avec ses trois paquets de cigarettes, des Bastos bleues sans filtres. J'avais bien tenté de démontrer le non fondé de ses dires, mais la difficulté était de taille ; lire un roman ou un livre pour enfant, ce n'est pas lire un journal ; il y avait une barrière difficile à franchir. J'avais essayé de mon mieux, car j'avais tellement envie de lui prouver le contraire. Ce fut un désastre, car je lisais mot à mot sans liaison et en plus j'essayais de deviner les mots sans vraiment les comprendre. Du coup, mon père était ravi de confirmer que j'avais un retard et que je ne savais pas lire convenablement. Nous étions des attardés à ses yeux. Quelle déception pour moi !

J'ai trainé durant de longues années ce handicap. J'étais complexé par la lecture en public. Il m'a fallu beaucoup d'efforts et de patience pour enfin y arriver et pour comprendre que ce handicap venait de cette malheureuse situation du passé. À ce jour, je lis convenablement à voix haute, mais ce souvenir ne me quitte pas l'esprit et me perturbe souvent au moment de mes lectures publiques. Cela me stresse et me déconcentre.

En relatant ce fait, je me souviens de l'école primaire du parc Josaphat qui ressemblait à une école classique avec deux cours, l'une pour les petits et l'autre pour les grands. Il y avait de grands arbres au milieu de la cour, protégés sur le bas par un muret d'une dizaine de centimètres de hauteur. Il y avait suffisamment de place pour jouer aux billes. J'étais considéré comme un leader, le chef d'un groupe de copains qui couraient souvent en bande après les filles. J'avais une très mauvaise réputation auprès des institutrices.

J'ai redoublé ma deuxième année à cause de mon comportement. Je me voyais contraint de la redoubler avec la même institutrice que je n'aimais pas. Elle était sévère et pensait me dresser. Elle me punissait souvent et me montrait du doigt aux autres. J'étais considéré comme étant une forte tête.

J'étais le seul à avoir des cours de religion protestante. Mon père était protestant, je le savais et l'avais dit à l'école. Était-ce une obligation dans une commune à dominance musulmane, d'avoir des cours de religion adaptés ? Un professeur venait chaque semaine pour m'enseigner la religion. Les cours étaient agréables, mais je ne me souviens plus de leur contenu. Le professeur de religion était un homme de bonne compagnie. Pas de conflit, pas de dispute… Tout était pour le mieux. Nous échangions nos points de vue sur la vie de Jésus.

Je rejoignais quelques fois le pasteur dans son temple, le week-end. J'aimais bien l'ambiance religieuse et la douceur de ce pasteur. Nous avons partagé des moments spirituels durant tout le temps où je suis resté dans cette école et des moments particuliers lors des week-ends.

Après les deux mois de vacances estivales, l'école devait recommencer. À chaque fois que nous partions du home, nous traversions en file indienne les rues qui nous séparaient de l'école. Nous passions toujours par le même chemin où se trouvait une grande boite à lettres rouge de la poste fixée sur le mur d'une maison. Vu ma petite taille, je passais toujours en dessous sans devoir me baisser. Les autres devaient toujours y faire attention, mais moi, très fier, je passais dessous la tête haute. Jusqu'au jour où, de retour des vacances, est arrivé ce qui devait arriver. Comme d'habitude, je suis arrivé devant la boite postale, fière comme Artaban. Mais cette fois-ci, je me suis violemment cogné la tête et suis tombé à terre. Le responsable a couru pour me venir en aide, mais moi, encore étourdi et étonné, je n'ai pas pleuré. Malgré la grosse bosse qui commençait à apparaître sur mon front, je me suis au contraire réjoui : j'avais grandi durant les vacances. J'étais heureux. Cette bosse prouvait que j'avais grandi.

Mon père venait chercher Christiane tous les week-ends et quelques fois les mercredis après-midi. La directrice lui avait dit de ne plus venir, car le juge ne le voulait pas. J'ai compris bien après que mon père abusait de Christiane. Il était accusé d'attouchements par les éducateurs de l'institution. Christiane avait parlé de cela avec des éducatrices et une instruction judiciaire était en cours. J'étais au courant de l'affaire car les éducateurs m'en avaient parlé. Mais je ne sais pas si c'était pour me questionner ou pour me protéger. Ne connaissant rien sur la chose, vu mon âge, je ne saisissais pas la gravité des faits.

C'est à cause de cette affaire que nous avions été pris en charge par la justice. Avant nous émargions au CAP, mais après cette affaire gravissime, nous étions devenus des protégés de la justice. Nous étions un « dossier justice ». Plus question pour ma mère de demander de nous reprendre chez elle tant qu'elle fréquentait notre père. Elle n'était pas mariée, mais elle avait eu six enfants avec lui.

Il faut se rappeler que nous portions presque tous le nom de notre mère suite à un désaveu de son ex-mari Vandroogenbroeck, avec qui elle avait eu un fils : Eddy. Ce désaveu faisait de nous des enfants adultérins. Curieusement, le dernier de mes frères, Daniel, a gardé, comme Eddy, le nom de Vandroogenbroeck alors que mon père Gérard Van Den Berg, alias Félix de surnom était bien le sien. En fait, la justice ne permettait pas de changer de nom s'il n'y avait pas un désaveu du mari. Et comme ce désaveu est survenu avant la naissance de Daniel, il aurait fallu refaire des démarches administratives longues et coûteuses. Ce qui n'a pas été fait.

Daniel Vandroogenbroeck, dont son deuxième prénom Félix révèle la paternité de notre père, aurait dû porter le nom de hoebeeck. Cette distinction a marqué très fortement nos relations et je pense que Daniel ne s'est jamais senti intégré avec les autres frères qui étaient dans la même institution : la Châtaigneraie.

D'ailleurs, la suite de son histoire l'atteste. En effet, Daniel a très rapidement eu une attitude différente de Patrick et d'Édouard. Il a quitté la Châtaigneraie pour aller dans une structure plus petite et mieux adaptée à ses attentes. Un curé l'a hébergé chez lui et l'a aidé à assumer sa vie future, non sans difficultés. Daniel est très intelligent, mais n'arrive pas à s'exprimer sur son passé. Il le subit au lieu d'en faire une force. Il boit beaucoup et est souvent violent avec les autres, en paroles, quand il a bu. Il aime les jeux d'argent et ne se maîtrise pas. Il garde une vie d'assisté et n'arrive toujours pas, aujourd'hui encore, à assumer sa vie d'adulte. Mais il ne m'appartient pas de le juger. Difficile de vivre avec un nom qui n'est pas le sien et une famille comme la nôtre. Le fait de s'appeler -Vandroogenbroeck- l'a rapproché de notre grand frère Eddy. Ils sont restés souvent en contact et Eddy l'a souvent aidé selon ses moyens affectifs et cognitifs.

Eddy n'avait pas beaucoup d'atout si ce n'est le graphisme. Il connaissait de manière innée le dessin et en a fait, après de longues années de déboires à courir d'un boulot à l'autre, son métier : « Tatoueur « ! Il s'est mis à son compte en tant qu'indépendant et a ouvert une petite boutique à Anderlecht. Il en est mort par la suite avec un cancer des poumons et de la gorge. Les produits toxiques de pigments de couleurs et la cigarette ne l'ont pas aidé, sa vie dissolue non plus : Il avait été tenancier d'un bar pour motard.

Pour revenir à cette histoire d'inceste, mon père a été condamné à deux ans de prison avec sursis ou pas, je ne sais pas. Il lui était interdit de nous voir et pour ma mère de le fréquenter encore, sous menace de ne plus revoir ses enfants. Elle est restée avec lui aussi longtemps que mon père a vécu. Cela dénote une sorte d'indifférence ou un manque de maturité affective de la part de ma mère et surtout vis-à-vis de Christiane qui subissait des assauts sexuels réguliers de notre père géniteur.

Mon père est mort quand j'avais 14 ans, ma sœur 15. Il a donc continué à abuser d'elle jusqu'à sa mort. Et je crois que Christiane trouvait dans cette relation un apport affectif qui lui manquait cruellement. Elle ne paraissait pas affectée, mais elle trouvait en notre père une compensation matérielle et financière. Il lui donnait tout ce qu'elle voulait. Ma mère a toujours fermé les yeux et malheureusement, je ne l'ai compris que bien trop tard. Elle a toujours dit qu'elle ne pouvait pas l'imaginer ; que c'était au-delà de ce qu'elle pouvait concevoir, etc. ... Le fait est qu'elle n'a rien fait et a laissé Christiane entre les mains de notre père !

Pour le reste de mon passage en cette institution, rue de la Consolation qui n'avait rien de consolant, je garde en ma mémoire une éducation assez stricte. Je devais m'asseoir au fond du dossier de la chaise pour manger et mettre mes pieds autour de celle-ci, ce qui était une prouesse vu mon âge et ma petite taille. Est-ce de cette habitude forcée qui fait que je n'ai pas de mal de dos jusqu'à ce jour ?

Un jour, j'ai donné un coup de pied au ventre à une éducatrice qui m'aimait. Elle était enceinte. Elle a failli perdre son bébé. C'était un moment douloureux de ma vie, mais je ne sais pas ce qui m'a poussé à commettre cet acte odieux si ce n'est peut-être une forme de jalousie. Depuis, toutes les éducatrices enceintes ne peuvent plus travailler pendant leurs périodes de grossesse. Le risque est jugé trop important.

La méchanceté est liée au cœur de l'enfant. Et j'étais méchant au fond de moi-même ; la révolte était en moi, la résultante d'une injustice profonde.

J'ai revu l'éducatrice après son accouchement, son enfant ne portait aucune séquelle de cet incident malheureux. Elle ne m'en voulait pas non plus de m'être révolté et de lui avoir fait du mal au plus profond d'elle-même. Je me rends compte que j'ai été baigné malgré tout dans un amour véritable de ces personnes qui désiraient très sincèrement nous apporter ce dont nous manquions le plus : l'affection d'une maman.

En général, je dois dire que j'ai rencontré beaucoup de personnes qui nous ont aimés comme elles le pouvaient, selon les moyens qui leur étaient accordés.

Ma nature était-elle mauvaise dès le départ ? Était-elle liée à l'éducation de ma toute petite enfance ou était-ce lié à un héritage génétique ? Jean-Jacques Rousseau a dit que : « l'homme est foncièrement bon, mais c'est la société qui le corrompt ». Je pense pour ma part et avec ma maigre expérience de la vie qu'il y a des fois où l'homme reçoit un héritage génétique et qu'il est bien obligé de vivre avec, tantôt bon, tantôt mauvais. Nous héritons de ce bagage familial et nous devons le combattre pour nos prochaines générations. Je crois qu'il est possible de changer un iota de notre code génétique pour la prochaine génération à condition que l'enfant naisse après ce changement. « Je vais me faire fusiller par les spécialistes ! » Ce qui me pousse à penser cela vient d'un passage de la Bible qui dit que la faute peut avoir des conséquences sur plusieurs générations. Il semble que le code génétique garde en mémoire un certain nombre d'éléments de la vie vécue pour le retransmettre dans le code génétique de l'enfant qui va naitre. Il y aurait comme un glissement d'expériences passées qui se perdraient au fur et à mesure, la plus ancienne d'abord, pour la remplacer par la nouvelle du géniteur qui suit. Il y aurait comme un pion qui s'ajouterait par le dessus et qui pousserait dehors le plus ancien. L'analyse du code génétique devrait apporter une réponse satisfaisante à ça ! Faut-il qu'on prenne la peine de le faire ?

Je cherche toujours une réponse, car je n'ai pas été un ange durant le reste de ma vie que ce soit avec les autres ou avec mes proches. Un esprit calculateur... J'ai fait beaucoup de mal autour de moi. Et le temps peut aider à s'améliorer, mais faut-il encore le vouloir ? Pour ma part, j'ai cherché durant toute ma vie à changer ma destinée. J'ai réussi en partie du moins. Si nous voulons changer cette nature humaine, cela exige du temps, de la patience et une bonne dose de volonté.

Maintenant que j'ai des enfants, je me rends mieux compte de l'héritage des parents dans le comportement des enfants. Je me retrouve en eux comme un miroir. Heureusement que je ne reproduis pas les mêmes absurdités que mes parents. J'affectionne mes enfants. Je crois que je suis équilibré avec eux. Je ne les étouffe pas par un manque affectif. Je leur consacre beaucoup de temps, mais pas toujours de bonne qualité. Toutefois, nous avons choisi, ma femme et moi-même, d'aménager notre temps en travaillant chacun à mi-temps. Nous trouvons dans cette démarche un moyen d'assumer nos responsabilités et de les éduquer convenablement sans devoir les mettre à la crèche et de les abandonner dans les mains d'étrangers. Nous trouvons dans cette démarche un moyen aussi de les protéger et de les fortifier pour l'avenir.

Je me rappelle fort bien du moment de mon départ du home de la Consolation pour aller vers un lieu inconnu. Nous avions coutume à chaque fin d'année de faire une chorale pour la Saint-Nicolas. Nous devions nous mettre en groupe du plus grand au plus petit. Les plus grands se positionnaient derrière et les moyens de taille au milieu et les plus petits devant. Nous formions comme cela un groupe de chorale à côté du piano à queue. Nous devions répéter des chants religieux pour une réception le jour « J ». Je me rappelle ne pas avoir aimé chanter, du moins, je me sentais gêné. De plus, étant de nature plutôt timide et de petite taille, je n'aimais pas me mettre devant tout le monde et être vu de tous. Je me faufilais toujours dans la rangée du milieu, histoire de ne pas être vu. Mais malheureusement, j'étais à chaque fois repéré et remis dans la bonne rangée. Je me tortillais en marmonnant les quelques phrases que nous devions connaître par cœur. C'était aussi l'occasion de présenter les pensionnaires aux officiels de la santé.

Nous passions ces moments de fêtes de la Saint-Nicolas en compagnie de responsables communaux. Nous montrions le bon travail pédagogique à ces Messieurs de l'administration et justifions les fonds dépensés pour la bonne cause.

Chaque année, c'était pareil. Nous recevions nos cadeaux et nous passions une bonne fin d'après-midi ensemble à manger des gâteaux et des friandises sans compter les sacs de bonbons que nous pouvions mettre dans nos armoires. J'avais demandé de recevoir une boite magique lors de ma première fête de Saint-Nicolas. J'aimais beaucoup le côté mystérieux de la magie. Mais je ne pouvais pas la recevoir, car j'étais trop petit... J'étais donc déçu du jouet que l'on me donnait à la place.

L'année de mon départ, j'avais de nouveau demandé à Saint-Nicolas de m'apporter une boite de magie. Et je me souviens bien d'avoir insisté auprès des éducateurs. À chaque fois que nous nous préparions pour la chorale, je disais que je voulais une boite de magie cette année. Et l'on me répondait, on verra, on verra... J'insistais, car mon désir était entier !

Je suis donc parti de cette maison juste la veille de la Saint-Nicolas. J'étais très déçu de n'avoir pas reçu une fois de plus cette fameuse boite de magie.

« mon père et sa clope »

© Fh. 2018 « le prieuré d'Aiseau »

L'Abbaye d'Oignies de la commune d'Aiseau,

© Fh. 2018   « Les brebis »

« le prieuré d'Aiseau »

C'est à cause de mon père, que nous avons dû quitter le home de la rue de la Consolation, car nous émargions désormais de la Justice et non plus du CAP. Ma sœur a quant à elle été mise en institution fermée à Saint-Servais. Elle se révoltait très fort, fuguait et se réfugiait chez notre père qui la cachait. Elle devait avoir dix ans. Moi, j'en avais neuf.

J'ai été déplacé à Aiseau, près de Charleroi. Cette institution était fort éloignée de Bruxelles puisqu'il s'agissait de disséminer dans le pays les semences familiales à l'image des graines que l'on éparpille dans un champ à cultiver. Pour le juge de la jeunesse, il s'agissait avant tout d'empêcher ma mère de venir nous rendre visite. C'était une méthode très souvent utilisée par la justice pour espacer les rencontres.

Depuis ce jour, les méthodes ont radicalement changé. Les juges de la jeunesse favorisent désormais le regroupement des frères et sœurs et les assistants sociaux entretiennent des rapports plus étroits avec les enfants et les parents. Un travail d'équipe entre les différents acteurs sociaux est mis en place, des réunions et des rapports sont exigés pour un meilleur suivi de la famille. On utilise la méthode systémique qui consiste à considérer un ensemble de facteurs. Fini le temps où chaque entité fonctionnait indépendamment des autres services.

Cela fait partie de la révolution silencieuse du milieu socio-éducatif.

L'établissement d'Aiseau était une grosse institution. Il y avait plus de cent garçons de tous âges, mais pas de filles. Il y avait des groupes de petits et de grands. J'étais dans celui des petits. J'étais venu en ambulance comme un malade qu'on apporte à l'hôpital pour se faire soigner. On m'avait averti de ce moyen de déplacement, mais je ne devais pas m'inquiéter.

La structure de l'institution était colossale, faite de hauts murs, de portes et de donjons. J'allais commencer une vie de château dans une immense abbaye qui avait connu les outrages du temps. Cette abbaye qui appartenait jadis au clergé est devenue par la suite une institution pour enfants du juge.

C'est à ce moment de l'histoire – aux alentours de 1970 - que le clergé a perdu sa mainmise sur le socio-éducatif. Le clergé, rémunéré par l'État pour les services rendus à la collectivité, voyait son patrimoine réquisitionné pour la cause. On remplaçait également les religieux par des spécialistes de l'enseignement et de l'éducation. Un créneau était ouvert sur une professionnalisation du secteur d'ailleurs en crise à ce moment-là. Il n'appartenait plus au clergé de s'occuper essentiellement du secteur socio-éducatif, et toute personne de bonne volonté qui n'était pas attachée à l'Église pouvait accéder à la profession. Il ne fallait pas de diplômes spécifiques bien que des formations fussent proposées pour ce secteur. Aujourd'hui encore, la profession demeure peu protégée, ce qui permet à des personnes sans qualification professionnelle d'accéder à la profession.

Dans les familles aisées, nobles, il était de bon ton d'avoir une personne qui se vouait au clergé et embrassait la bonne cause. De nos jours, cette tendance n'existe plus. J'ai constaté que ces familles « à particule » consacrent un enfant, non plus au clergé, bien qu'elles soient toujours profondément religieuses, mais au secteur socio-éducatif. Il y a eu une sorte de glissement. Cela fait partie également de la révolution du secteur socio-éducatif passée sous silence. Les nones de jadis sont devenues des assistantes sociales, faisant la même fonction, mais sous un autre libellé, avec en prime l'abandon du puritanisme austère, qu'exigeait le clergé ! Un glissement silencieux vers une société laïque.

Je me souviens fort bien de mon éducateur attitré : Guy S. Il avait une superbe voiture rouge : une Coccinelle de chez Volkswagen. Cette voiture toute ronde avait trois portes et un moteur dans le coffre arrière. Nous allions quelquefois avec Guy voir des matchs de football. Il aimait l'équipe du Standard (équipe belge de football) et avait souvent des places pour aller les voir. Nous prenions sa voiture le week-end et allions voir les matchs tandis que la majorité des enfants retournaient chez eux. Nous restions deux ou trois enfants avec l'éducateur. C'était toujours très chouette, car on pouvait faire des activités que l'on n'aurait pas pu faire si nous étions tous ensemble.

Nous allions souvent au cinéma à la sortie d'Aiseau en direction de Tamines. Nous allions voir deux films, car il était de coutume de payer une séance pour deux films à l'époque. Nous marchions près de deux kilomètres pour y arriver. Mais toujours joyeux. Nous marchions à la queue leu leu le long des trottoirs qui étaient étroits. J'ai beaucoup aimé la série de films « La planète des singes ». L'acteur Charlton Heston m'a beaucoup impressionné. J'ai été fort influencé également par d'autres films comme « Ben Hur » ou « Les dix commandements » tournés avec le même acteur. C'était la période des grands péplums, impressionnants et grandioses !

Guy était petit de taille et mince, mais d'une apparence digne et noble à la fois. C'était une personne passionnée, mais très paisible, aucunement excessive ni brutale. Il donnait l'impression de nous aimer vraiment. Il avait des attentions à notre égard, qui témoignaient d'un amour simple et paternel. Je n'ai su que bien après mon passage à Aiseau qu'il était père de deux enfants. Je ne sais pas pourquoi, mais il ne mélangeait pas sa vie privée avec son travail. Nous ne connaissions rien de sa vie familiale, il était présent avec nous. Il se consacrait à nous comme un père. Sévère oui, mais abordable également !

Nous dormions dans des dortoirs assez grands et froids. Les éviers se situaient dans une pièce annexe. Il y avait de grandes fenêtres qui se répétaient à chaque mètre de la chambre. Chaque fois que nous nous habillions, Guy nous disait de mettre avant tout nos chaussettes. Nous avions l'habitude de mettre d'abord notre slip, mais le sol était froid et nous pouvions attraper un rhume. Au début, cette injonction nous interpellait, mais par la suite nous avions compris sa bonne intention.

Nous passions tout notre temps avec lui en semaine car il était toujours présent quand nous revenions de l'école. Nous avions coutume de partir après le goûter vers une petite cascade située près du village. Nous aimions attraper les poissons-chats de la rivière qui se cachaient sous des pierres. Nous partions avec Guy et sa fameuse radio qui nous rendait la ballade agréable. Nous écoutions toujours les chansons du hit-parade diffusé par RTL. J'aimais énormément cette radio et la musique. À chaque ballade, j'étais le responsable de la radio, une radio qui était imposante par sa taille. De couleur vert kaki, elle devait bien faire trente centimètres de long sur quinze de hauteur et sa qualité sonore était profonde. Elle était en stéréo. Quel plaisir que d'écouter les chansons diffusées par cette boite !

J'avais demandé à ma mère de m'offrir une radio lors de sa prochaine visite. Elle vint me voir une à deux fois par an, juste un après-midi car elle habitait loin. Un jour, sans que je le sache, ma mère était venue avec une petite radio. J'étais heureux ! Cette radio laisse encore en moi cette odeur bien précise, mélange de plastique et de bonbon. Je retrouve souvent cette odeur dans le matériel informatique quand il est neuf : probablement l'odeur des composants électroniques soudés sur des plaques de plastique. J'étais très content d'avoir cette radio, même si elle n'avait pas l'apparence et la solidité de celle de Guy ; elle était mienne ! Je n'avais pas d'armoire comme dans le précédent home. Mais j'avais un lit comme tout enfant qui vivait là. C'était le seul endroit où nous pouvions mettre nos affaires personnelles. J'avais l'habitude de mettre ma radio la journée en dessous de mon coussin, car je ne pouvais pas la prendre à l'école.

Un jour, c'est-à-dire une ou deux semaines après l'avoir reçue, elle avait disparu. Nous ne pouvions pas monter dans nos chambres en journée, mais certains y parvenaient et profitaient de cette opportunité pour fouiner et trouver nos biens précieux, cachés en notre saint réconfort. Je n'avais plus de radio, mais je ne me souviens pas d'en avoir été affecté plus que de mesure. Triste, oui, mais sans plus. Je n'en ai dit mot à personne d'ailleurs. Certainement, je savais que je ne la garderais pas longtemps. C'était peut-être trop beau pour être vrai ! Nous vivions dans cette institution à plus de 100 enfants. J'étais dans le groupe des petits et il y avait beaucoup de grands qui vivaient avec nous. Cela devait être habituel de ne rien posséder à la longue.

Je me rappelle d'un garçon du groupe des grands qui était épris de sa radio. Nous ne pouvions pas la toucher car il en devenait malade et agressif. C'était cette radio qui le tenait à la réalité et certainement à l'acceptation de sa vie présente comme d'un palliatif à sa souffrance lié à sa solitude d'enfant. Il se promenait toujours avec sa radio allumée près de son oreille.

Un jour, on lui a volé sa radio. Cela avait fait un tel scandale que les éducateurs ont dû lui en racheter une autre pour retrouver la paix dans le home. Il était devenu fou et enragé, cassant tout sur son passage, même les vitres et les portes. C'est peut-être par rapport à sa réaction que je me trouvais plus serein quand on a volé la mienne. Comme si sa hargne avait emporté la mienne. Je savais bien qu'on ne la retrouverait plus.

Nous avions un local pour nous restaurer. Chaque groupe d'enfants du home avait le sien. Ce local servait de réfectoire, de salle d'étude, de salle de jeu. Nous vivions en fait en petits groupes d'une quinzaine d'enfants.

Cette structure, dans une grande maison comme cette abbaye, était bien gérée. Chaque groupe avait son éducateur, son local, son dortoir avec ses lits rangés à la queue leu leu, ses éviers, etc.... Nous ne retrouvions les autres enfants que dans les couloirs, le jardin ou lors de passages dans des pièces annexes à notre local.

Tout l'entresol de l'abbaye était en rénovation. J'aimais me promener et découvrir ces lieux nouveaux. Le local de l'infirmerie était en préparation. Il y avait des plastiques un peu partout qui protégeaient les murs et les nouvelles pièces de la poussière due aux travaux. Le bureau de la doctoresse était sur le point d'être terminé. Sur le côté, il y avait des prises de courant qui n'étaient pas encore attachées, je les avais touchées et avait reçu une fameuse décharge électrique. J'en fus si surpris que de suite je suis allé dans le nouveau bureau de la doctoresse, où il n'y avait pas encore de portes. Je lui demandai ce qui se passerait si je touchais les fils électriques. Elle m'affirma que j'en mourrais ! Je lui demandai combien de temps après les avoir touchés, et elle répondit après une hésitation : « cinq minutes ». Je suis parti rapidement dans la pièce à côté en me disant que j'allais mourir. J'attendis les cinq minutes avec fatalisme. N'étant toujours pas mort au bout d'un long moment, j'allai revoir la doctoresse pour lui redemander à nouveau l'heure. À sa réponse, je compris que les cinq minutes étaient largement passées et qu'elle m'avait raconté des bobards.

Cette expérience fut une révélation : j'avais compris que les adultes pouvaient mentir comme les enfants, même les docteurs. De plus, ma vision de la mort, que je n'avais jamais rencontrée encore, était plutôt sereine.

Nous avions en commun la télévision qui était encore en noir et blanc. Elle était située dans le long et spacieux couloir de l'abbaye. Celui-ci devait faire à mes yeux d'enfant au moins 100 mètres de long. Il était orné de grandes fenêtres qui donnaient sur l'extérieur de l'abbaye. Il n'y avait rien comme meuble, seulement quelques chaises au fond, proches de la télévision qui servaient pour les enfants désirant regarder la télévision. Par contre, le couloir était le nerf central de l'abbaye, car il donnait accès à tous les locaux par de hautes portes. Nous avions beaucoup de lumière, mais le couloir était froid en hiver, car il n'y avait pas de chauffage.

Nous regardions la télévision juste avant d'aller nous coucher. Les feuilletons de « Sébastien parmi les hommes » et « le Jeune Fabre » avec Mehdi et Véronique Jeannot étaient notre plaisir du week-end. J'adorais cette actrice. Je l'ai trouvée sensible, douce et aimante. Elle respirait la jeunesse et l'insouciance. Le feuilleton passait chaque week-end sur la chaîne de la RTB ou ORTF peu avant le journal télévisé. Nous rejoignions notre dortoir juste après le feuilleton. La chanson du « Jeune Fabre » était interprétée par Demis Roussos. Belle voix grecque qui touchait le cœur directement, même si on ne comprenait pas toutes les paroles de la chanson à cause de son accent prononcé.

La télévision était enfermée dans une sorte de coffre en bois solide avec un cadenas et une chaine. Il fallait demander la clé au responsable et la lui remettre ensuite. La télévision était mise en hauteur afin que nous ne puissions pas y accéder facilement. C'était la seule façon de garder un objet collectif en bon état !

Chaque semaine, nous devions changer nos vêtements. Nous devions nous déshabiller par groupe au fur et à mesure et plier nos vêtements pour en recevoir d'autres. Nous étions en file indienne dans ce couloir, tout nus, avec en mains nos vêtements sales pliés. Nous faisions la queue devant la porte de la buanderie en attendant notre tour. Une fois dans la buanderie, une forte odeur de linge propre nous prenait aux narines, le genre d'odeur qu'on ne rencontre que dans des magasins de nettoyage comme les pressings. Il y avait un comptoir et derrière de gentilles dames, habillées d'un tablier bleu, qui nous demandaient notre numéro de vêtement. Au départ, j'avais le numéro 53 et ensuite pour des raisons inconnues, les numéros avaient changé, je reçus le numéro 15. Il suffisait de dire notre numéro pour que la dame parte chercher dans un casier nos vêtements propres. Les dames nous connaissaient et nous parlaient avec gentillesse. Nous recevions alors un trousseau qui comprenait le strict nécessaire pour nous habiller et nous laver pour la semaine. Nous devions changer nos essuies et nos gants de toilette également. Si notre trousseau n'était pas en ordre et qu'il manquait quelque chose, nous devions le rembourser avec notre argent de poche mensuel. Nous avions droit, selon notre âge, à une certaine somme d'argent qui nous servait pour acheter des friandises au magasin du coin quand nous pouvions y aller ou à rembourser les vêtements, les essuies ou les gants de toilette qui nous manquaient et qui étaient soit volés, soit perdus.

Cet argent de poche provenait entre autres des allocations familiales que l'État avait allouées aux enfants directement.

Aujourd'hui, cette part n'existe plus. Révolution passée sous silence.

J'ai de très bons souvenirs de cette période passée à l'abbaye d'Aiseau. Yvon était mon ami, il avoisinait mon âge et nous faisions les quatre cents coups ensemble. Lui le meneur et moi l'admirateur. J'aimais son audace, j'étais en admiration devant sa façon de s'y prendre pour s'approprier ce dont il avait envie. Il savait voler ces instants pour obtenir ce bonheur naturel qui nous manquait cruellement. Combien je me souviens de ces moments. Vraiment comme d'un délice, comme d'une intensité marquant mon être au plus profond. Je retrouve cette ambiance chaleureuse et profonde comme dans « La gloire de mon père » ou « Le château de ma mère » de Marcel Pagnol.

Régulièrement, Yvon allait rendre visite à la secrétaire. Le bureau était juste à côté de la grande entrée de l'abbaye. Dès que nous empruntions le pont en fer qui surplombait le précipice, nous arrivions à la grande porte principale. Une fois cette porte franchie, à gauche se trouvait le bureau du Directeur précédé par celui de la secrétaire. Il fallait passer par elle pour rencontrer le Directeur. Le secrétariat était placé d'une façon à apercevoir immédiatement la personne qui entrait. Yvon arrivait toujours à entrer sans se faire voir. Il attendait que la secrétaire parte un instant de son bureau pour se faufiler à quatre pattes en dessous. Une fois arrivé, il passait sa main par-dessous le meuble pour atteindre le tiroir du bureau qu'il tirait doucement pour y puiser les quelques pièces qui se trouvaient dans un petit pot enfermé dans ce tiroir. Il prenait juste deux pièces, une pour moi et une pour lui, pas plus, afin de ne pas attirer les soupçons sur le larcin. C'était des pièces de cinq francs belges ou d'un franc. Ce pot contenait l'argent que les éducateurs payaient quand ils devaient utiliser le téléphone à des fins personnelles.

C'était notre rituel du matin quand nous étions livrés à nous-mêmes. Une fois l'argent obtenu, nous partions vers le fond du parc, vers la grille de derrière l'Abbaye et nous passions par les barreaux pour aller au magasin du coin prendre des friandises ou des gadgets comme des catapultes, tic-tac, ballons ou billes multicolores, etc. Nous profitions pleinement de notre liberté momentanée. Nous étions heureux d'être.

La maman de la secrétaire habitait juste le coin en face du magasin. Je me suis toujours demandé d'ailleurs comment la secrétaire faisait pour ne pas nous voir. Je pense qu'elle laissait Yvon prendre l'argent et faisait comme si de rien n'était. Elle était jeune et très attentionnée. C'était peut-être sa façon d'avoir de la compassion pour nos petites âmes.

Ma jeunesse ne s'est pas déroulée sans connaître les joies et les souffrances de l'amour. Dès mon plus jeune âge, j'ai connu des moments de découverte sur ma sexualité. On a beau être rejeté par ses parents, on grandit et l'on découvre la vie, mais souvent sans les interdits qu'impose une famille traditionnelle. Je n'ai pas connu les interdits judéo-chrétiens. J'ai commencé donc jeune à découvrir par moi-même mes désirs et mes pulsions sexuelles. Avec Yvon, nous jouions souvent dans le fond du parc ; là, il y avait un ravin juste avant les hauts murs qui faisaient le tour de l'Abbaye. Ces ravins devaient nous empêcher de sortir ou de gravir ces murs pour nous enfuir. Nous étions souvent Yvon et moi cachés dans ces endroits où personne n'allait jamais, sauf nous pour nous découvrir l'un l'autre. Nos désirs de découvertes étaient réciproques. Nous recherchions la sensation intense et la volupté du désir.

Les jours de beau temps, nous allions nous réfugier dans cette partie du parc comme de coutume et nous nous déshabillions pour entrevoir notre sexe. Jamais un mot n'était dit, nous le faisions naturellement comme si nous étions complices par la pensée. Les choses se faisaient très naturellement sans tabous ni malaises. Nous nous cachions pour rechercher une intimité que nous n'avions pas ailleurs. Je jouais avec son pénis et lui avec le mien. Nous recherchions chez l'autre le plaisir et la jouissance. Nous bandions naturellement par nos caresses et nous jouissions pleinement de la découverte des sensations que nous procurait ce plaisir intense. Il avait, je m'en souviens très bien, un pénis particulier par sa forme qui était comme plié au milieu de la verge. Il n'était donc pas droit, mais courbé par le milieu de sa longueur.

Un jour où nous prenions plaisir à la recherche de ces sensations, un jeune de 15 ans nous avait vus nous masturber et nous a menacés de le dire aux éducateurs. Nous étions très ennuyés que notre intimité soit découverte. Nous nous sommes rhabillés et ensuite nous avons rejoint les autres enfants dans les locaux de l'Abbaye. Mais aucun éducateur n'est venu nous dire quoi que ce soit sur cet événement.

Par contre, les jeunes s'étaient passé le mot et j'ai dû subir des avances de plusieurs d'entre eux dans les dortoirs communs. Des dortoirs provisoires avaient été mis en place à cause de la rénovation des chambres. Il y avait des lits superposés partout dans la pièce. Un jeune de 17 ans dormait au-dessous de moi, mais nous dormions toujours avant eux ; le soir donc quand il arrivait pour dormir dans son lit, il essayait de me toucher intimement et cherchait à m'obliger à faire de même avec lui. Son sexe était gros, raide et veineux. Il avait des poils et une odeur désagréable. Je n'aimais pas cette situation, mais comme la loi du plus fort existait, j'étais contraint de subir cette invasion nocturne régulière. J'ai toujours pensé que si cette personne était venue chez moi, c'était certainement à cause du jeune qui m'avait surpris avec Yvon auparavant et avait dû en parler autour de lui.

D'autres essayaient d'abuser de moi, derrière le potager qui se trouvait juste en face de l'entrée du bâtiment principal. Il y avait là des endroits discrets que beaucoup de jeunes convoitaient pour ce genre de choses ou pour cacher des larcins. On m'appelait souvent pour que j'y aille avec menace et chantage si je refusais d'y aller. Mais j'arrivais souvent à me débiner et à refuser les avances.

« Vue du toit de l'abbaye vers le petit potager du fond »

La menace n'était jamais directe ou violente, mais je savais les répercussions que cela pouvait avoir dans le home :

pas de protection, pas de considération, pas de privilège venant des grands et le risque d'être maltraité à la longue. J'usais de stratégie ; je jouais sur la corde sensible en refusant amicalement et je profitais de cette faiblesse de l'âme, de cette culpabilité chrétienne qui tape sur la conscience éduquée pour me débiner en douce. J'avais toujours le pouvoir de parler aux autres et de lui faire honte. C'est souvent de cette façon que j'évitais les répercussions de mes refus sur ma vie dans le home, la honte, la culpabilité, le qu'en-dira-t-on…

J'ai toutefois été abusé à plusieurs reprises par un éducateur de nuit. Il venait le soir dans mon dortoir et essayait de me toucher les parties intimes. Je refusais en gémissant et disait : « non », mais il insistait chaque nuit. Il avait toutefois peur que je réveille les autres qui dormaient dans le dortoir. Cela me protégeait ! Mais au moment des fêtes de fin d'année, il avait trouvé le moyen de m'attirer dans sa chambre qui était au fond des deux dortoirs qui se suivaient en enfilade. De sa chambre, il avait une vue sur l'ensemble des lits. Au moment des fêtes de fin d'année, que ce soit Saint-Nicolas, Noël ou le Nouvel An, les cadeaux étaient entreposés dans la chambre des éducateurs de nuit. C'était semble-t-il la seule pièce qui pouvait se fermer à clé. Il m'avait proposé pour m'attirer dans sa chambre d'aller voir les cadeaux et de pouvoir y jouer avec lui. J'ai accepté et en échange, il m'avait promis que je pourrais prendre des jouets pour moi, entre autres un train électrique. Je n'avais eu que très peu de cadeaux dans ma vie et cette promesse était pour moi inespérée. J'ai suivi l'éducateur dans sa chambre. Il me promettait de pouvoir jouer si j'acceptais de me coucher sur son lit et de le caresser. Je l'ai fait à contrecœur et avec dégout. Il ne bandait pas. Je devais simplement mettre ma main sur son pénis qui était très gros et je devais le caresser. Après il me demandait d'aller rejoindre mon lit en me promettant d'avoir les jouets plus tard, car il faisait nuit. Après plusieurs scènes semblables les nuits suivantes, j'ai fini par comprendre que je n'aurais jamais ces jouets tant promis.

Un autre enfant qui était le doyen du groupe, il devait avoir 12 ans tandis que moi j'en avais 9, avait remarqué la scène la nuit et m'en avait parlé en me confiant que cet éducateur avait essayé avec lui à plusieurs reprises, mais sans succès. Il me disait de lui dire si je vivais la même situation que lui, mais je ne lui disais rien par honte de mettre laisser avoir naïvement.

Pourtant, un jour, j'ai eu le courage d'en parler à mon éducateur attitré Guy et à une assistante sociale ou une psychologue, je ne sais plus trop. J'avais expliqué la chose et le jour même l'éducateur de nuit a été mis hors de l'institution. Un peu plus tard, je l'ai revu à la messe de minuit à Noël, à l'église du village d'Aiseau. Nous nous sommes vus, mais nous n'avons pas parlé et lui ne s'est pas approché de moi. Mais nos regards se sont croisés et je me suis senti plus fort que lui alors qu'il était un homme et moi un enfant. J'avais trouvé du réconfort dans ma situation parce que les éducateurs et les responsables du home avaient pris ma défense. À cette époque, il était évidemment honteux d'abuser des jeunes, mais rien n'était fait légalement pour punir les responsables.

De nos jours, les choses ont bien changé. Une personne qui abuse d'un mineur alors qu'il en a la responsabilité est passible d'emprisonnement et doit subir des contraintes disciplinaires comme celui de perdre ses droits civiques, de ne plus pouvoir exercer une activité pédagogique et éducative et d'être fiché dans un registre international de pédophiles. Encore une révolution mais pas passée sous silence cette fois ! À l'époque il n'en était rien. Il est fort probable que cet éducateur a continué ailleurs ses méfaits.

Ces expériences malheureuses m'ont affecté, mais sans plus. J'ai vécu cela comme une atteinte, oui, mais pas comme la blessure profonde qu'a été mon abandon maternel. Est-ce que ces abus ont marqué une déviance dans ma sexualité ou ont influencé la suite de ma vie sexuelle ? Je crois que oui, car tout événement fort, survenu dans notre vie marque de manière indélébile nos comportements à venir. Il faut souvent, pour déraciner une marque néfaste, une remise en question très profonde qui demande du temps et une compréhension des choses qui va au-delà de notre propre conception. Un spécialiste, une recherche ardue ou une formation pointue peuvent aider à remettre les pendules à l'heure.

Mes relations avec Yvon ont toujours été extraordinaires. Une véritable complicité qui a continué jusqu'à son départ vers une autre institution. Je ne sais pas pour quelle raison Yvon nous a quittés mais c'était la coutume de voir partir un enfant, ou un éducateur, du jour au lendemain sans qu'on en sache la raison. Par la suite, j'ai pu lui rendre visite dans sa nouvelle habitation ; c'était merveilleux, mais c'était toujours un déchirement quand je devais le quitter pour revenir à l'Abbaye. J'allais le voir avec les autres enfants quand Guy était présent le week-end.

Je ne sais pas si cela s'est vu dans mon comportement, mais je devais somme toute être assez déprimé de son départ pour que Guy accepte qu'on aille le voir là où il avait été placé. Nos retrouvailles étaient comme celles d'un parent proche. Je n'ai jamais connu depuis lors un attachement aussi puissant. C'était bien plus qu'un ami ! C'était la chair de ma chair et la vie de ma vie. Une fusion de deux êtres sans fioritures ni tabous. Nous étions d'une complicité telle que quand je faisais des bêtises c'est lui qui les subissait, car il avait une mauvaise réputation ; gaffeur, tricheur, menteur, voleur, toute la panoplie du véritable voyou gentleman. Pourtant, il ne faisait de mal à personne !

Pendant toute une période, j'allais prendre des morceaux de sucre de la marque Tirlemont dans l'armoire de notre local. J'en prenais des poignées et je remplissais mes poches. Je faisais cela tous les jours. Et je mangeais ces sucres comme on mange des bonbons. J'en avais même des fois un écœurement à la limite de la nausée et du vomissement. Guy, mon éducateur attitré, avait remarqué que la réserve de sucre diminuait fortement et soupçonnait un enfant de se servir royalement.

Un jour, alors que je me dirigeais avec Yvon vers le local pour prendre du sucre, Guy nous apercevant dans le local proche de l'armoire, nous accusa directement d'être les voleurs présumés de la réserve de sucre. Aussitôt accusé, je m'empressai de dire que c'était moi le responsable. Guy ne me crut pas et punit Yvon, l'obligeant à se mettre à genou avec les mains sur la tête jusqu'au souper. J'eus beau insister en me dénonçant, mais rien n'y fit, car Guy appuyait son jugement sur la mauvaise réputation d'Yvon. Yvon me regarda et me dit avec un ton fataliste : « Laisse, j'ai l'habitude… ».

Je me rappellerai toujours ce moment ! Pour une fois qu'il n'avait rien commis, il devait subir la peine d'un autre. J'aimais sa façon d'être : un véritable ami. Il n'avait pas cherché à se défendre en s'appuyant sur mon mea-culpa. Guy pensait que je voulais me sacrifier pour lui éviter la peine encourue. Il est resté à genoux jusqu'au souper pour ensuite aller se coucher avec nous.

De nos jours, je pense souvent à cette relation passée et me demande ce qu'il a bien pu devenir. Certainement que si nous devions nous revoir rien ne serait comme avant.

« Avec le temps va, tout s'en va, même les plus chouettes souvenirs… », nous dira Léo Ferré dans sa célèbre chanson « Avec le temps ». Léo Ferré a fortement marqué mon adolescence et ma vie d'adulte. Encore aujourd'hui, je me retrouve en lui comme avec un père qui m'a toujours manqué et qui est mort bien trop tôt.

Ma relation avec Yvon est une relation passée et que de chemin nous avons parcouru depuis notre rencontre. Nos destins se sont croisés et nos routes se sont séparées. Nous étions ensemble à vivre un instant magique et d'une intensité extraordinaire. Malheureusement, les choses de la vie sont ainsi. Ce sont des moments que peu de personnes peuvent vivre dans leur vie. J'en ai goûté bien d'autres encore et qui sont comparables à des joyaux. Je les raconterai plus tard.

Le fait d'avoir une vie différente de la majorité des enfants marque une destinée souvent plus riche que celle de la majorité des enfants dit « normaux ». La souffrance vécue ouvre des portes dans l'esprit et conduit vers des chemins inexplorés comme à la conquête des sens profonds de l'être. Ne voit-on pas au travers des êtres qui ont marqué l'histoire, des hommes qui ont eu une vie différente de leurs contemporains ? Je pense à Jean-Jacques Rousseau qui a écrit « Les Confessions », à Victor Hugo des « Misérables » & « des lettres à ma sœur », ainsi qu'à d'autres personnes de notre entourage qui ne sont pas spécialement connues et qui pourtant vivent des vies extraordinaires... Cela pourrait être notre voisin, notre collègue de travail, celui que l'on croiserait sans le faire exprès. Il se peut que mon histoire passe inaperçue, et même pour banal aux yeux des autres, tout simplement parce qu'ils ne se sentent pas concernés par tout cela. Je peux devenir celui que vous croisez dans la rue et que vous ne connaitrez peut-être jamais :

« À toi, à celui que je ne connais pas et qui pourrait me connaître au travers de ces pages... ; reflet pauvre de mon histoire révélée par la magie des mots dont peu de personnes connaissent les rouages et arrivent à partager le sens profond de leur être. Je ne suis pas de ceux qui peuvent jouer avec les mots ! Je tente de transcrire ma vie de manière linéaire sans plus, semblant de modestie m'oblige, alors que j'aurais bien aimé ressembler à Victor Hugo dans sa façon d'écrire et faire vivre ses personnages avec une telle intensité d'émotions ! »

Victor Hugo jouait avec les mots tandis que moi, j'arborais avec ignorance une vie funeste, écrite à l'avance... Mon parcours scolaire a été tellement chaotique... Pour certains c'est un « Mozart qu'on assassine », pour d'autres c'est un « pile ou face ». En ce qui me concerne, avec le temps, je puis affirmer que je suis devenu bien plus sensible à la vie et aux êtres qui m'entourent même si d'apparence cela ne se voit pas. J'ai fait une « volte-face » à la vie qui m'était destinée et en ai fait une force de caractère.

J'ai continué ma scolarité dans l'abbaye d'Aiseau. J'étais le seul élève de troisième primaire. J'avais pour moi une maîtresse qui très vite a brillé par son absence, car elle était enceinte. Le professeur de la deuxième classe devait me prendre en charge. À l'époque les primaires étaient répartis en deux groupes, du moins en province, le premier comprenait les élèves de la première à la troisième et l'autre englobait les élèves de la quatrième à la sixième. Le professeur s'appelait René, il s'arrangeait toujours pour me donner suffisamment de travail pour couvrir toute la matinée ou l'après-midi de son absence. Je ne faisais que des cours de français et plus particulièrement de l'analyse de textes avec un questionnaire à l'appui. Je devais fournir les réponses en les écrivant dans des cases appropriées. C'était un manuel de français de troisième primaire, dont les textes étaient trop compliqués pour moi, de sorte que je n'arrivais que très rarement à écrire les bonnes réponses dans le cahier. Il faut dire que je ne savais pas trop lire ; alors, faire des analyses de textes... Si mes fausses réponses décourageaient René, il redoublait de zèle pour me redonner les mêmes textes à analyser le lendemain. Au fur et à mesure mon intérêt pour l'école s'estompait, et les grandes matières comme le français me rebutaient. Je venais le matin à l'école avec des pieds de plomb et si je pouvais manquer la classe, c'était une bénédiction. Mais non, chaque matin je devais me farcir le bonjour de Monsieur René et son livre de français et puis il disparaissais dans le local des 4-6 pour le retrouver en fin de matinée et en fin d'après-midi. Mais ma ténacité à ne rien comprendre finit par payer. Monsieur René, qui avait de plus en plus de difficultés à supporter mes fautes, perdait peu à peu son sang-froid. Cela me valait des supplications, puis des imprécations du genre : « Incapable, fainéant, qu'ai-je fait pour mériter cela ! ».

Après deux mois, M. René céda et m'invita à rejoindre les rangs des grands jusqu'à la fin de l'année scolaire. Quel soulagement ! Jusque-là, j'entendais toujours les autres camarades rire et s'amuser en classe. Ils avaient des matières extraordinaires comme la géographie, l'histoire, les mathématiques, la biologie et j'en passe... Les entendre s'amuser alors que j'étais dans l'autre classe me rappelait mon terrible sort d'être le seul élève de troisième avec mon terrible problème de français !

Etre réuni à la deuxième classe a été pour moi et pour Monsieur René une véritable délivrance. Je buvais les matières de biologie, de géographie et d'histoire. J'étais devenu en peu de temps un des meilleurs élèves de la classe. Au point où le corps enseignant prit la décision, pour l'année suivante, de me mettre à l'école officielle du village d'Aiseau. L'école de l'Abbaye n'était pas reconnue par le ministère de l'Enseignement. J'étais devenu à leurs yeux un enfant capable de suivre l'enseignement officiel.

L'année suivante donc, j'ai pu rejoindre les autres enfants du village. L'école était divisée en deux parties, l'une pour la première classe qui regroupait les quatre premières années de l'enseignement primaire et l'autre, plus en retrait et juxtaposée à une autre cour, pour la deuxième classe. C'était un couple qui tenait cette école. Le mari s'occupait des plus grands et sa femme, Madame Bar, des plus petits.

Cette femme était d'une gentillesse extraordinaire. Un dévouement exemplaire et d'une sagesse à en faire pâlir plus d'un. J'ai trouvé sur le plan affectif, une mère adoptive. Sa patience envers moi était à chaque fois comme une goutte de rosée matinale nécessaire pour ma santé affective, sa sagesse, une raison de penser qu'une maman pouvait exister ; et sa gentillesse comme une caresse, un câlin tant apprécié. Elle me savait différent des autres enfants ; elle reconnaissait et respectait cette différence. J'ai été choyé par elle d'une manière tellement naturelle que personne ne jalousait cette relation particulière.

De cette école, il me reste le souvenir d'une rencontre avec une fille de mon âge. Elle m'appréciait et cela était réciproque. J'avais des copains du home qui étaient dans la deuxième classe et qui m'avaient rapporté ces paroles qu'ils avaient entendues de sa grande sœur comme quoi elle m'aimait. Je l'observais avec beaucoup de timidité. Je n'osais pas l'approcher ni lui parler. J'étais ému d'être aimé.

Un jour alors que la plupart des enfants jouaient à « touche-touche » dans la cour de récréation, elle était venue me toucher pour que je coure après elle. En général, je ne jouais pas avec les filles. Je restais dans un coin et papotait avec des copains de classe. Il y avait souvent deux groupes dans la cour. D'un côté les filles et de l'autre les garçons. Les filles avaient leurs jeux et nous les nôtres. Je ne sais plus exactement à quoi on jouait, mais cette différence était manifeste au moment des recréations. Pourtant cette fois, cette fille dont le nom m'échappe était venue me toucher pour m'inciter à la rattraper. J'ai couru derrière elle et je l'ai à mon tour touchée. J'aimais bien ce jeu. Nous nous échangions des regards, mais je ne me souviens pas avoir dépassé ce stade de l'observation.

La cour était recouverte de gravillons semblables à de petits charbons noirs. J'étais en short. Alors que je jouais au jeu du « touche-touche », j'ai pris une terrible gamelle. Une de mes jambes était éraflée et des petits cailloux avaient pénétré dans la peau. Je saignais assez fort. Un copain du home avait dit, pour me mettre en valeur aux yeux de cette adorable fille, que j'étais courageux et que j'étais un homme, car je ne pleurais pas. Cela a eu l'effet de couper toute douleur et de me faire accepter mon sort d'homme prématuré. J'avais rejoint le rang à la fin de la récréation comme si de rien n'était. C'est Madame Bar qui, voyant le sang couler le long de ma jambe, m'a fait sortir du rang pour me soigner. Elle était tellement inquiète qu'elle avait abandonné la classe, appelé son mari et m'avait emmené de suite dans une pièce adjacente. Elle s'empressa de me laver la jambe avec du savon noir pour enlever tous les gravillons et pour désinfecter la peau abîmée. La douleur était bien présente, mais je ne pleurais pas. J'étais devenu un homme aux yeux des autres et je devais à tout prix garder cette image aux yeux de ma belle. Madame Bar mit un bandage et me conseilla fortement de suivre le lavement de la plaie dès le retour à l'Abbaye.

J'avais un copain de classe qui habitait le village dans un clos qu'on appelait la cité d'Aiseau. C'était un ensemble de petites maisons unifamiliales. Ses parents avaient accepté que je vienne lui rendre visite régulièrement le week-end. C'était super, car il avait une famille accueillante et chaleureuse. Je retrouvais en lui un nouvel ami qui compensait la perte récente de mon meilleur ami Yvon. Nous passions souvent nos week-ends à jouer ensemble. Je me sentis vite intégré dans ma nouvelle vie. Je pouvais d'ailleurs partir du home pour le rejoindre à la cité. C'était vraiment agréable à vivre. Malgré les hauts murs de l'Abbaye, je pouvais quitter l'Abbaye et me promener dans le village, à la rivière ou à la cité du moment que je rentrais pour le repas. La confiance était établie avec les responsables du home et je n'ai jamais abusé de cette belle liberté offerte.

Pourtant cette belle vie qui commençait a été brisée par un terrible incendie. Peu de temps après mon adjonction à l'école du village, lors de la récré, Madame Bar a attiré mon attention sur une épaisse fumée qui sortait au loin dans le ciel. Elle me disait que cette fumée devait fort probablement venir de l'Abbaye, mais dans le doute, je suis resté jusqu'à la fin de la journée scolaire. Une fois l'école finie, une éducatrice était venue à notre rencontre pour nous dire qu'on ne pouvait plus rentrer au home, car il y avait le feu. Nous étions contraints de rester dehors à cause des grandes flammes qui sortaient du toit principal.

Les pompiers étaient venus en masse pour tenter d'arrêter les flammes, mais sans succès. Le cœur de l'Abbaye brulait ! La partie centrale a été la proie des flammes. La partie de droite, où se situaient la cuisine et les douches, était également en flammes. Les pompiers essayèrent d'empêcher les flammes d'atteindre les arbres du parc adjacent. Deux pompiers sont morts ou ont été fortement blessés lors de ce terrible incendie qui a duré trois jours et trois nuits. Cela me rappelle les trois jours où Jésus est allé dans la tombe pour ensuite revenir à la vie. Mais il n'en fut rien pour notre Abbaye. Elle était irrémédiablement finie. Pas d'espoir de retourner dans cet endroit merveilleux.

Peu de temps, auparavant, j'avais peint une représentation de la mort de Jésus. Une éducatrice nous avait demandé de faire une peinture. J'avais été très impressionné par la mort de Jésus dans le film de « Ben-Hur ». J'avais reproduit cette scène sur une grande feuille qui venait d'un rouleau à tapisser. Souvent nous prenions l'envers de ces rouleaux pour en faire des feuilles à dessiner. Cette représentation reprenait tous les personnages du film lors de cette mise à mort de Jésus sur la croix. Étaient représentés : Jean, Marie, le soldat et les autres qui regardaient cette scène. Jésus était entouré de deux bandits ; l'un à sa droite et l'autre à sa gauche. Le ciel était sombre et des éclairs jaillissaient du fond des nuages. Jésus était sur une montagne et un soldat lui perçait le côté. Une scène très marquante que j'avais aussitôt fini de peindre et mise au-dessus de mon lit.

Peu de temps après l'incendie s'était déclaré.

Bien des années plus tard, j'ai cherché à retrouver cette peinture car je restais persuadé qu'elle était toujours accrochée au-dessus de mon lit. J'ai eu l'occasion de pénétrer dans l'Abbaye quelques années après. J'avais près de vingt ans. L'Abbaye n'avait jamais été réparée et était restée inoccupée durant tout ce temps passé. J'ai franchi les barrières de sécurité et les plaques mal clouées qui devaient théoriquement nous empêcher l'accès au domaine. J'ai réussi à rentrer dans les premières pièces du bâtiment central, mais il était impossible de monter ; les escaliers étaient brulés et ce qui restait de tangible, s'effondrait. Je regrette toujours de ne pas avoir pu voir de mes yeux si cette peinture était toujours accrochée au mur de mon lit. J'ai toujours le sentiment qu'elle existe encore. Cette impression profonde persiste comme si je pouvais la toucher et la voir en vrai. Je ne pouvais nier, en mon for intérieur, la coïncidence qu'il y avait entre le tableau et l'incendie. Ça restera un mystère que rien ne pourra expliquer, car cela va au-delà de la logique humaine ! Peut-il exister une énergie intelligente autour de nous qui pourrait provoquer ce genre de coïncidences, telles que cet incendie ? Nous associons toujours le hasard aux phénomènes inexplicables ou inexpliqués. Il y a une expression qui dit que « le hasard fait bien les choses ». Dans ce cas précis, j'aurais plutôt mentionné que le « hasard fait mal les choses ».

J'ai appris il y a peu que les parties brulées de l'Abbaye ont été enfin reconstruites. Une Association de quartiers l'occupe et organise les dimanches une brocante locale. J'aimerais un jour y aller et revoir ces lieux marquants de mon histoire. Je ne sais pas par contre si les parties supérieures ont été réparées. J'ai raconté cette histoire à mes enfants. Ils m'ont supplié de reproduire cette peinture comme je l'avais en ma mémoire. Je l'ai fait et en voici la représentation :

© Fh. 2015　« Le Calvaire »

Reproduction du dessin qui était accroché au-dessus du lit à l'Abbaye d'Oignies d'Aiseau

Dès l'incendie déclaré, le home a dû trouver des places pour loger près de cent enfants. Madame Bar a directement proposé d'héberger les enfants de l'école. Nous étions cinq. J'étais le plus jeune malgré mes 11 ans. Nous hébergions dans sa maison qui se situait sur le côté du village. De sa fenêtre, nous pouvions voir une partie de l'Abbaye en flammes. Nous pouvions voir jaillir ces flammes du toit, le soir avant d'aller nous coucher. Nous regardions ce spectacle d'une pièce de séjour changée, pour l'occasion, en dortoir. Nous étions cinq bambins excités par l'événement au point que Madame Bar avait bien des difficultés à nous calmer pour que nous puissions dormir sans déranger les autres enfants de la famille.

Madame Bar avait une fille de mon âge et une autre plus grande. La situation préoccupait notre maîtresse d'école car elle savait que nous risquions de ne plus pouvoir suivre l'enseignement au village à cause de cet événement dramatique. Elle désirait tant que nous réussissions notre scolarité qu'elle était prête à nous garder tout le long de l'année qui restait malgré les soirées tumultueuses qu'elle devait vivre à cause de notre indiscipline.

J'étais, comme on dit, tombé amoureux de sa fille. Je la trouvais attentionnée et amoureuse. Était-ce mon malheur qui l'apitoyait ou la situation particulière qui la rendait amoureuse, je ne sais pas. Mais son amour m'a permis d'avoir sa compassion.

Un temps plus tard, les éducateurs sont venus nous reprendre. Malgré le souhait de nous garder, Madame Bar a dû se plier à cette décision judiciaire. Nous allions déménager à Châtelet, petite maison de vacances que l'État prêtait pour la circonstance. Nous avions donc élu domicile chez elle quelques jours, le temps de nous répartir dans les différents homes de la région. Les grands n'étaient plus avec nous, ils étaient partis ailleurs, je ne sais où.

Lors de notre départ, la plus jeune des filles de Madame Bar m'attira vers elle. Nous nous étions cachés loin du regard des autres. Elle désirait me donner un billet de vingt francs. Je me souviens de ce moment comme un moment d'une telle tendresse... Nous nous parlions avec un ton très doux et chaleureux, un ton de confidence et de chaleur humaine. Elle m'avait demandé de ne rien dire du billet à sa maman. L'avait-elle pris à sa mère ou était-ce de sa tirelire, je ne sais pas. Nous nous sommes embrassés comme deux amoureux. C'est elle qui avait pris l'initiative. C'était la première fois que je l'embrassais et ce fut aussi la dernière. Ce baiser était venu de façon tellement naturelle qu'il n'y avait pas eu de gêne... Je ne l'ai plus jamais revue... Elle avait certainement hérité du cœur de sa maman. Son amour était entier, plein de compassion et d'amour à partager... C'était avec un cœur bien triste que nous quittions ce paradis familial pour aller vers un lieu inconnu.

Nous étions à Pâques de l'année 1973. Les vacances, passées à Auvelais ou à Châtelet, m'ont semblé très courtes.

On m'a amené dans une nouvelle demeure. Les enfants du home d'Aiseau avaient été transférés dans un monastère qui s'appelait : le home du Père Damien. Jadis, ces bâtiments occupaient une école secondaire qu'on appelait « Institut Père Damien ». Il se situait près de l'aérodrome de Suarlée, à une trentaine de kilomètres de la capitale de la Wallonie, Namur. Il était occupé par des Pères de confession catholique. Les Pères vivaient dans la majeure partie de ce monastère. Ces parties, l'aile gauche et le centre étaient interdits. Nous ne pouvions y aller. Je n'ai que très peu vu ces pères durant le temps que j'ai passé dans ce nouvel univers.

Aiseau

C'est tout ce qui reste de l'intérieur du bâtiment principal.

On peut percevoir l'étage par les traces résiduelles sur les murs. Avant cette catastrophe, mon lit se trouvait au fond à gauche. Le mur n'abrite plus cette fameuse peinture de Jésus sur la croix.

Aiseau

Cette photo est la continuité du couloir.

La partie centrale était immense. On perçoit, au-dessus, sur le mur du fond de l'étage, la porte d'une petite pièce adjacente. C'était la fameuse chambre qu'occupait l'éducateur de nuit.

Le home du Père Damien de Suarlée,

L'Institut *Père Damien* a été fondé en 1951 par les Pères des Sacrés Cœurs, arrivés à Suarlée en 1938. Fermé en 1971, cet Institut est devenu en 1973 un centre dénommé « Sauvegarde de la Jeunesse ». Mon passage en ces lieux, chaussée de Nivelles, a été un tournant dans ma vie. Une métamorphose visuelle s'opérait, puisque je passais d'un univers boisé vers un univers de rase campagne. Les premiers jours, je fus perdu par ce changement de décor ; pas un arbre à la ronde. Cela m'avait fortement perturbé. Je ne retrouvais plus mes repères. Je n'aimais pas du tout cet endroit.

Fallait-il que l'Abbaye aux hauts murs soit paradoxalement un lieu de liberté par rapport à cette institution aux espaces grandioses comparables par son contraire à une prison en plein air.

Nous étions entourés de champs de patates ou de maïs. J'ai vu à plusieurs reprises des amas de grosses pierres dans les champs qui ressemblaient à d'anciens bunkers. Des vestiges de la première ou la Deuxième Guerre mondiale ? Il y avait également de petits étangs, mais rien de magique comme ce que j'avais connu à Aiseau. Le home avait également changé de dénomination, il devenait une « institution d'observation pour mineur ». Le décor changeait, mais aussi le personnel éducatif. Certains ont préféré quitter l'institution à cause de l'éloignement de leurs lieux de vie. Nous n'avions pas le même choix : nous devions suivre le mouvement et aller là où l'administration le voulait.

Nous devions normalement rester là trois mois au maximum, le temps d'être orientés vers un home plus adapté à nos besoins. Je suis finalement resté là deux ans et demi. Il est vrai que je ne prenais pas trop de place. J'étais de par ma nature, affectueux, et j'attirais, sans le savoir et le vouloir, la compassion des autres ! C'était cette seule raison que j'avais trouvée pour comprendre ces deux années et demie passées en cet endroit.

Les Pères habitaient donc la partie principale de la demeure. Notre entrée était sur le côté du bâtiment. Le nom de ce lieu en disait long sur son origine : « Père Damien ». C'est là que j'ai appris la belle œuvre que cet homme avait accomplie pour les démunis. Il avait soigné des enfants et des adultes de la maladie de la peste en Afrique. Il était mort de cette terrible maladie qui à sa mort disparut comme par un miracle. Son amour pour les autres, m'avait fortement impressionné.

Le directeur habitait avec sa famille une petite maison de campagne située juste à côté du monastère. Le Directeur et sa femme m'appréciaient. Les éducateurs me le disaient bien souvent.

Le bâtiment était coupé en deux. La partie située à gauche de l'entrée principale était pour les grands, dont la majorité suivait une formation manuelle dans les locaux qui se trouvaient à l'entresol, près du réfectoire. L'autre partie, à droite, comprenait les pièces de séjours des moyens et des petits. J'étais dans le groupe des moyens.

Chaque matin, nous avions l'habitude de descendre directement au réfectoire pour y déjeuner. La cuisine était séparée du réfectoire par deux portes battantes. Le réfectoire, meublé de tables de bois et de bancs, était très grand. Les tables étaient disposées sur deux rangées. Chaque groupe avait sa rangée, celle de gauche pour le groupe des moyens et les petits, celle de droite pour le groupe des grands.

J'adorais l'odeur du pain qui se dégageait de la cuisine. Les cuisinières mettaient toujours le pain avec son sachet dans le four avant de nous le servir pour qu'il soit chaud et bien tendre. Nous étions choyés par elles. Nous ressentions cette chaleur affectueuse dans leurs plats mijotés. Après le déjeuner, l'éducateur du matin remplaçait celui de la nuit. Il devait nous rejoindre au réfectoire pour nous conduire dans nos lieux d'occupation.

J'allais à l'école du village qui se trouvait en face du Monastère, juste derrière le champ de maïs. Nous avions une vue sur l'arrière de l'école qui était en même temps le bâtiment de la municipalité de Suarlée. Le Bourgmestre occupait les pièces au-dessus de l'école. C'était sa demeure. Je ne pouvais pas traverser par le champ pour rejoindre l'école, car cela m'avait été formellement interdit. Je devais donc prendre le chemin qui longeait la route principale de la commune ce qui faisait un fameux détour. C'était une route nationale bien fréquentée par les automobilistes. Il n'y avait pas de trottoirs, nous longions cette route sur le côté entre les voitures et le ravin qui délimitait le champ. Nous marchions en file indienne. Ensuite, nous prenions le chemin de gauche pour rentrer au cœur du village de Suarlée. L'Institut était légèrement en retrait du village.

Parmi les élèves du home, j'étais une fois encore le seul de mon âge à fréquenter la petite école du village. Ayant raté ma 4ème année primaire à cause de l'incendie de l'Abbaye, j'intégrais cette nouvelle école en 4ème. Les classes de 5ème & 6ème années primaires, fréquentées par d'autres enfants du home, étaient dans un bâtiment, situé plus au centre du village. Notre école se composait d'une très belle cour et d'un grand local qui nous servait de classe.

Le professeur, Monsieur Guillaume, avait séparé les 1ère & 2ème des 3ème & 4ème. La rangée de gauche était occupée par les plus petits. J'étais à droite au milieu de la rangée. L'Instituteur variait ses cours par des activités créatives l'après-midi. Nous devions participer à une chorale pour la fête du village. Ma vie devenait tellement chaotique que je n'arrivais pas à m'intégrer. J'avais perdu mes repères, mes amis, mon milieu de vie. J'étais très perturbé et je devenais un enfant très difficile et indiscipliné. Pourtant Monsieur Guillaume rendait ses cours très attractifs. Ces moments étaient pourtant agréables. L'objectif était de nous épanouir en apprenant par exemple à chanter, à bricoler, à découvrir. Je m'interdisais de connaître ce bonheur.

Un jour, j'avais décidé de perturber le cours en faisant du bruit avec ma bouche. Monsieur Guillaume qui ne savait pas trop comment m'impliquer avait décidé d'intégrer dans les chants le bruit que je faisais. C'était un clapotement de sabots de cheval qui partaient du trot vers le galop. Je devais apporter un rythme au chant. Il essayait tant bien que mal de m'insérer dans l'activité. Il désirait user de stratagèmes plutôt que de rentrer en conflit permanent avec moi. Je ne crois pas que sa patience ait tenu jusqu'au bout, car ma volonté était de perturber la classe et non de m'y intégrer. Nous rentrions ainsi souvent en conflit.

Avec le recul, je trouve mon attitude tellement irrespectueuse que je félicite Monsieur Guillaume de m'avoir supporté jusqu'au bout de l'année.

Il lui arrivait souvent de se mettre en colère, de me punir en me mettant dans le coin de la classe. Je ne me pliais jamais à sa décision et je le narguais. Il tentait de me forcer à regarder le mur ; pour cela, il m'empoignait et forçait mon corps à se tourner. Comme il était plus fort que moi, je pliais, mais dès qu'il partait rejoindre le tableau, je me retournais et le narguais. Et c'était de nouveau le conflit ; il revenait et recommençait son manège et me forçait à regarder ce mur. Mais chaque fois qu'il repartait, je recommençais de plus belle. Pour finir nous terminions ces conflits en nous battant l'un l'autre.

Un jour, j'avais réussi à le déstabiliser et il était tombé à terre. Nos conflits finissaient souvent en bagarre et c'était fréquemment la sonnerie de la cour qui nous délivrait de ces conflits répétés et usants.

J'aimais néanmoins aller à l'école, car j'avais vu une belle fille qui habitait juste au-dessus de notre classe. C'était la fille du bourgmestre. Comme elle avait 12 ans, elle fréquentait l'autre partie de l'école. Elle devait être en 6e primaire. Je venais exprès plus tôt à l'école pour la voir s'en aller rejoindre son école. Nous ne nous sommes jamais parlé durant tous ces jours, seulement regardés par-delà la rue qui nous séparait. J'attendais qu'elle sorte avant de traverser. J'étais tellement timide ! Nous nous échangions des regards chaque matin. Je sentais une attirance réciproque. Savait-elle qui j'étais, un enfant de home ? Peut-être.

Le peu de fois où notre rencontre était plus proche et imprévue, je m'empressais de l'éviter. Mes émotions étaient bien trop fortes. J'avais un mélange de sentiments trop intenses et difficiles à gérer. Ça bouillonnait en moi comme un volcan prêt à jaillir. Je l'aimais trop. Elle semblait plus sereine et cherchait le contact, mais moi je n'étais pas encore en accord avec moi-même. J'avais trop d'émotion et un manque d'assurance flagrant.

C'était mon amour secret que je vivais chaque fois que j'avais l'occasion de la voir sortir de mon école. Je me surprenais à rêver d'elle quand j'étais en classe. Je rêvais que nous nous rencontrions à la sortie de l'école et qu'elle m'invitait à aller chez elle. À chaque sortie des cours, mon cœur battait la chamade à l'idée de la croiser sur le chemin du retour. Et quand je la croisais, par hasard, mes émotions étaient tellement fortes que je courais aussitôt dans la direction opposée. Il suffisait que nos regards se rencontrent pour que mes émotions s'envolent. Je préférais m'enfuir que d'aborder cette situation troublante. Je n'avais pas de mot pour lui exprimer mon amour et la seule issue était la fuite...

La détermination de Monsieur Guillaume à faire de moi une personne meilleure ne l'a pas empêché de me recaler à la fin de l'année. Je devais encore refaire ma 4ème année primaire. Il faut dire que j'avais pas mal de retard sur les autres. Nous avions régulièrement un livre à lire, que nous devions raconter devant toute la classe. Je n'aimais pas lire tout simplement parce que je ne savais pas lire convenablement. La lecture me demandait tellement d'efforts que je n'arrivais pas à lire un chapitre entier.

Malgré l'insistance de Monsieur Guillaume qui voulait chaque vendredi après-midi que je fasse le récit de mon livre, je lui disais que je n'avais pas eu le temps de le lire. Quelquefois pour éviter cette situation embarrassante, je faisais l'école buissonnière ce jour-là. Je me cachais dans les champs de pommes de terre ou de maïs. Des fois, Monsieur Guillaume me voyait par la fenêtre. Il me le faisait remarquer les jours suivants quand je prétextais mon absence par une maladie quelconque. À plusieurs reprises, j'ai néanmoins tenté d'expliquer à la classe ce que j'avais lu. Toutes mes phrases se terminaient par : « Et tout et tout et tout. » Je me tortillais dans tous les sens... Timide ?... Oui ! C'était pourtant agréable d'expliquer ce que j'avais su lire. Au fond de moi, j'aimais bien ce Monsieur Guillaume.

Ce fut là, les quelques souvenirs de mon passage en cette école.

Avec le recul, j'ai beaucoup d'admiration pour ce Monsieur. Me supporter comme il l'a fait. Il a démontré une patience et une solidité des nerfs incroyables. Beaucoup auraient craqué à sa place. Je méritais vraiment et à plusieurs reprises d'être renvoyé de l'école définitivement. Pourtant, jamais je n'ai subi d'outrages de sa part comme j'en ai subi dans le home avec « Monsieur L. ».

Un matin, nous descendions comme d'habitude dans le réfectoire pour y déjeuner et attendre notre éducateur du jour. Ce jour-là, notre éducateur était malade et ne pouvait pas nous prendre en charge. C'est le chef éducateur qui a dû le remplacer. Je le nommerai : « Monsieur L ». C'était un homme comme la première lettre de son nom le laisse supposer : long et maigre ! Il devait avoisiner les deux mètres. Une particularité chez lui, était son pantalon qui laissait toujours entrevoir sa chemise défaite. Était-ce à cause de sa taille ou de sa morphologie, je ne sais pas, mais c'était assez frappant pour que je m'en souvienne. Il était réputé sévère et lunatique ! Jamais je ne l'ai vu sourire. Il donnait l'impression que tout lui semblait lourd. En fait, il n'aimait pas les enfants.

Ce jour-là, il devait donc remplacer l'éducateur malade. Il était furieux et nous avait demandé en criant dans le réfectoire de former le rang pour nous conduire à nos occupations journalières. J'avais sifflé en rejoignant le rang de la même manière qu'on dirait : « Hou là là ! » Cela ne lui avait pas plu du tout. Il demanda d'un ton très sévère : « qui a sifflé ? » Personne ne répondait. J'avais hésité à me dénoncer, estomaqué par sa réaction surdimensionnée et agressive. Il menaça de punir tout le monde : « Vous resterez ici tant que je ne saurai pas qui a sifflé ! », dit-il avec un ton sévère. Nous devions rester en rang sans bouger. Plus de cinq minutes passèrent lorsque « Monsieur L. » relança sa demande : « Alors qui a sifflé ? » Le ton devenait agressif. Après un moment de réflexion, voyant que la situation ne s'améliorait pas avec le temps, je me suis dénoncé : « C'est moi ! », lui dis-je, en sortant du rang et en levant mon doigt pour qu'il me voie bien. Aussitôt, il m'empoigna violemment par les cheveux pour me conduire dans son bureau qui se trouvait à l'étage au-dessus du réfectoire. Sa force était telle que je volais littéralement par-dessus les escaliers. Il me tirait par les cheveux qui étaient longs. C'était la mode à l'époque d'avoir des cheveux qui arrivaient à la hauteur des épaules : nous vivions en décalé, l'influence hippie des années 68-70 ! Dans son bureau se trouvait un autre chef éducateur, Monsieur Angelo, qui était chef du groupe des jeunes travailleurs. Il lui demanda de sortir pour prendre en charge notre groupe qui attendait à la sortie du réfectoire.

J'ai reçu alors des baffes et des coups de poing. J'ai été violemment projeté contre les murs, à un point tel que je ne sentais même plus la douleur. Après de bonnes minutes d'insultes et de coups, « Monsieur L. » s'était calmé. Je suis resté au sol plusieurs minutes sans bouger et recroquevillé sur moi-même tellement j'avais peur de recevoir encore des coups.

Le Chef éducateur, Monsieur Angelo, rentra et sortit du local sans rien dire. Il semblait pris de panique et craindre la réaction de « Monsieur L. » qui était toujours aussi énervé. Monsieur Angelo avait peut-être peur que son attitude réprobatrice se retourne contre moi ? Après la journée passée là, à rester dans un coin sans bouger, j'ai pu rejoindre les autres enfants de mon groupe. Je perdais tellement de cheveux que je pouvais les tirer de ma tête par poignées.

L'éducateur de soirée qui s'occupait de moi m'ayant vu dans cet état a immédiatement avisé le Directeur. Mais il m'a fallu quelques jours pour avoir un écho de ce qui s'était passé après les faits entre le directeur et « Monsieur L ». Le Directeur m'a assuré que cela ne se reproduirait pas et que « Monsieur L. » ne pouvait plus m'approcher sous peine d'être sanctionné. De toute façon, j'avais bien compris la leçon et à qui j'avais eu affaire. Je n'ai jamais rencontré un homme aussi méchant de ma vie. Je savais que ce genre de personnage devait exister... mais là... j'ai pu le constater personnellement.

J'ai appris quelques mois plus tard, par mon éducateur-référent, que « Monsieur L. » avait fait de la prison quelques années auparavant parce qu'il avait tué une personne alors qu'il conduisait une voiture. Il était ivre et avait renversé un piéton. Il avait commis un délit de fuite. Il écopa de deux années d'emprisonnement et d'un retrait à vie du permis de conduire. Plus jamais cet homme ne s'est approché de moi ! Cela ne l'a pas empêché de continuer son cinéma avec les autres enfants du home. Sa réputation d'être dur, sévère et intransigeant n'était pas usurpée.

Je m'en suis sorti indemne physiquement, mais mon for intérieur a subi les outrages de cette violence démesurée. Je crois que je n'ai plus jamais été le même après cela. Ma relation à l'autorité s'est empreinte de méfiance et de suspicion.

Encore à ce jour, je revis cette violence comme l'origine d'une détresse profonde, d'un déchirement interne de tout mon être, une violation de mon « moi ». Comment un homme peut-il en arriver à ce point ? Une telle violence vis-à-vis d'un enfant, tout simplement par ce qu'il a sifflé par réaction à une situation anormale ? Je ne pourrai jamais excuser cette attitude démesurée tant je pouvais excuser celle de mon instituteur, Monsieur Guillaume. Un enfant sait quand une punition est justifiée même si sur le moment, il rejette cette faute !

Comme vous pouvez le constater, je n'étais pas facile à vivre et beaucoup vous diront qu'aujourd'hui encore, je ne suis pas facile à vivre non plus ! Je suis bien différent de mes contemporains, malgré moi d'ailleurs, car combien j'aurais voulu m'assagir et devenir Monsieur Tout le Monde ? Je n'étais pas vraiment un enfant rebelle, mais je réagissais fortement à l'injustice. Je n'ai toujours pas changé ! Je reste réactif à la souffrance des autres peut-être parce que je me retrouve en eux à cause de cette violence passée que j'ai subie dans les homes par « Monsieur L. » et par une autre personne que je nommerai « Monsieur LL. », pour ne pas porter préjudice à qui que ce soit. (Est-ce une coïncidence que ces deux personnages ont la même première lettre à leur nom de famille ?). Ce « Monsieur LL. » était directeur de la Chapelle de Bourgogne. J'en relaterai les faits plus loin dans le récit de ma vie… pour ma part, en méditant sur les différents événements de ma vie passée, j'ai été plus gâté que peiné. Mais vous en jugerez par vous-même avec la suite de mon histoire…

J'avais connu un enfant qui se nommait Christian et qui venait d'un autre home : Brasschaat. Cette institution de la région de la Flandre avait très mauvaise réputation, car on y enfermait les plus terribles des délinquants mineurs. Pourtant c'était un enfant de huit ans qui venait de là ! Il y avait été placé dès l'âge de trois ans. Comment peut-on devenir délinquant à trois ans ? Christian avait été torturé par des éducateurs au point où son bras droit était tordu à vie, plié vers l'arrière de son corps. Il ne pouvait plus le bouger. Ses os s'étaient comme mal soudés. Il ne parlait pas beaucoup. Il était comme marqué au fer rouge par les violentes souffrances subies dans cet enfer. Brasschaat avait une terrible réputation et pour un enfant des homes entendre ce seul mot de « Brasschaat » était synonyme de lieu maudit. Le visage de Christian était nettement marqué et sa morphologie laissait entrevoir un repliement sur lui-même tant il était courbé et petit de taille. Il semblait avoir arrêté de grandir à cause d'événements qui ont dû le marquer dans sa petite enfance. J'avais de la rage en moi et en même temps de la pitié pour lui. Quelle injustice, qu'avait-il fait pour mériter un tel sort ?

Après bien des années, cette institution fût fermée pour maltraitances sur mineurs. Voici un article de presse paru en juin 2013 du procès d'Elias Bak qui a séjourné dans cette institution :

Procès Bigattini et consorts : la vie d'Elias Bak marquée par des atrocités

L'enquête de moralité d'Elias Bak, présentée devant la Cour d'assises de Liège au procès de Rita Bigattini et consorts, a démontré que cet accusé a été marqué dès son enfance par des séjours en institution. Elias Bak était l'un des enfants de Brasschaat, une institution fermée après des faits de maltraitance et de sévices sexuels commis sur les enfants. Elias Bak, suspecté d'être celui qui a fait feu sur André Cornet le 17 juin 2010 à la demande de Rita Bigattini, a connu une vie perturbée par l'absence de repères familiaux. Placé dans des institutions, il ne connaît pas son histoire personnelle et n'a que le souvenir d'un père violent et alcoolique. À l'âge de 15 ans, il a été placé dans une institution à Olne. Une éducatrice a détaillé sa situation personnelle à cette époque. « L'institution de Brasschaat a fermé après des faits de maltraitance et de sévices sexuels commis sur les enfants. À son arrivée chez nous, victime aussi de ces atrocités, Elias Bak était comme un enfant sauvage. Il parlait une combinaison de français et de néerlandais, il ne savait ni lire, ni écrire et il avait été totalement abandonné », a exposé le témoin. Les professionnels qui se sont occupés de l'éducation d'Elias Bak ont décrit un garçon gentil et serviable. Mais il avait besoin d'encadrement, car il n'était pas conscient de ses limites positives ou négatives. Cet accusé était très influençable, tant pour faire le bien que le mal. Il ne supportait pas la violence imposée aux autres. Une de ses particularités était aussi de se faire punir à la place des autres. Son habitude était de s'accuser pour couvrir ses amis. Elias Bak prétend ne pas être violent et ne pas aimer la violence, mais son casier judiciaire est marqué par 13 condamnations depuis les années 80. Il a été condamné pour des faits de vol, rébellion, destruction et coups et blessures volontaires. Il présente une force importante et une énergie inépuisable. La Cour a également pu réentendre le témoin qui prétendait souffrir de problèmes psychiatriques pour justifier des pertes de mémoires. Après avoir rencontré un expert psychiatre qui n'a confirmé aucun trouble, l'homme a été invité par le président Gérard à dire la vérité sous serment. Il a cette fois confirmé qu'il avait bien participé à un voyage en Italie à la demande d'Antonio Affili et a confirmé qu'il avait bien transmis des messages entre Bak et Michot après leurs arrestations[1].

Christian était notre protégé. Nous lui épargnions tout ce qu'on pouvait. Il était sous notre protection. Mais cela n'a pas empêché « Monsieur L. » de lui faire sa fête comme à d'autres lors d'événements qui marquèrent l'ensemble des enfants du home.

À plusieurs reprises, il nous arrivait d'être réveillés la nuit par les éducateurs à cause d'argent dérobé ou de vols commis dans la réserve de nourriture. Tant que les coupables ne se dénonçaient pas, nous étions privés de sommeil. Nous devions marcher dans la cour, face à l'entrée du bâtiment. Bien entendu, « Monsieur L. » était l'instigateur de ce procédé peu

---

[1] Information tirée de : http://www.rtc.be/

orthodoxe. Nous devions donc marcher en rond puis courir, sauter, retourner dans nos lits pour ensuite revenir dans la cour et passer un par un devant « Monsieur L » pour dénoncer le présumé coupable des méfaits. Il arrivait que nous devions enlever nos pyjamas. « Monsieur L. » pensait que notre résistance psychique allait flancher grâce à une maltraitance physique. Des fois, il fallait enlever nos chaussures. Les éducateurs nous menaçaient de retirer de notre argent de poche les frais qu'occasionnaient ces vols ou ces dégâts causés à l'institution. Je ne suis pas certain que ces méthodes révélèrent les coupables. En général, la loi du silence était très présente parmi nous. Nous savions ce qu'encourait un dénonciateur. Personne ne voulait être banni du milieu. C'était notre seule chance de nous sortir de cet enfer : le modus vivendi !

Sur les deux années et demie passées là, j'ai quand même vécu des choses plus agréables comme celle de connaître un super éducateur de groupe. Il s'appelait : Emmanuel. Sa femme tenait le groupe des petits. Elle semblait assez fragile et était souvent malade. Elle avait, à cause du stress, des plaques ou des petits boutons qui parsemaient les parties visibles et invisibles de son corps. Nous aimions lui demander de les montrer. Cela nous intriguait. Nous admirions ces réactions spontanées sur son corps. Elle était de corpulence très fine et d'une voix douce. Nous nous disions souvent qu'elle ne pourrait pas tenir bien longtemps dans cette ambiance.

Effectivement, peu de temps après ; elle et son mari Emmanuel nous ont quittés pour faire une autre activité moins stressante. Lui est parti dans les chemins de fer et elle est restée à la maison. Nous aimions taquiner notre éducateur, et comme il était italien nous lui chantions souvent cette chanson : « A la moutouelle que la vie est belle, à la mou toutou, mou toutou, moutouelle... » Cette chanson était en lien direct avec son prénom : Emmanuel, mais aussi semble-t-il avec la maladie de sa femme. C'était un éducateur très attentionné, doux et compatissant. Je ne me souviens pas l'avoir entendu crier ou frapper un enfant. Il cherchait plutôt le dialogue et la compréhension.

Chaque soir au retour de l'école, nous nous retrouvions dans notre local, à l'étage principal, à droite de l'entrée. Nous y passions nos soirées à regarder la télévision ou à jouer à des jeux de société. Nous y avions notre endroit personnel avec un casier qui fermait à clé. Il s'y trouvait des tables et des chaises qui nous servaient pour le goûter et le week-end pour les repas du midi et du soir.

Pour monter à l'étage principal, il y avait un autre escalier qui prolongeait celui du grand réfectoire et de la cuisine. Au sous-sol se trouvaient des ateliers pour apprendre aux grands un métier manuel. Il y avait donc chaque jour de la semaine des cours techniques de menuiserie, de plomberie, etc. Je n'ai d'ailleurs jamais été dans ces lieux sauf une fois pour la fête du Travail, ou la fête de la Saint-Éloi. C'était le jour où tous les éducateurs et professeurs d'atelier étaient saouls. C'est la seule fois où j'ai vu tout le monde saoul. J'avais compris qu'une fois l'alcool ingurgité, le comportement des individus changeait : il passait du rire aux larmes ! J'avais bien remarqué cela et me suis toujours défendu par la suite de boire plus que de raison.

À ce jour, je ne me suis jamais saoulé au point de tomber dans cette dépression momentanée due à l'alcool.

C'était drôle ! Emmanuel et moi avons profité de cette soirée pour aller au cinéma alors que tous les autres pleuraient leur chagrin à chaudes larmes à cause de l'alcool. Nous quittions donc ce lieu de perdition, joyeux et libre.

Mes nuits se passaient dans un dortoir qui ressemblait à de multiples petites chambres séparées par de fines cloisons de bois. Il y avait dans chacune d'elles une armoire et un lit pour une personne. Ma chambre était du côté de la fenêtre dans la rangée de gauche. Au bout, il y avait les lavabos. Il n'y avait pas d'eau chaude. Le chauffage devait être ou absent ou jamais allumé, tellement il faisait froid dans ces pièces. Nous vivions dans un monastère où tout était austère par la force des choses. Comme si la dévotion des pères devait obligatoirement passer par une renonciation au confort.

C'était très chouette de vivre dans ces dortoirs rangés en petites chambres par des cloisons. Nous aimions faire du chambard la nuit et monter sur les petits rebords qui séparaient notre chambre de celle des autres. Nos aimions faire courir l'éducateur de nuit qui essayait toujours en vain de nous attraper pour nous punir. Il lui était impossible vu son poids de grimper sur un rebord au risque de tomber ou de casser les cloisons.

Nous abusions du manque d'autorité de l'éducateur de nuit, mais nous ne pouvions le faire avec tous, car certains éducateurs étaient plus rusés. Ils nous rattrapaient par la suite dans notre lit et ils nous punissaient, nous demandaient de nous mettre à genoux les mains sur la tête pendant de longues heures. Et si cela ne suffisait pas, ils rajoutaient des bottins de téléphone et nous demandaient de les porter sur la tête. Des fois, leur cruauté allait plus loin et ils nous obligeaient à mettre un bâton de brosse à balayer sous les genoux. Cela faisait fort mal et nous incitait à redoubler d'efforts pour ne pas nous faire attraper quand c'était cet éducateur de nuit qui nous veillait.

Nous choisissions donc notre éducateur pour faire du chambard la nuit. Mais rien ne nous empêchait de rejoindre un compagnon de chambrée et de nous amuser entre nous. Nous aimions jeter des petits papiers quand ce n'était pas carrément de l'eau par-dessus les cloisons. Notre plaisir de la journée se retrouvait en ces moments.

Quelques mois plus tard, des changements ont été opérés dans les dortoirs. Les ouvriers avaient retiré toutes les cloisons pour ne laisser de place à rien si ce n'est une rangée de lits séparés les uns des autres par un simple espace d'environ 50 centimètres. Nous avions perdu notre seul amusement. Les éducateurs de nuit avaient désormais la vie bien plus facile, car il nous était devenu presque impossible de faire du chambard sans être immédiatement repérés. Mais nous nous sommes vite adaptés à notre nouvelle situation en faisant naître une autre forme de vie nocturne. Les jeunes aimaient se montrer nus et comparer leurs sexes. Nous connaissions des nuits de masturbations collectives et certains s'amusaient à embêter les autres.

Pour ma part, j'étais encore trop petit et n'avait pas encore de quoi parader avec mon pénis. J'avais près de douze ans. Pas encore de poils et encore moins de quoi présenter un sexe mature. Les autres de la chambrée avaient pour la plupart entre 15 et 18 ans. Ils aimaient se comparer et se charrier. Un jour pourtant, je me suis pris au jeu avec un copain de chambrée. Il était secret et paisible. Il ne cherchait pas à se mettre en avant, au contraire, il semblait triste et assez mélancolique. Il ressemblait à une fille par sa tenue efféminée et par ses longs cheveux. Il y a comme ça des garçons qui ont en eux une attitude de fille. C'était son cas et j'aimais le taquiner. Nos lits étaient l'un à côté de l'autre et à plusieurs reprises quand les autres faisaient leur cinéma, je le taquinais pour qu'il me montre son sexe, mais il ne voulait pas. Il semblait gêné comme je l'étais également. Nous avions le même âge. Après plusieurs tentatives, et à un moment où il n'y avait personne dans la chambre, j'avais réussi à le surprendre et à lui enlever son pyjama pour entrevoir son pénis. Il ressemblait au mien. Pas de poils et pas de forme particulière qui le distinguait d'un autre. Comme je l'avais découvert, il m'avait couru après, tout en riant, pour enlever mon pyjama à son tour. Pour m'échapper, je courus vers la salle d'eau qui se trouvait au fond de la chambre. Il m'avait rattrapé dans un coin et n'ayant pas d'autres issues, avait réussi à enlever mon pyjama pour voir mon sexe. Peu après, nous en avions conclu que nous en étions au même stade d'évolution.

Mes douze ans ont été l'année de mes découvertes sensuelles. Je découvrais de nouvelles sensations corporelles par la masturbation. Je faisais cela dans les toilettes, car je n'avais pas d'autres endroits d'intimité. Je recherchais cette montée d'adrénaline et d'émotion physique chaque fois que je me masturbais. Des larmes de plaisir coulaient de mes yeux. Des fois, il fallait me masturber longtemps et un liquide visqueux sortait de mon gland. C'était collant et transparent. Mon corps était en pleine évolution.

Souvent notre amitié était mêlée à ce désir, mais sans vraiment y parvenir. Nous étions très pudiques ! J'aimais beaucoup ce compagnon de chambrée qui fut également mon compagnon de vie pendant plus d'une année puisque nous étions dans le même groupe. Sa présence était apaisante et notre relation était une relation d'être. Il y avait en lui une maturité dans sa façon de vivre les choses. Il avait des réflexions murement réfléchies que je n'ai jamais perçues chez quelqu'un d'autre à cette époque. Il observait beaucoup et quand il prenait la parole, ce n'était pas pour des banalités. Il donnait cette impression d'être une personne réfléchie... Il devait avoir une profondeur d'âme. C'est cela somme toute qui m'attirait chez lui...je voulais fusionner avec lui, entrer en lui et le connaître vraiment. Un peu comme une fusion de deux métaux lourds qui arrivent par la chaleur à se fondre pour ne faire plus qu'un ! Certains diront que c'est de l'amour, d'autres de l'attirance physique, mais pour moi, c'était une recherche de l'autre comme une soif de savoir et de connaître l'autre en l'imprégnant totalement par ses pensées, sa vie, sa force, son cœur... C'était bien plus que de l'amour physique ou de l'attirance. C'était comparable au Yin et au Yang qu'on essaye de fusionner l'un avec l'autre. Je crois que je recherchais cette affection maternelle tant voulue et qui me manquait cruellement.

Je la trouvais, des fois, en ces lieux maudits comme la vision d'un Coquelicot dans un champ de mines, faisant allusion au film « le Toubib » de Pierre Granier-Deferre dont les acteurs principaux furent Alain Delon et Véronique Jeannot.

Emmanuel fit régulièrement des nuits. Cela lui permit de gagner un peu plus d'argent. Et la nuit du 26 mars 1974, il fut de garde. Cette nuit-là, je lui fis part que j'allais avoir mes douze ans. Les anniversaires n'étaient jamais fêtés dans les homes. Et cette nuit-là, Emmanuel avait glissé sous mon coussin le reste de friandises et de fruits que sa femme lui avait préparés. Il s'était privé pour me faire plaisir. Il les avait mis discrètement pour que je ne sache point de qui cela venait. Mais je m'étais réveillé et l'avais vu. Je fis semblant de continuer à dormir. J'étais très touché de son intention. Ce fut le plus beau souvenir de mes fêtes d'anniversaire. Quand il est venu pour me réveiller, je fis l'innocent en disant : « D'où ça vient. Qui a mis ça là ? » Je lui laissai le soin de dire que c'était de lui, mais il me rétorqua : « Du Saint-Esprit… ». Je lui dis alors d'un air malicieux : « Je sais que c'est toi, car je t'ai vu les mettre sous mon oreiller ». Il me demanda de ne rien dire aux autres pour ne pas faire de jaloux. Cela est donc resté un secret jusqu'à son départ pour le chemin de fer dans la région de Charleroi.

Nous passions les périodes de vacances sous tente dans un camp militaire à Vielsalm, dans les Ardennes. Il y avait des lits de camping à monter soi-même, de couleur bleu azur qui ressemblaient aux lits d'appoint de la crèche Marie-Henriette. Ces lits étaient soutenus par de petites barres métalliques. Je m'en rappelle bien, car un jour où je m'étais disputé avec un compagnon de chambrée, celui-ci avait renversé mon lit. En dessous, il y avait une grosse vipère qui dormait et qui était repliée sur elle-même en rond. Il n'a pas fallu longtemps pour que les grands du home viennent la narguer et la tuer. Ils ont même fait un feu pour la cuire et la manger après avoir au préalable enlevé sa peau. Notre camp de vacances était assez rudimentaire. Nous mangions dans une grande tente couleur kaki. Nous faisions la nourriture sur place. Une autre tente nous servait de cuisine avec des becs de gaz. Les toilettes n'existaient pas. Nous devions aller faire nos besoins dans la forêt. Nous avions mis un drap autour de quatre arbres où un trou avait été creusé pour l'occasion. Nous devions toujours prendre notre papier toilette avec nous. C'était notre seul confort. La forêt était très belle. Nous aimions chercher des orvets sous les pierres et monter sur les buttes. Je me sentais puissant et jouais le rôle de Tarzan. Je criais comme lui, ma voix retentissait dans la forêt. Nous jouions avec bonheur.

Chaque jour, il y avait des activités organisées. Nous étions accompagnés par de jeunes adultes, des éducateurs de vacances.

Un jour, j'ai été malade, il fallait me mettre des suppositoires toutes les 8 heures, c'était une jeune éducatrice de vacances qui me les mettait. J'étais gêné... En plus, une fois mon derrière n'était pas propre, car je n'avais pas eu assez de papier toilette pour me l'essuyer. Courage pour la demoiselle qui me le mettait quand même, en me faisant le reproche gentiment. J'étais plus que gêné...

C'est à douze ans que j'ai fumé pour la première fois. Nous pouvions acheter des cigarettes avec notre argent de poche que le responsable du camp gérait. Mon désir de faire comme les grands a duré le temps des vacances. Depuis, je n'ai plus fumé jusqu'à mes 18 ans.

C'est pendant cette période de vacances que plusieurs jeunes ont pris la fuite avec des armes qu'ils avaient volées dans le bâtiment de l'armée qui se trouvait non loin de notre campement. Ils se sont enfuis à cause de l'ambiance qui régnait dans cette institution. Les journaux en ont parlé longuement, car cette escapade fut atroce. Les jeunes avaient pris une voiture et cambriolé plusieurs magasins. La police les poursuivait. Ces jeunes se sont réfugiés dans une église et ont pris des otages avec eux. Après des pourparlers avec la police, ils se sont enfuis en voiture et on fait un accident mortel qui causa la mort des otages et de leurs enfants. Cette tragédie a mis fin à nos vacances. C'était un drame terrible ! Nous suivions les événements par radio à chaque instant. Nous sommes retournés bouleversés à Suarlée.

Peu de temps après ces événements, j'avais trouvé un chien abandonné, un petit bâtard brun et blanc. Il devait être âgé. Son poil était court et dru. Il ressemblait à un Jack Russell. Il nous avait adoptés, car il restait toujours proche de chez nous. Nous n'avons jamais retrouvé son propriétaire. Les éducateurs n'appréciaient pas trop notre nouveau compagnon. Il ne pouvait pas rentrer dans le home, il devait rester dehors. Il était admis par la force des choses. Nous avions trouvé une petite cabane proche du home où nous lui apportions à manger en prenant sur notre part de nourriture du midi et du soir. Mais le chien est mort peu de temps après. Était-il malade, avait-il été empoisonné ou était-il mort de froid, car les soirées et les nuits étaient très fraîches ? Je ne le sais pas, mais nous chérissions ce chien. Nous passions tous nos moments libres avec lui. Nous étions tristes de sa mort et nous avions décidé de l'enterrer près de la nouvelle petite chapelle qui se trouvait non loin de la cour.

Il y avait tout autour de cette chapelle une très belle pelouse entretenue par les pères Damiens. Cette pelouse était parsemée de trèfles. Je cherchais tout le temps des trèfles à quatre feuilles comme porte-bonheur. J'en trouvais souvent et je les gardais jalousement dans mes poches en espérant qu'ils me portent bonheur dans la vie.

Après avoir enterré le chien en bonne et due forme, nous continuâmes notre petit bonhomme de chemin. Nous aimions beaucoup les animaux et nous trouvions souvent l'occasion d'en rencontrer dans le petit étang qui se trouvait juste derrière l'institut, ou dans le poulailler qui appartenait aux Pères Damiens. Nous aimions les observer et je l'avoue les taquiner. Nous aimions également, en été, chiper les quelques prunes et pommes du potager des Pères qui se trouvait juste à l'entrée du monastère. Nous partions souvent faire du patin à glace à Namur. Et le temps passa dans cette atmosphère tantôt rude, tantôt agréable.

Je n'ai revu ma mère qu'à deux reprises pendant ces deux années et demie passées en ces lieux. La première fois, nous étions partis voir Christiane dans son home de Saint-Servais, qui se situait à quelques kilomètres de Suarlée. L'entrée était comparable à une prison. Il y avait de hauts murs et une petite porte. C'était par cette porte qu'on signalait notre présence. Les visites devaient toujours être prévues. À défaut, les éducateurs nous refusaient l'accès. Christiane ne pouvait pas sortir. Elle était enfermée, car elle fuguait toujours. Là, elle avait peu de chance de fuir ! J'étais triste pour elle. Je comprenais bien sa situation, la tristesse qui devait l'envahir, sa volonté de cavaler loin de cet enfer de béton et la rage qui devait la ronger de ne pas pouvoir y arriver. Elle pleurait quand nous venions lui rendre visite. Ma mère pleurait également. Terrible de sentir cette impuissance qu'on a en soi quand on vit une injustice ! Les larmes restent la seule issue pour vider le trop-plein d'émotions refoulées. Christiane souffrait terriblement, les larmes étaient le reflet d'une émotion profonde et c'était son seul moyen d'expression pour nous dire qu'elle n'en pouvait plus d'être là.

La deuxième fois que ma mère devait me rendre visite, c'était pour aller avec mon père à la pêche. Elle avait organisé cette deuxième rencontre, un jour férié. Je m'en souviens, car le groupe devait faire une superbe activité toute la journée et j'en étais privé à cause de la venue de ma mère et de mon père. Normalement, mon père ne devait plus nous revoir à cause de sa condamnation pour inceste. C'était d'ailleurs pour ne plus avoir de contacts avec lui que Christiane devait rester cloîtrée à St-Servais. Elle cherchait toujours à le revoir et le juge pour mineurs avait donc décidé de la placer dans un home fermé. Ma mère également ne devait plus revoir mon père. C'était la condition que notre juge, Madame Waterscoot, avait imposée pour qu'un jour nous puissions reprendre le chemin de notre foyer tous ensemble.

Ma mère et mon père devaient venir en matinée me chercher pour passer une journée ensemble. Un copain italien, juste avant qu'il ne parte en activité, se moquait de moi en me disant que mes parents ne viendraient pas. J'étais assis sur le rebord de la fenêtre qui donnait sur la cour. J'ai attendu toute la journée sans rien ne dire ni rien faire qu'observer le moindre signe de la présence de la voiture de mon père. C'était une Citroën. Mais rien, jusqu'au retour de mes camarades.

Toute la journée, j'avais attendu là assis, prostré devant cette vitre ! Les copains de retour, nous devions préparer la table pour le repas du soir. Le week-end et les jours fériés, ces repas se prenaient dans les locaux et pas dans le réfectoire. Le personnel de cuisine était en congé ces jours-là. Ce camarade italien venait de nouveau me narguer en me disant qu'il avait vu juste. Il était tellement narquois et moi tellement en colère que j'ai pris un couteau qui était sur la table et je le lui ai planté dans le crâne ! Il saignait. L'éducateur est venu de suite pour constater le drame. Il a appelé les secours pour venir en aide à ce pauvre malheureux ! Heureusement que les couteaux n'étaient pas pointus. La lame avait juste effleuré le cuir chevelu, mais suffisamment pour le faire saigner. Nous partîmes ensemble en direction de l'infirmerie. Et devinez qui est arrivé sur ces entrefaites ? Eh oui ! Ma mère ! En plein drame ! Imaginez la scène : nous marchions dans le couloir en direction de l'infirmerie, moi encore en rage et l'autre qui saignait de la tête. De suite, les éducateurs avaient expliqué mon geste à ma mère. Elle était en pleurs. Elle est venue rapidement auprès de moi. Elle m'avait demandé pourquoi j'avais fait ça. Je ne me souviens plus de ce que j'ai dit, mais les faits parlaient d'eux-mêmes.

Mon père attendait dans la voiture. Ma mère était juste venue me dire qu'elle n'avait pas pu venir me prendre pour je ne sais quelle raison et qu'on reporterait à un autre jour ce moment que j'attendais, avec impatience. Fort probablement que mon père et ma mère avaient été rendre visite à ma sœur auparavant et que le temps était passé plus vite qu'ils ne l'auraient souhaité. En tout cas, Cela a été une journée très marquante dans ma vie !

Du coup, suite à ce geste malheureux, je ne devins plus cet enfant calme et silencieux. Une visite de l'adjoint du juge était prévue rapidement pour décider de mon sort. Effectivement peu de temps après, je reçus la visite d'une charmante assistante sociale qui venait me rendre visite au nom de Madame Waterscoot, juge de la jeunesse. Nous avons échangé quelques mots sur ma situation et mon avenir. Une décision devait être prise me concernant à cause de mon geste. Je devenais dangereux pour les autres. J'allais avoir 13 ans.

Ce fut le départ pour une nouvelle adresse : Bruxelles et la Chapelle de Bourgogne.

© Fh. 2018 « Père Damien, Internat scolaire, Communauté française »

© Fh. 2017 « La Grand-Place de Bruxelles »

La chapelle de Bourgogne, à Uccle, Bruxelles

© Fh. 2010   « Chapelle de Bourgogne »

La Chapelle de Bourgogne avait été créée en 1950 par la princesse de Ligne pour recueillir des orphelins de guerre et pour mettre sur pied une chorale qui chanterait des chants bourguignons. Chapelle doit être pris dans le sens « Kappel » (chants) et Bourgogne désigne le pays des Bourguignons...

Dans les années 1970, la Chapelle de Bourgogne accueillait des garçons de 6 à 21 ans névrotiques, prépsychotiques, borderline, souffrant de troubles du comportement, du développement, de troubles du lien, de la structuration interne, de la socialisation, troubles qui les handicapaient provisoirement ou définitivement dans le processus de socialisation et d'intégration à la société. Ces troubles résultaient de carences affectives, de maltraitances émotionnelles, physiques

ou sexuelles, d'absence de structuration éducative, de rup-
tures répétées, au sein de leur milieu, ou de
dysfonctionnements de la communication intrafamiliale. Ces
difficultés s'accompagnaient généralement de difficultés
d'apprentissage liées à une mauvaise structuration de leur
monde interne, à des troubles instrumentaux perceptifs, psy-
chomoteurs et de langage.

Dans ce genre d'établissements, les jeunes arrivent le plus
souvent en crise aiguë ou chronique, en état d'opposition ré-
actionnelle ou de dés-appartenance à leur famille et/ou en
rupture avec la société. Ils nécessitent une éducation appro-
priée, une prise en charge thérapeutique et rééducative par
une équipe pluridisciplinaire spécialisée. Sans cette intervention spécialisée, ces jeunes évolueraient vers la
marginalisation voire une « a-socialisation » et/ou une psy-
chiatrisation pouvant devenir chronique. Ces enfants et ces
adolescents doivent donc redevenir scolarisables, capables
de verbalisation et aptes à la mentalisation grâce à des aptitudes intellectuelles suffisantes. » Tiré du site
http://www.chapbg.be/site/pourqui.php

C'était mon agression au couteau qui justifiait mon placement en ce lieu. Considéré comme une personne déficiente
mentale et affective, j'étais très déprimé et fortement perturbé.

Le home se divisait en deux parties. Le premier bâtiment
regroupait les enfants de moins de 14 ans. Il se situait juste
à l'entrée de la propriété et comprenait le réfectoire, les
douches, la cuisine et sa réserve, les bureaux administratifs,
et les locaux des petits. Ceux-ci englobaient les chambres et
la pièce de séjour qui nous servait de salon ou de pièce de
jeux. J'avais ma chambre dans ce bâtiment. Le deuxième bâtiment était pour les adolescents à partir de 14 ans. Il se
situait au fond de la propriété et se subdivisait en deux parties. L'un pour le groupe des moyens et l'autre, pour les plus

grands. Il n'y avait pas de contact direct entre les adolescents et les petits.

Les commodités étaient rudimentaires. Il fallait obligatoirement monter à l'autre maison pour prendre une douche. Il y avait néanmoins des water-closets et quelques lavabos au rez-de-chaussée. Ils ressemblaient à une canalisation coupée sur la longueur au-dessus de laquelle se trouvait une suite de robinets souvent mal entretenus.

Le réfectoire était lui-même divisé en deux, la pièce du fond pour les grands et l'autre pour les petits. Au fond du réfectoire se trouvait un grand comptoir qui servait à entreposer les plats qui venaient directement de la cuisine située en dessous du réfectoire. Il fallait attendre que la cuisine donne l'ordre de tirer sur la corde d'un monte-charge pour acheminer le repas. Ce monte-charge ressemblait à celui utilisé par De Funès et Bourvil dans « La grande Vadrouille ». Souvent, nous utilisions ce moyen pour pénétrer dans la cuisine la nuit afin d'accéder à la réserve. Il fallait néanmoins être petit et léger pour y pénétrer, et avoir confiance en celui qui tirait sur la corde pour actionner le monte-plats. Après plusieurs vols dans les réserves de la cuisine, les éducateurs ont bloqué l'accès avec un cadenas. Il était dès lors plus difficile de pénétrer dans cette cuisine, mais nous avions d'autres astuces pour y parvenir quand même.

Nous avions un référent éducateur qui nous suivait tout le long de notre journée. Mon éducateur s'appelait Jean-Marc. Peu de temps après mon arrivée, j'étais déjà en révolte contre lui. Relativement jeune, Jean-Marc ressemblait à un playboy, grand, un peu efféminé, bien de sa personne, toujours bien habillé. Il était très attaché aux bonnes manières. Moi, je venais d'une institution où l'on se servait soi-même à table et où le plus fort remportait la meilleure part. Ici, pas question de se servir ! C'était l'éducateur qui nous servait et demandait à chaque fois le traditionnel : « Merci ! ». C'était un mot qui ne rentrait pas trop dans mon vocabulaire. Je trouvai ces scènes amusantes pour un temps, mais j'en eu bien vite ras le bol. J'ai dit : « Assez ! » en me levant tout en claquant mon assiette sur la table. « Je ne suis pas un bébé au point de ne pas savoir me servir à table », pensais-je en mon for intérieur ! De fait, mon assiette s'était cassée en deux.

Le directeur, que je nommerai « Monsieur LL. » parce qu'il avait un nom composé qui ressemblait avec coïncidence au nom d'un animal féroce, était dans la pièce adjacente, près du groupe des grands. Voyant mon attitude, il cria d'une voix forte dans ma direction tout en interpellant Jean-Marc - « Mais vous ne voyez pas qu'il va s'enfuir ? » Je ne comptais pas m'enfuir, mais comme l'idée était lancée, je me suis dit - « Pourquoi pas ? ». Je suis donc sorti du local, direction la sortie. Je ne connaissais pas du tout le quartier, où je venais juste d'arriver. Je me suis dirigé en direction d'un vieux cimetière, poursuivi par Jean-Marc et le directeur. Le directeur étant de bonne corpulence, il abandonna rapidement la poursuite et se dirigea vers la camionnette du home, une Volkswagen blanche. Jean-Marc m'avait rejoint dans une petite rue en pente qui jonchait le vieux cimetière de la commune, rue du Repos. Une fois attrapé et coincé par la taille par Jean-Marc, je me suis tellement débattu qu'il fut contraint de me relâcher. Il portait d'ailleurs des lunettes qui ont valsé à cause d'un coup de pied que je lui avais infligé. Cela l'avait décontenancé. Je pensais pouvoir m'enfuir de nouveau, mais c'était sans compter sur le renfort du directeur qui venait juste d'arriver avec sa camionnette. Il se mit en travers de la route pour me barrer le passage, bondit hors de la camionnette, m'empoigna par les cheveux et me jeta sur la banquette arrière du véhicule, bientôt aidé par Jean-Marc. Cette tentative d'évasion n'aurait de toute façon guère pu être prolongée, car je ne connaissais rien de cet endroit. Je serais très certainement revenu à la Chapelle de Bourgogne un peu plus tard !

De retour au home, le directeur m'a à nouveau empoigné par les cheveux et m'a conduit dans son bureau qui se trouvait juste en face du réfectoire. Pas de chance, il y avait un escalier à gravir d'une dizaine de marches. Je me retrouvai dans la même situation que par le passé avec « Monsieur L. » ! Gifles, arrachage de cheveux, insultes, menaces et j'en passe, de la part de ce directeur qui était dans une colère noire.

Peu de temps après, j'ai pu rejoindre ma place à table. Je pouvais tirer mes cheveux par poignées et le faisais bien volontiers devant tout le monde. Il y eut un long silence dans le réfectoire comme si le temps s'était arrêté. Certainement que pour ce tyran cela ressemblait à une victoire de chasse, d'autorité, de domination, mais très vite il a dû déchanter ! Peu de temps après, il nous quitta. Je ne sais pas si son départ était dû à cette interpellation violente ou non, mais le fait est qu'il nous quitta assez rapidement. Nous avons eu par la suite une succession de directeurs, mais c'est madame Françoise D., assistante sociale, qui assuma la direction pour le reste de mon séjour à la Chapelle.

Entretemps, la Chapelle de Bourgogne dut modifier ses locaux à cause d'un nombre croissant d'enfants qui arrivaient en ce lieu. Comme je venais d'avoir 13 ans, la direction et l'équipe éducative avaient trouvé bon de me changer de maison. Ils m'envoyèrent rejoindre le groupe des moyens et des grands, qui occupaient une maison située au fond de la propriété. Cette maison comprenait un étage. Le premier étage était prévu pour les touts grands qu'on appelait « les Mac Donald's ». Le rez-de-chaussée était destiné au groupe des moyens qui s'appelait « les Daltons ».

Peu de temps après, à cause du trop grand nombre de moyens, on dut déplacer au premier étage un enfant du groupe. Les grands pouvaient choisir celui qui allait les côtoyer. J'ai été choisi par eux. J'avais de très bons contacts avec la plupart des grands et je devins leur chouchou. Le groupe de grands avait des privilèges que le groupe des moyens n'avait pas. Nous pouvions dormir à l'heure qu'on voulait du moment que nous ne dérangions pas nos compagnons et que nous pouvions gérer à bon escient nos heures de sommeil. Il y avait des chambres individuelles et des chambres collectives. Au départ, j'occupai une chambre collective mais peu après, j'ai eu une chambre individuelle au même titre que Daniel Nys, un compagnon de groupe. Daniel Nys était à la Chapelle depuis 1973 et avait rejoint le groupe des grands peu après moi. Il occupait la chambre juste à côté de la mienne. Daniel Nys était un garçon tranquille. Il était à la Chapelle parce que ses parents étaient décédés. Son papa était âgé de 55 ans au moment de sa naissance et il mourut 10 ans plus tard de la maladie du charbon, la Silicose. La maman suivit peu après. Il avait un frère et une sœur qui avait déjà 35 ans au moment de sa naissance. Daniel aimait jouer avec sa nourriture et faisait des petites montagnes dans son assiettes. Quand il était dehors, il aimait chipoter avec la terre et touillait en mélangeant la terre et l'eau pour en faire de la boue. C'était ce qui caractérisait Daniel Nys.

Nous avions des réunions de groupe chaque mardi soir. Nous parlions de nos différends et les éducateurs de groupe, qui géraient les conflits, profitaient de ces moments pour nous dire ce qui n'allait pas. C'était une approche pédagogique très intéressante.

Par la suite, cette approche pédagogique changea quelque peu. Le groupe des grands devenait un groupe de promotions par rapport à celui du rez-de-chaussée. Nous devions mériter notre liberté relative. Nous pouvions sortir le week-end et quelques fois en soirée, du moment que nous prévenions notre éducateur. Si nous ne respections pas les règles du groupe, nous étions passibles de redescendre dans le groupe des Daltons.

J'ai changé de groupe une fois à cause de ma scolarité et de larcins commis dans le magasin de vêtement « Sarma », de la rue Vanderkindere à Uccle. J'avais volé pas mal de vêtements parce que la Chapelle vivait une crise financière. La buanderie était dépourvue de vêtements récents. Notre ves-timentaire était usé et plus du jour. Nous manquions cruellement d'habits. Mon larcin était l'expression publique d'un besoin élémentaire. La plupart de nos vêtements ve-naient de dons et quelques-uns étaient achetés par le home avec les subsides de l'État. J'avais par révolte chipé plusieurs pantalons, chemises, pulls, chaussures, vestes et même des écharpes et foulards. Je suis descendu de mon étage dans cet attirail clinquant au grand dam de mon éducateur. Il n'en fallut pas plus pour que je sois interrogé sur la provenance de ces vêtements. J'ai dû retourner au magasin les remettre en place et ai été puni en réintégrant le groupe du rez-de-chaussée.

C'était pour moi une punition méritée, mais en réaction à un manque évident de considération des besoins primaires des enfants. Est-ce à cause de cela que je bénéficiai désor-mais de petits privilèges à la buanderie ? Chaque fois qu'il y avait de nouveaux arrivages de vêtements, Carmen qui s'oc-cupait du linge et de la cuisine m'appelait pour que j'aille choisir avant les autres les vêtements qui me plaisaient. Car-men prétextait que j'étais soigneux et respectueux. Elle me dit également que je n'étais pas comme les autres, que je comprenais ce qu'était la dignité et le paraitre par rapport aux autres enfants qui s'en foutaient royalement de la pro-preté et de leur parure.

Souvent, j'ai été le révélateur de conflits ou de dysfonc-tionnements du home. Il y avait un éducateur appelé Marc et qui apparemment était en conflit avec l'équipe éducative. Nous étions sensibles aux conflits de l'équipe éducative comme nous étions sensibles également aux rapprochements affectifs entre éducateurs. Marc L. semblait se démarquer des autres et n'appliquait pas toujours à la lettre les instruc-tions pédagogiques que nous connaissions par cœur. Nous avions fait une manifestation dont j'étais l'instigateur pour le mettre dehors de l'institution. J'avais organisé la manif en brandissant des panneaux faits avec de vieux draps blancs où j'avais marqué quelques slogans comme « Marc est un despote ! » J'avais recherché des mots bien lourds et significatifs dans le dictionnaire. J'avais touché en plein cœur le désarroi de l'équipe éducative qui vivait effectivement un conflit interne qu'il cachait pour ne pas nuire à notre vie commune. Les éducateurs acceptèrent notre manif de manière passive et la direction mit rapidement fin au contrat de Marc. Je ne crois pas que nous étions seuls responsables de son départ. L'équipe éducative avait déjà mis le doigt sur ce problème auparavant. Je n'avais été que le révélateur d'un conflit interne en allant dans le sens d'une décision prise par la direction avant la manifestation.

J'ai appris peu avant son départ qu'il était complice du vol de mon appareil photo Pentax Spotmatic et des objectifs. Un jeune du groupe, par jalousie, m'avait pris mon appareil photo et avait demandé à Marc de le garder chez lui le temps que l'affaire s'oublie. J'ai tenté à plusieurs reprises de récupérer cet appareil, mais sans succès. Pour ma part, je remarquai un jour qu'il avait oublié sa montre « Seiko » au lavabo ; montre dont il avait la fâcheuse manie de nous narguer et dont il était très fier. Je la lui ai prise et l'ai gardée bien des années après à mon poignet. Je ne regrettai point ce larcin puisqu'il se justifiait par sa complicité dans le vol de mon appareil photo. C'était comme ça dans les homes : Œil pour œil, dent pour dent. Tu me voles, je te vole !

J'aimais la photo, mais également la hifi. J'avais depuis quelque temps acquis avec mes économies une chaine Hifi de qualité. J'appréciais depuis longtemps la haute technologie. J'avais monté des enceintes et un ampli haut de gamme. Cet ampli produisait une superbe sonorité et des basses très profondes. J'aimais écouter la chanson française, que j'avais découverte grâce à mon éducateur de groupe, Paul Wittebols. C'était un éducateur assez costaud et sévère. Mais il se dégageait de lui un véritable sens de la justice qui en faisait une personne abordable et communicative. Nous avions une réelle confiance en lui. Il était toujours juste et droit. Il aimait son métier et on sentait qu'il nous aimait. Il était le gardien des limites et le tampon entre les éducateurs et nous.

Quand un éducateur était dépassé par les événements, il était appelé à la rescousse. Célibataire et jeune, il habitait près de la Chapelle. Il avait 12 ans de plus que moi. Il avait vécu dans les homes avant de connaître la Chapelle de Bourgogne. Nous le ressentions comme une personne proche de nous. Il a beaucoup compté dans ma vie.

Paul était de ces gamins qui ont grandi dans les homes et qui par la suite, à l'âge adulte, sont restés pour soutenir le staff. Paul n'a jamais quitté sa demeure, car il est resté toute sa vie dans les homes, d'abord comme enfant placé puis comme éducateur. Il est mort le jour de sa retraite après de loyaux services rendus à la collectivité, mais surtout aux enfants qui comme lui ont vécu une enfance difficile à cause d'une famille « mal-aidée ». Il est mort d'une pneumonie « mal-soignée ». Il semblait ne pas vouloir quitter la Chapelle qui fut toute sa vie. Il était rentré le même jour que moi, en mars 1975 pour la quitter en janvier 2015.

Paul m'avait fait écouter de la musique classique et des chansons de Léo Ferré. J'ai tout de suite accroché avec Léo Ferré, mais moins avec la musique classique. Depuis, j'ai gardé une admiration pour ce poète. J'aime me retrouver avec sa poésie et ses paroles révolutionnaires, avec sa façon de composer, de faire des phrases poétiques. Léo Ferré m'a beaucoup marqué. Je retrouve en lui un père spirituel, un guide, des émotions intenses.

Au fond de moi, j'ai perdu un père le 14 juillet 1993 et un grand frère le 20 janvier 2015.

Mon véritable père lui est mort peu de temps après mon arrivée à la Chapelle de Bourgogne. C'était le 26 août 1976. J'avais alors 14 ans. Je revenais d'un camp de vacances où j'avais été particulièrement difficile. Paul m'appela dans son bureau. Je me souviens lui avoir dit de suite : « Je mérite la peine, car j'ai été difficile avec les éducateurs durant toutes les vacances ». Mais il restait sombre et la tête basse. Son sérieux n'était pas normal en la circonstance. Je me disais en mon for intérieur : mon approche manque peut-être de sincérité. Il n'en était rien, car Paul me dit :

- « J'ai une mauvaise nouvelle à t'annoncer, il s'agit de ta famille ».

Il était encore plus sombre en me disant ces mots. Je ne comprenais pas et je répondis :

- « C'est encore Christiane qui a fait des bêtises, avec un air désinvolte ? »

- « Non, me dit-il, c'est ton papa ».

Sur le coup, je ne comprenais rien. Mais très vite Paul ajouta :

- « Ton papa a eu un accident ».

- « C'est grave ? », lui dis-je avec insistance

- « Oui », me répondait-il avec douceur et inclinant sa tête vers le bas avant de préciser

- « Ton papa est mort il y a trois jours. »

Paul me proposa immédiatement de me conduire chez ma mère à Laeken avec l'assistante sociale Françoise de L. qui est devenue par la suite sa femme. Nous sommes partis en voiture pour rejoindre ma mère, mon frère Eddy et ma sœur Christiane.

Je ne comprenais pas ce qui m'arrivait. Je m'attendais à une sévère punition due à mon comportement à la mer et me voilà puni de la plus terrible des punitions, la privation définitive de mon père.

Ma mère habitait alors rue Marie-Christine, près de la place Emile Bockstael. C'était dans cette rue que j'avais eu mon accident avec une voiture rouge quelques années auparavant. Je suis rentré dans l'appartement que ma mère occupait au deuxième étage. Nous devions aller à l'enterrement.

Mon père était mort noyé dans un grand étang de Hollande, alors qu'il pêchait dans une barque très tôt le matin. Il est, selon les témoins du drame, tombé à l'eau, les bras en croix. Une crise cardiaque l'aurait paralysé et empêché de remonter à la surface. Il est donc mort les bras en croix comme Jésus. À la différence près que mon père n'était pas un ange, loin de là ! Il a fallu plusieurs heures aux pompiers pour le repêcher dans l'eau à cause des algues qui le maintenaient par le fond.

D'après ma mère, mon père avait subi une intervention dentaire. Ce serait le produit injecté qui aurait provoqué une crise cardiaque quelques heures plus tard ou, selon d'autres sources, un début de crise cardiaque qui suscitait une observation à l'hôpital qu'il aurait décliné en signant un document de décharge des médecins. Je n'ai jamais su le fond de l'histoire. Il n'était plus et c'est tout ce que je savais de lui.

Je me demandais s'il n'avait pas cherché à se faire oublier par la police en inventant sa mort pour disparaitre de la circulation et se refaire une nouvelle vie ailleurs. Il était recherché par la police et avait fui en Hollande. Il avait déjà auparavant, changé de vie en quittant sa femme et ses trois enfants pour vivre avec ma mère. Je n'ai appris bien plus tard l'existence de ces trois demi-frères, à la mort de ma grand-tante Léonie. Elle était la tante de mon père.

Mon frère Patrick connaissait cette existence passée de mon père et avait noté les adresses de nos demi-frères. J'ai récolté ces informations et les avait transmises au notaire qui géra ce dossier. Très vite, j'ai été évincé par ma tante Françoise, sœur de mon père, qui voyait en ma démarche d'inclure tous les enfants de mon père comme une situation contraignante dans ces attentes de l'héritage.

L'approche de ces demi-frères fut rude. J'ai essayé d'entrer en contact avec eux pour les connaître, mais l'aîné, qui protégeait les autres frères, a refusé catégoriquement sous prétexte que nous voulions le faire par intérêt. Je n'ai plus recherché à les joindre à cause de son intransigeance. Ils ne savaient pas que notre père était mort et ne connaissaient même pas l'existence de notre grand-tante. Légalement, ils devenaient à trois, les seuls successeurs directs de l'héritage de notre père pourtant décédé bien des années auparavant. Nous ne portions nous-mêmes pas le nom de notre père car il ne s'était pas marié avec ma mère après son divorce. La loi autorisait néanmoins un partage des biens pour les enfants, dit naturels, nés hors mariage. Mais comme il était mort, rien ne pouvait prouver la filiation.

J'avais bien tenté une démarche auprès du juge de la jeunesse qui avait signifié la relation incestueuse avec Christiane relation qui était signalée dans le dossier du placement de ma sœur. C'était un bon moyen d'avoir une preuve pour la reconnaissance de paternité, mais le procureur du roi avait refusé de transmettre le document qui condamnait mon père sous prétexte que ma démarche était peu orthodoxe pour un héritage. Je n'ai pas poursuivi mon investigation auprès du notaire et j'ai rapidement abandonné cette idée que nous puissions toucher une partie de l'héritage que mon père aurait reçu s'il avait été encore vivant à la mort de sa tante.

C'est la sœur de mon père, Françoise Vanden Berg qui recueillit une bonne partie de cet héritage. Il faut dire que ma grand-tante Léonie était très aisée. Elle avait économisé toute sa vie, franc par franc, les sous que son mari avait gagnés comme garçon de café. Toujours économe, ma grand-tante est morte riche en 2002. Cela ne l'a pas empêché de vivre la fin de sa vie dans la détresse la plus totale. Victime de la maladie d'Alzheimer, elle avait été placée dans un home pour personnes âgées de son quartier. Cette maladie, peu dépistée à l'époque, rongeait ses capacités intellectuelles et aggravait son psychisme. Elle devenait très acariâtre, incontinente, agressive et dangereuse avec son entourage. Ne supportant plus personne, elle avait fait le vide autour d'elle.

Elle menaçait même de mettre le feu à sa maison pour embêter ses locataires. Elle était devenue folle.

Mais revenons à la suite chronologique de mon vécu.

J'avais donc connu ma grand-tante à l'enterrement de mon père. Ma mère, Eddy, Christiane et moi étions au cimetière d'Evere, car mon père était mort à l'étranger. J'avais un peu parlé avec ma grand-tante et avec ma tante Françoise, mais la mort de mon père m'avait fortement affecté au point où je pleurai à chaudes larmes pendant toute la cérémonie. Ma mère n'appréciait pas du tout, car elle nous avait demandé de ne pas pleurer. Elle semblait le haïr. Avait-elle pris conscience du mal qu'il avait fait à Christiane et à elle-même ? C'est possible et cela pouvait justifier sa demande ! Mais en ce qui me concerne, rien à faire : les larmes coulaient à flot de mes yeux. Je gémissais.

Ma grand-tante m'avait donc remarqué. Elle m'avait demandé dans quel home j'étais et à quel endroit. Je lui expliquais que le home était à Uccle près du parc de Wolvendael. Elle connaissait bien l'endroit, car elle allait tous les vendredis rendre visite à une dame âgée qui était dans une maison de repos non loin de la rue du Dieweg.

Peu après l'enterrement, ma grand-tante Léonie vint me voir à l'entrée du home. Elle revint chaque vendredi en fin d'après-midi. Nos contacts étaient très agréables. Nous échangions quelques mots devant l'entrée de la Chapelle, ensuite ma grand-tante poursuivait son chemin vers sa demeure à Laeken. Petit à petit, nous nous sommes liés d'amitié. Peu de temps après notre première rencontre, je pus aller chez elle, passer l'après-midi du samedi. Mais elle ne pouvait pas m'héberger, car elle n'avait qu'une seule chambre. Mon grand-oncle, Fons, était assez taiseux, mais cela était dû somme toute à son éducation. Léonie était d'une grande férocité avec lui. Ils se disputaient toujours et lui se renfermait. Il était brimé par elle. Elle dominait la relation et l'empêchait de vivre, le critiquant à chaque instant par des remarques désobligeantes. Il se laissait dominer, mais rongeait son frein continuellement quand Léonie lui parlait. Il était flamand d'origine et savait bien parler le français, mais avec l'accent flamand qui roule les « r ».

À part cela, j'appréciais ces moments passés en famille. Après le repas copieux que ma grand-tante faisait pour moi pour pallier la pauvreté des repas du home, nous passions le reste de l'après-midi dans le salon, devant la télévision, repus. Nous parlions de tout et de rien. Mais c'était bon de vivre ces instants. De fil en aiguille, nous nous sommes rapprochés de plus en plus et ma grand-tante devenait pour moi une seconde maman.

Après la mort de Fons, j'ai pris une grande place dans le cœur de ma grand-tante.

Après la mort de mon père, beaucoup de choses ont changé. Je devais normalement suivre des études d'hôtelier, mais les circonstances ont modifié ma destinée. À l'époque, je suivais les cours dans le home. J'étais considéré comme un très bon élève. J'avais beaucoup de facilité à suivre les cours, car ils étaient d'un niveau assez bas. L'équipe éducative avait décidé de me scolariser à Anderlecht, à l'école d'apprentissage CERIA pour y suivre des cours d'hôtellerie. Mais après la mort de mon père, Paul m'avait demandé, je ne sais pas pourquoi, si je voulais toujours faire ce métier. Je lui demandai :

- « Qu'est-ce qu'il y a comme métier ? ».

Il me répondit :

- « Eh bien, il y a plombier, électricien, maçon, boulanger ».

Comme je ne trouvais pas mon bonheur dans ces propositions, je lui demandai :

- « Qu'est-ce que tu fais comme métier, toi ? ».

Il me répondit :

- « Éducateur ». Je me suis pressé de lui demander :

- « C'est quoi comme métier ? » Il m'expliqua :

- « C'est ce que je fais ici à la Chapelle, je m'occupe des enfants ». Je lui ai aussitôt dit :

- « Je veux bien faire le même métier, car c'est un travail facile ». Paul sourit, mais je voyais bien que c'était un sourire malicieux. Il s'en suivit un rire partagé.

Dans l'attente de cette nouvelle année scolaire, je terminai ma scolarité dans une petite école située près de la place Vanderkindere à Uccle. C'était une école spéciale pour les enfants qui avaient un retard scolaire.

Nous étions plusieurs à y aller, ainsi que d'autres jeunes, en l'occurrence des filles, d'un home voisin qui s'appelait « Le Caillou » et qui se situait avenue Winston Churchill. Cette maison semblait sereine, il en dégageait une ambiance sympathique. J'ai pu y aller quelques fois, car je fréquentais une fille de l'école qui m'y invitait souvent.

C'est lors d'une canicule que je connus Victor Hugo. C'était en juillet 1976. J'avais alors 14 ans. Il y avait une chaleur exceptionnelle qui dura tout l'été. C'est en me baladant sur la Grand-Place de Bruxelles que je découvris une plaque ornée de cuivre placardée sur une petite maison qui donnait sur cette place. Il était marqué : « Victor Hugo a habité cette maison en 1852 ». Je savais de nom que Victor Hugo était un grand personnage mais je ne savais pas qu'il avait séjourné un temps en Belgique. Du coup, je me suis intéressé à lui et j'ai lu quelques temps après son roman sur les misérables. J'ai été très touché par la richesse et la profondeur de son roman.

Lors de cette découverte, j'étais en compagnie de ma mère et de Christiane. Nous étions partis prendre l'air à la Grand-Place et avec une telle chaleur, nous ne pouvions pas rester sans boire une boisson rafraichissante. Nous avions pris place sur une terrasse de café qui surplombait la Grand-Place. Il y avait proche de notre table un vieux monsieur seul qui avait pris une tartine de jambon et qui était assis juste derrière ma mère. Je l'observai un temps, il essayait tout en tremblant de beurrer sa tartine. Elle se cassait à chaque passage de son couteau. Le beurre était dur, ce qui provoqua la déchirure de son pain. Il avait beau user de stratégie pour étaler le beurre, rien à faire, à chaque tentative, la mie tendre s'enroulât sur le beurre dur et se détachât de son pain pour ne plus que laisser apparaitre un trou béant. L'homme gardait, pourtant devant une telle situation, une attitude digne et un air béat. Cette situation ne semblait pas l'atteindre dans son for intérieur qui reflétait un bonheur inébranlable. J'étais pantois devant une telle situation. Le serveur qui passait et repassait devant ce vieil homme et qui l'avait servi ne semblait pas prendre conscience de la situation et moi de ma place lui criait : « Mais vous ne voyez pas que sa tartine est cassée et qu'il faut lui en donner une autre ? » Mais mes paroles restèrent dans le fond de ma gorge. Aucun son n'en sortit. J'étais comme empêché de crier et voir ce monsieur âgé tout tremblant essayer en vain de manger sa tartine m'avait coupé la voix. Il sortit de mes yeux des larmes qui coulèrent le long de mes joues. Ma mère voyant mes yeux humides me demanda d'un ton suffisant : - « Pourquoi tu pleures ? » Je lui répondis : - « C'est le soleil qui brule mes yeux. » Je faisais face au soleil et cette position me sortit de mon embarras. Je pensais dans mon for intérieur qu'elle ne pouvait pas comprendre et je m'interrogeais sur ma sensibilité à fleur de peau. Je ne compris pas pourquoi je m'apitoyais sur ce vieil homme. J'ai toujours gardé cette image de ce vieux monsieur tremblant et impuissant devant une situation pourtant banale.

Faudrait-il qu'un jour je devienne ce vieux Monsieur heureux et pourtant dans l'embarras prenant une tartine de jambon à la Grand-Place tentant d'étaler du beurre dur ? Qui sait ? Si ma vie le permet, je ferai un jour de vieillesse et de plein soleil cette expérience seul avec mon âme et la conscience de toute une vie menée pour comprendre ce qui m'amena à pleurer ce jour-là pour un homme inconnu. Etait-

*ce prémonitoire et lié à Victor Hugo qui m'insuffla sa sensi-
bilité pour le genre humain avant même de connaître
l'homme ?*

La même année, en septembre 1976, je repris mes études
primaires à l'école « Clair-Vivre » qui se trouve à Evere.
Clair-Vivre utilise la méthode Freinet. Cette méthode consiste
à accorder une plus grande responsabilité aux enfants et à
autoriser une prise en charge collective de la classe par les
élèves. Nous avions assez bien de liberté. Nous pouvions
créer et imprimer nos dissertations. Je devais entamer ma
6ème année primaire. Mais je n'avais jamais fait ma 5ème année primaire et en plus j'avais raté trois fois ma 4ème en
raison de changements de maisons et aussi à cause de mon
comportement. Fameux défi à réaliser !

J'ai réussi contre toute attente cette année scolaire grâce à
l'aide de mon Institutrice, Madame Brun. Pourtant, j'étais
loin de faire des prouesses car j'étais dans un désarroi total
à cause de la mort de mon père. Je faisais l'école buissonnière la plupart du temps. Je n'arrivais pas à m'intégrer et
à la cour de récréation, je restais souvent à l'écart des
autres. Mais la compréhension de mon institutrice a eu raison de mes manquements. J'ai eu mon certificat primaire
malgré mon absence aux examens de fin d'année.

©Fh. 2010   « École Clair-Vivre à Evere, vue arrière du bâtiment »

Je dois « une fière chandelle » à madame Brun, car heureusement avec ce certificat, j'ai pu accéder à l'enseignement traditionnel.

Après cette année, les éducateurs m'ont inscrit dans une école professionnelle qui se situait à Etterbeek près de la place de la Chasse (quartier de commerçants) : René Piret. Je n'aimais pas les travaux manuels même si les professeurs voyaient en moi un excellent élève. Je ne paraissais pas aux yeux de certains professeurs comme un de ces enfants des homes, qui avaient une sale réputation. J'étais introverti malgré la révolte intérieure qui bouillait en moi, mais ne s'extériorisait que très peu. J'étais assez discret et je m'intégrai petit à petit à la classe. J'étais reconnu comme un enfant raisonnable et calme malgré ma petite révolte d'adolescent. J'avais laissé pousser mes cheveux qui arrivaient à la moitié du dos. J'avais une veste militaire achetée au magasin « Stock Américain » de la rue du Midi au centre de Bruxelles. Il y avait des graffitis dessus. J'avais, entre autres, mis le nom de Léo Ferré et celui du groupe de hard rock AC\DC. J'avais mis également des slogans provocants. J'aimais ce paradoxe entre Léo ferré et le groupe AC\DC. J'avais des copains de classe. Je me découvrais au travers des cours. J'aimais beaucoup les cours artistiques et les cours de dessin. Le professeur de dessin technique s'appelait monsieur Dubois et mon professeur de cours artistique et de mathématiques, s'appelait Monsieur Dufour. Nous aimions les charrier en leur disant que « Monsieur Dubois demande monsieur Dufour ».

Le professeur de morale n'avait lui pas toujours le moral et se faisait chahuter à chaque cours. Les élèves lui faisaient des farces peu plaisantes, du genre boules puantes ou boules qui font pleurer sur la chaise. Une fois, toute la classe a été appelée par la direction pour dénoncer le ou les coupables. Le directeur m'avait pris à part avec un autre élève pour nous demander de dire si nous connaissions les coupables. Il nous considérait comme des exemples et pensait que nous désapprouvions ces actes. Mais nous n'étions pas du genre à dénoncer. Nous risquions en plus d'attirer sur nous la foudre des mauvais plaisants. Nous n'avons rien dit et nous avons retrouvé nos compagnons de classe peu après. Nous avons tous été punis les deux mercredis suivants. Le professeur de morale tomba en dépression le reste de l'année, de même que le professeur de néerlandais. J'ai appris bien après que le camarade choisi avec moi par le directeur était Témoin de Jéhovah, coïncidence qui trouvera son explication par la suite.

Les cours m'ennuyaient profondément et je ne voyais pas là un moyen de devenir éducateur. Il fallait obligatoirement accéder au système rénové ou technique. Après trois mois passés dans l'enseignement professionnel, les éducateurs accédèrent à ma demande. J'ai pu rejoindre la classe de première année technique au sein de la même école. Il y avait des cours plus théoriques. Ma hantise fut toujours le cours de néerlandais !

Malgré une année chaotique, je réussis à rattraper in extremis mes échecs scolaires. Je manquais pourtant de motivation et filais sur une mauvaise pente. J'avais raté presque tous mes examens de Noël. Les éducateurs m'avaient promis que si je remontais la pente en réussissant ma première année technique, je pourrais aller en secondaire dans une école traditionnelle. Cette promesse m'avait boosté et m'avait redonné une raison de me battre pour atteindre cet objectif. Grâce à l'aide de l'assistante sociale de la Chapelle qui se nommait Claude V., je réussis à surmonter mes faiblesses pour aller dans une autre école.

Cet établissement s'appelait « École secondaire rénovée de Berkendael », située près de la place Vanderkindere à Uccle. C'était une belle victoire sur moi-même et sur ma vie d'enfant de home. Cette école est maintenant fermée et remplacée par une prison pour femmes.

Je prenais chaque matin le tramway 18 pour arriver à l'école. Une demi-heure de trajet, ce qui n'était pas beaucoup comparé aux trois heures de trajet aller-retour pour aller à mon ancienne école René Piret à Etterbeek. Je pouvais me lever plus tard et prendre un déjeuner plus copieux avant de partir. Éric V., mon compagnon de chambre dans le groupe des Mac Donald's, prenait le même tramway que moi et à la même heure. Nous aimions commencer notre journée par un bon café au bistrot du coin de l'école. Cela me mettait en retard à l'école, mais il n'y avait pas de plus grand plaisir que de commencer la journée par ce rituel matinal. Je commençais à être connu des éducateurs de l'école. L'un d'eux, Jean-Marc, m'avait déjà accueilli à mon arrivée à la Chapelle de Bourgogne. C'est le même éducateur qui m'avait rattrapé lors de l'escapade avortée qui m'a valu une trempe de « Monsieur LL. » Je dois dire que cette histoire, dont il était un des acteurs, m'a favorisé au sein de l'école. Il n'en a jamais fait mention, mais je voyais dans son attitude un regret et une approche relationnelle qui différait avec son attitude envers les autres élèves. Est-ce pour cela qu'il avait quitté la Chapelle de Bourgogne ? Probablement. La politique répressive de « Monsieur LL. » ne lui plaisait pas ! Il y avait comme une ambiance de crainte dans le home tant du côté des enfants que du côté du personnel.

J'avais intégré la deuxième rénovée. Les cours étaient bien plus agréables et correspondaient à mes attentes. J'avais par contre une très grosse faiblesse en néerlandais en plus du français. À l'école précédente, le professeur de néerlandais était absent presque toute l'année. Nous avions une heure de cours par semaine, tandis qu'en rénové, il y en avait quatre, ce qui me laissait avec un retard presque insurmontable. J'avais suivi la plupart de mes cours de primaires en Wallonie, où il n'y avait pas de cours de deuxième langue. C'est seulement à Bruxelles que cette obligation était imposée. J'ai galéré toute l'année pour rattraper ce retard. J'avais des cours de rattrapage. Cette lacune, accompagnée d'une faiblesse en français, m'a valu un recalage. J'ai redoublé cette année. C'est certainement de là que me vient ce blocage pour le néerlandais, langue pourtant utile. Je trouvais cette langue difficile à apprendre, car on ne la pratiquait jamais. Mon esprit cartésien s'était braqué. La gestion de la deuxième langue m'a valu beaucoup de problèmes par la suite pour trouver un emploi. Aujourd'hui encore, je subis les effets de cette mauvaise politique.

À l'heure où j'écris ces lignes, la Belgique traverse une crise sans précédent à cause des problèmes linguistiques. Aucun gouvernement en place ! Nous sommes depuis plus d'un an en affaires courantes, car il est impossible de concilier les attentes du nord avec celle de Bruxelles et de la Wallonie. La majorité des Flamands veulent une séparation des régions et abolir l'union des Belges au profit d'une Flandre indépendante. Les Wallons ne se sentent pas encore assez forts pour assumer cette nouvelle indépendance. La Flandre soutient financièrement les faiblesses économiques de la Wallonie depuis quelques années. Mais l'enjeu se situe à Bruxelles, Capitale de la Belgique et de l'Europe. Bruxelles, dont la majorité des habitants sont francophones, mais qui se situe dans la partie sud de la Flandre, se bat pour garder son autonomie financière et son appartenance à la Wallonie. C'est la réalité économique et linguistique qui fait sa force, mais pour combien de temps ? Nous le saurons dans un avenir proche. À ce jour, le gouvernement a trouvé place, mais fragilisé par une obligation de réforme profonde et draconienne envers les droits fondamentaux acquis par la force ouvrière socialiste.

Pour l'heure, cette langue qui m'est étrangère de fait m'empoisonne considérablement la vie. Je suis né d'une famille flamande et pourtant je ne connais rien de cette langue. À l'époque des années 60, les Flamands pensaient connaître la fin de leur monopole linguistique à cause de sa pauvreté culturelle et sa limite territoriale. Il était donc évident pour les parents de langue néerlandaise de ne plus investir dans l'apprentissage du néerlandais auprès de leurs enfants. J'avais donc naturellement appris le français comme langue maternelle. Beaucoup de néerlandophones connaissent égale-ment très bien l'anglais, car cette langue ouvre vers d'autres cultures.

De nos jours, vu le contexte conflictuel, il aurait été judi-cieux d'imposer une langue nationale qui unit le nord et le sud. L'anglais est une langue plus facile et est la langue in-ternationale. Bruxelles, capitale de Belgique, est devenue la capitale de l'Europe. Il aurait été judicieux de mettre comme langue nationale l'anglais et comme langue régionale le fla-mand au nord et le français au sud. Cette façon aurait certainement permis de concilier l'inconciliable. Chaque ré-gion aurait eu une certaine autonomie et une indépendance vis-à-vis des autres régions. On aurait relancé la concurrence et la compétitivité des entreprises régionales tout en gardant l'unité des deux régions... Mais laissons cela aux politiques !

Éric V., mon compagnon de chambre, a été un très bon ami avec qui j'ai fait les 400 coups. Il était plus jeune que moi de deux ans, mais avait un esprit vif. Nous étions toujours en compétition, en rivalité que ce soit sur le plan scolaire ou dans les jeux de société. Là où il excellait et me supplantait majestueusement, c'était dans les larcins. Nous avions l'ha-bitude de faire des petits coups en douce. Il nous arrivait très souvent de faire le mur en enjambant le rebord du petit toit qui se trouvait à la hauteur de notre fenêtre. Cette fenêtre donnait sur l'arrière de la maison. Il y avait un arbre proche qui nous permettait de ne pas être vus et par lequel nous pouvions descendre sans trop de difficultés en nous aidant de la corniche du petit toit. Une fois descendus, rien ne pou-vait nous arrêter, rien ne nous empêchait de quitter la demeure durant la nuit.

Le domaine n'était pas entouré de hauts murs comme à l'Abbaye de Soignies. Nous profitions de la nuit pour aller cambrioler la réserve de la cuisine. Nous trouvions toutes les astuces pour pénétrer dans cette enceinte qui au fur et à mesure devenait une forteresse. Les premières fois, nous passions par le réfectoire et par le monte-charge pour en-suite, lorsque les éducateurs avaient mis des cadenas, passer par les fenêtres de la cuisine. Nous enlevions le mastic pour retirer le carreau sans le casser et ouvrir la porte de l'inté-rieur. Nous aimions prendre les desserts et les pâtisseries.

Peu de temps après, les éducateurs avaient mis des bar-reaux devant les fenêtres. Nous nous trouvions devant une forteresse presque infranchissable, mais pas imprenable, car il nous arrivait de démonter les barreaux pour entrer dans ce donjon culinaire. Peu à peu, nous nous résignions à franchir le pas du cambriolage, car cela devenait trop périlleux. De plus en plus de personnes faisaient le même manège et la réserve diminuait en quantité alimentaire au point où cela devenait inquiétant pour nos repas quotidiens.

Une petite anecdote me revient à l'esprit. Un soir, Éric et moi avions pris une boite d'une vingtaine de cakes au beurre que nous avions cachés en dessous de notre lit. Chaque jour, en revenant de l'école nous avions pris l'habitude d'en man-ger un bout. À l'époque, j'avais acheté le dernier 33 tours de Léo Ferré : « La violence et l'ennui » et je le mettais chaque fois quand je revenais de l'école tout en mangeant un morceau de cake. Bien des années plus tard, j'ai décidé de réécouter cette chanson sur ma platine. Eh bien ! Il y avait comme quelque chose qui me manquait. C'est après quelques moments que je me suis rendu compte qu'il s'agissait du goût des cakes au beurre. Mon esprit en avait fait l'association. J'étais conditionné à ce mélange.

Éric V. était donc un spécialiste du vol. Rien ne l'arrêtait, car il était d'une précision incroyable. Quand il volait, il n'avait pas peur de se faire prendre. Il était comme dans une autre dimension. J'ai compris par la suite pourquoi il arrivait à faire des choses que le commun des mortels n'aurait pas pu faire, il était schizophrène. Je l'ai su par la suite quand je l'ai revu vers l'âge de 50 ans. Éric V. souffrait déjà de cette maladie, mais elle n'était pas encore visible. Il y avait bien des symptômes, mais nous n'y prêtions pas attention. Il avait une apparence très hautaine et donnait cette impression d'être au-dessus de tout le monde alors qu'en fait il souffrait déjà d'un problème mental.

Cela ne m'a pas empêché de passer de très bons moments avec lui à la Chapelle de Bourgogne. Chaque fois qu'il commettait un larcin, il me donnait toujours ce qu'il avait volé parce qu'il avait une frousse bleue de Paul. C'était un paradoxe chez lui, il n'avait peur de rien, sinon de Paul. Il avait l'impression qu'il pouvait voir dans son esprit et dans ses poches au point qu'il transpirait à sa vue. Je l'aidais donc en prenant ces biens volés et les lui restituais une fois le moment fatidique passé. Paul avait l'art de mettre Éric mal à l'aise. Il lui parlait d'un ton très autoritaire et le fixait toujours droit dans les yeux. Et d'un mouvement de la main brusque en avant, en pointant son index dans sa direction, demandait à Éric : « D'où viens-tu ? » avec un ton accusateur. Paul était assez imposant et Éric se sentait menacé. En ce qui me concerne, je n'avais pas peur de Paul, tout du contraire, je savais que c'était du show, mais je le respectais, je l'admirais même. Il était devenu pour moi un idéal.

À ce jour, Éric V. souffre de schizophrénie, car il entend des voix en allemand dans sa tête qui l'insultent et le poussent à faire des choses contraires à sa volonté. Je me suis posé la question de savoir si ce problème ne venait pas de sa relation chaotique avec Paul et de sa petite enfance. Ses parents lui ont toujours caché que le mari de sa mère n'était pas son père. Il vivait depuis des années en conflit avec sa famille et c'est sa grande sœur qui lui a révélé ce secret de famille à ses 16 ans. Il devait le sentir en lui, mais ne savait pas pourquoi il vivait cette révolte.

Je me pose la question de cette particularité de la langue qu'il entend dans sa tête : « l'allemand » et je ne peux m'empêcher de faire le rapprochement avec Lacan, psychiatre de renom et qui donne un sens au mot. On peut comprendre un message phonétiquement, et donner une autre définition que celle donnée au premier abord. Lacan avait remarqué auprès de psychotiques que les mots répétés étaient un message du psychisme et qu'il fallait les décoder. Un enfant disait toujours : « persévère ». Ce qui voulait dire : « Mon père est sévère ». Le sens une fois compris, une thérapie peut délivrer le psychisme d'un complexe et permettre à l'esprit de retrouver sa sérénité. Éric dit entendre des voix en « allemand » qui pourrait se traduire par « tout le monde ment », Alle (tous) mand (ment). De plus le nom de famille de Paul est une composante de deux mots flamands de consonance allemande : Wittebols !

Le temps passant avec plus ou moins de tranquillité, je me sentais bien à la Chapelle de Bourgogne. Je m'y épanouissais. Mes relations étaient bonnes. Je donnais toutefois une impression erronée de tout savoir alors que je ne connaissais rien ou presque rien. Je jouais avec ce semblant d'apparence pour me faire une notoriété auprès des autres enfants de la Chapelle.

Je rentrais quelques fois les week-ends chez ma mère et je voyais Christiane très régulièrement, car elle avait été émancipée par la justice qui ne savait plus quoi en faire.

Souvent quand un adolescent pose problème et qu'aucune solution ne semble porter ses fruits, la justice préfère alors l'émanciper et remettre entre les mains des parents la charge de ce qu'elle n'a pas pu accomplir : l'éducation. C'est un paradoxe courant de l' « Aide à la jeunesse » que de rejeter l'enfant devenu difficile à cause d'une mauvaise compréhension du corps éducatif de ce qu'est la séparation affective.

En ce qui concerne ma famille, Christiane, Éric et Daniel, tous les trois, ont été émancipés à l'âge de 16 ans et livrés à eux-mêmes. Christiane est retournée chez notre mère tandis qu'Éric et Daniel ont été dans un foyer religieux. Certains prêtres accueillaient librement des mineurs en leur sein pour les guider dans la vie. Ce fut le cas donc pour Daniel et pour Éric.

C'est à cette période que j'ai commis un acte impardonnable et qui me poursuit encore aujourd'hui. Je m'explique. Je rentrais régulièrement chez ma mère, mais j'avais peu de contacts avec elle. Nous ne nous parlions pas. Nous partions presque tout le week-end à Anvers pour contenter les désirs de Christiane qui aimait danser et s'amuser dans les boites de nuit. Je revenais à la Chapelle de Bourgogne fatigué. Nous partions le vendredi soir à Anvers pour revenir au petit matin du dimanche. Nous revenions par le premier train du matin en direction de Bruxelles. Je dormais très souvent sur les chaises des dancings devant un Coca-Cola que je ne devais pas terminer sous peine de me faire enguirlander par ma mère. Nous n'avions pas beaucoup de sous et les boissons coûtaient cher. Je rentrais donc fatigué le dimanche soir à la Chapelle de Bourgogne au point que les éducateurs avaient remarqué cela. Ma scolarité en prenait un coup. J'avais peine à suivre en classe tellement la fatigue me gagnait. Un éducateur m'a alors demandé ce que je faisais le week-end quand j'allais chez ma mère et je lui dis que nous partions tous les week-ends à Anvers pour que Christiane puisse danser. Peu de temps après, ma mère a été convoquée à la Chapelle et elle a dû s'expliquer. L'équipe éducative a demandé que je ne rentre plus pour un temps à la maison, histoire de récupérer mes mauvaises notes et de laisser ma mère réfléchir sur son attitude à mon égard. Elle est partie fâchée. Je n'ai même pas pu lui dire au revoir, car elle m'en voulait de l'avoir dénoncée auprès des éducateurs.

Peu de temps après, ma mère proposa de passer mes week-ends chez ma grand-mère maternelle qui habitait justement à Anvers. Je suis donc retourné le week-end, mais cela n'a pas duré. Christiane était avec moi chez la grand-mère qui habitait au sous-sol d'un grand immeuble dont elle était la concierge. Elle parlait très peu et sa relation était très ambiguë. Elle donnait de l'argent si on était sage.

C'est peut-être de là que me vient cette terrible ambiguïté avec l'argent. Je l'associe toujours comme récompense affective et non comme simple moyen de paiement. Je suis toujours mal à l'aise quand on me donne de l'argent ou quand j'en gagne.

Ma grand-mère n'avait qu'une seule chambre. Christiane et moi dormions ensemble dans un grand lit. Un soir alors que nous commencions à dormir, j'ai tenté de toucher ma sœur pour la caresser comme je l'aurais fait avec une petite amie. Nous étions tous les deux dans le même lit et la situation s'y prêtait. Je ne sais pas pourquoi, mais j'avais de terribles pulsions sexuelles et voir ma sœur en petite culotte, seins nus, m'avait fortement ébranlé. Dès que nous nous étions mis au lit, je cherchai à la séduire par des gestes doux. Elle était couchée sur le côté, la tête dans la direction opposée. Elle ne dit mot ni ne consentit. Manifestement, elle ne désirait pas répondre à mes attentes. J'ai vite compris que ce désir n'était pas réciproque et j'ai donc arrêté mes avances. Je me suis endormi très rapidement par la suite et au petit matin tout se passa comme si de rien n'était. Christiane demanda à dormir sur le canapé la nuit suivante et la grand-mère fit une allusion à ce qui s'était passé la veille au soir, mais sans vraiment rentrer dans les détails. Je n'ai pas relevé la chose, mais je soupçonnais Christiane d'en avoir parlé à la grand-mère.

Par la suite, la grand-mère ne me mettait plus avec Christiane dans le même lit. Nous n'avons jamais reparlé de ce qui s'était passé ce soir-là. J'ai, par contre, gardé en moi une sorte de honte et je soupçonne mes problèmes d'allergie d'en être la conséquence profonde. Je porte le masque de la honte que les dermatologues appellent le masque de la colère tellement mon visage devient rouge, rempli de petits boutons. Cela m'arrive une à deux fois par mois et il me faut une bonne semaine pour m'en débarrasser. Je me rappelle ce moment à chaque fois que j'ai une éruption sur le visage. Je n'ai jamais dit mot à qui que ce soit, mais je l'écris parce que je ne veux pas cacher ce que j'ai été et qui je suis devenu par la suite, cela par honnêteté pour le lecteur. Je regrette pourtant amèrement ce moment et le pire c'est que je ne peux même pas en parler à la personne concernée, car elle est morte il y a quelques années d'une cirrhose. Christiane me manque terriblement. Combien j'aurais voulu en parler avec elle et m'excuser des gestes irrespectueux de ce fameux soir.

Le temps passant, je vivais un complexe d'infériorité assez fort. Cela se ressentait dans mes études, car elles furent chaotiques. J'avais atteint l'âge de 16 ans alors que je n'étais qu'en 2ème rénovée. C'est vers cette période que j'ai rencontré Kristel.

© Fh. 2012   « Chapelle de Bourgogne,
maison du groupe des Moyens et des Grands »

Kristel,

'La rose sauvage'

C'est suite à mon échec scolaire que j'ai rencontré Kristel. Elle était en première alors que moi j'étais en deuxième rénovée. Comme je venais de redoubler, je me retrouvais avec les élèves de première en seconde.

Kristel avait 14 ans quand je l'ai connue, moi 16. Elle était dans ma classe. Je la trouvais différente des autres, plus mature, plus réfléchie. Elle était emblématique à mes yeux. Je la voyais comme une femme, mais elle vivait une adolescence très perturbée. Ses parents étaient sur le point de se séparer, l'ambiance dans sa maison n'était pas facile à vivre. Cela se ressentait aux cours. Elle aimait chahuter, mais intelligemment. Elle suivait et attisait les chahuts de la classe. J'essayais d'attirer son attention par des manifestations qui lui étaient agréables. Je lui lançais des mots avec des textes de Léo Ferré. Elle appréciait mon attention à son égard et très vite nous sommes devenus des complices. Toutefois, elle aimait jouer avec mes nouveaux sentiments.

Combien ai-je souffert entre ses mains de perversité affective ? Tantôt, elle m'aimait, tantôt je ne l'intéressais plus. Elle m'ignorait comme si je n'existais plus. Tourment, tourment voilà mon premier amour d'adolescent. Je cherchais à la croiser en dehors des cours et m'immisçais tant que je le pouvais dans sa vie. J'ai petit à petit réussi. Je m'intéressais à elle et cela elle le voyait, le sentait. J'aimais cette fille d'un amour tellement intense que ma vie n'était plus qu'elle et moi. Tout le reste passait au deuxième plan. Je vivais, respirais, pensais rien que pour elle. Je fus heureux tout en étant torturé par cet amour tumultueux et platonique.

Mes pulsions naissantes et mes désirs intenses ont fait de moi un homme, certes différent des autres, car je ne vivais pas mes amours comme tout le monde semblait les vivre.

Mais je me suis forgé une vision de la femme à travers elle et somme toute au travers de ma mère, si on accepte les théories psychologiques de Freud sur le transfert.

Kristel était une jeune femme complexe par sa nature et par ses émotions instables. Elle avait besoin d'être rassurée et protégée, tout en souhaitant vivre sa vie de manière autonome selon ses pulsions intérieures. Elle recherchait certainement une tranquillité d'amour qu'elle ne trouvait pas dans sa famille. Elle aimait un homme qui était en prison. Un jeune de 21 ans qui vivait très mal sa vie d'adulte. Peu après, j'ai compris qu'elle vivait une histoire d'amour tumultueuse avec cet homme. Elle m'en parlait et voyait en moi un confident plutôt qu'un amant. Elle m'appréciait beaucoup malgré mes attentes amoureuses qui devaient l'exaspérer. Je jalousais sa relation avec cet homme. Il s'appelait Jean. Je l'ai su quelque temps après notre rencontre lorsque j'ai lu une lettre qu'elle avait laissée dans son sac à moitié ouvert. Je l'ai prise et l'ai lue sans qu'elle le sache. Mais je crois qu'elle l'avait fait exprès pour que je puisse la lire. Elle semblait fortement troublée et perdue. Elle ne savait pas comment être vis-à-vis de moi.

Ces appels d'amour tortueux la faisaient fortement souffrir. Elle ne savait pas comment vivre cet amour avec Jean et ma relation avec elle. Elle se promettait de l'attendre à sa sortie de prison. Il semblait sans famille et perdu. Elle était attirée par lui peut-être parce qu'il représentait cet état dans lequel elle se retrouvait : une situation instable dans une famille déchirée.

Le papa de Kristel travaillait comme courtier en assurance et sa maman comme employée dans une grosse entreprise de Bruxelles. La situation faisait qu'elle, son petit frère Vincent et sa grande sœur Muriel se trouvaient livrés à eux-mêmes.

J'allais souvent chez elle, mais l'ambiance était vraiment catastrophique. Sa grande sœur se droguait, ses parents étaient en rupture et le foyer déserté par l'autorité. J'assistais quelquefois à des regroupements de jeunes qui venaient chanter et fumer dans la chambre de Muriel, sa grande sœur qui avait 18 ans. J'aimais bien l'ambiance. Nous étions tous les bienvenus. Il suffisait de s'asseoir par terre dans la chambre et d'écouter la personne qui jouait de la guitare tout en se passant le joint. Bonne ambiance, très décontractée et d'une simplicité déconcertante. J'étais étonné qu'on me passe le joint. Nous étions assis en rond et de façon toute naturelle on me le passait. Comme je ne fumais pas, je me contentais tout naturellement de le passer à mon tour à celui qui me suivait, sans y toucher.

La chambre de Kristel se trouvait entre deux étages. C'était une pièce en retrait, juste assez grande pour y mettre un lit et une garde-robe. La place était petite, mais bien agencée. Kristel n'était pas ordonnée et sa chambre reflétait bien son état d'âme. Il y avait sur les murs des posters de groupes de rock. Elle aimait également beaucoup Dire Straits, Police, Supertramp, Genesis et Vangelis. Elle m'a fait découvrir ces groupes. J'aimais particulièrement Vangelis, car la musique était planante et bourrée d'effets sonores. J'affectionnais particulièrement les arrangements de Vangelis avec John Anderson comme chanteur.

Elle connaissait, grâce à sa grande sœur, des personnes qui avaient créé un groupe de musique qui ressemblait au groupe Genesis. Je l'accompagnais souvent lorsqu'elle allait dans le studio. Il y avait un chanteur qui avait la même voix que Phil Collins. C'était un plaisir incommensurable de les entendre jouer et chanter. Le studio était très complet. Il y avait des enregistreurs 16 pistes et tous les instruments nécessaires pour créer un groupe de rock. Je ne sais pas par la suite si ce groupe a continué d'exister.

J'ai retrouvé quelques écrits que j'ai griffonnés sur des feuilles volantes à l'époque et qui sont le révélateur de cet amour tortueux. En voici un :

« *Le souvenir damné. (Poésie arythmique sous fond musical)*

Kristel ? Un souvenir de l'enfant conquis...

Tu sais ? Un voilier ramé de faiblesses...

Eh... EH ! Un amour banni de romance.

Kristel ? Un jeu complexe via ta détresse...

se terminait toujours par un avortement.

Tu pissais la femme au bout de tes seins,

Tu fumais la "mari" pour de beaux types.

"Enfant ne regarde point la femme de demain" (chant doux en seconde voix de fond)

Tu parlais de ton monde comme le seul.

Tu frimais le bonheur dans ta solitude.

Kristel ? Une âme plantée d'un drapeau sang.

Tu sais ? Une soumission au régime fort.

Ah ah! Un syndicalisme acheté.

Kristel ? L'amour est un partage offert.

Le corps ne se vend pas au plus offrant.

Tu chantais la romance par ton charme,

"Enfant ne regarde point la femme de demain" (chant doux en seconde voix de fond)

Tu prenais mon sentiment pour linceul...

Je t'aimais, tu sais, je t'aimais... malgré nos différences. »

Combien, je me rappelle de ses rédactions qui m'ont tenu éveillé en ces nuits d'adolescence. Voici quelques pensées écrites par ma main et ensevelies dans mon passé, retrouvées dans le fond d'un tiroir oublié par le temps et qui rejaillit dans ce présent :

« Je pensais à toi, Kristel, au jour émerveillé où nos lèvres se seraient rencontrées, au jour où nos cœurs se seraient sacrifiés à l'amour. Je me serais caché pour mieux te regarder. Je garde au fond de moi l'espoir d'un matin où tu viendrais frapper à ma porte. Il y a dans un coin de mon cœur une place qui souffre de solitude et qui par le temps s'emporte.

Je pense à toi Kristel ! Combien je me rappelle de ces rendez-vous passés chez toi et de ces amours enfouis, noyés dans mon for intérieur. J'étais ton alcôve entre tes déchirures. Te rappelles-tu de la détresse qui t'a menée ? Tu étais un sursis échappé de la réalité en ces temps de pourriture. Chez toi, une fumée morose d'herbe séchée maintenait l'équilibre du désespoir.

Où sont-ils mes 17 ans ? Que fais-tu maintenant ?

Et moi la guitare à la main, je jouais cette romance d'un espoir retrouvé...

Nos plaisirs se fondaient en un mensonge. L'odeur m'exaltait..., les rues se "désasphaltaient". Nous étions l'un contre l'autre dans un coin de ta chambre. Ta guitare, Kristel, éclairée par la venelle, reflétait une lueur en notre tanière. Nous étions nus et tu te tortillais de plaisir... et moi, je te caressais les seins à peine éveillés. Ta blessure naissante, ce fleuve décadent, laissait au drap blanc la saveur de ta jouissance. Blotti en ton corps, je me suis assoupi, mais sans grand remords, car je me réveillais de mon rêve. Je voulais être ton doigt, pour la rime du soir quand dans cette pénombre, tu cherchais l'espoir (d'un avenir meilleur) ... »

Il faut dire que dans une ambiance amoureuse aussi tumultueuse que celle-ci, ma scolarité en a pris un bon coup ! Cela ne m'a pas empêché de rencontrer Carine lors d'une soirée d'anniversaire entre jeunes de l'école de Berkendael. J'avais été invité à une boum en l'honneur d'une camarade de classe. C'est à cette soirée que j'ai rencontré Carine. Je l'avais invitée à danser un slow. Nous nous sommes approchés et embrassés. Après nous avons dansé toute la soirée dans les bras l'un de l'autre sans vraiment nous soucier des autres. Nous étions attirés comme deux aimants.

Je voyais Carine très régulièrement après les cours, car elle habitait près de la Chapelle de Bourgogne. Elle n'avait pas cette aura qu'avait Kristel. Elle était sensible, mais sans problèmes affectifs. Elle était en quelque sorte une fille sans histoire, tout ce qui était de plus normal. Nous profitions de ces moments d'intimité pour nous approcher l'un de l'autre corporellement. Nous nous retrouvions dans un petit champ abandonné, proche de chez elle. Elle profitait d'aller faire des courses pour me donner rendez-vous en cachette de ses parents. Carine était douce et sensible. Elle ne parlait pas trop et moi non plus d'ailleurs. Nous aimions être ensemble. Comme si le temps était notre force et notre ennemi pourtant.

Nous étions raisonnables l'un envers l'autre. Je pouvais quelques fois caresser ses seins à peine éveillés et jouir d'un moment très agréable. Elle aimait cela et m'invitait à le refaire quand le moment propice se présentait.

Cette relation tranquillisait Kristel qui avait appris mon aventure amoureuse avec Carine. Elle était dans une école proche de la mienne et nous nous retrouvions à la sortie de mon école. Kristel semblait contente et triste en même temps. Il y avait comme un mélange de deux sentiments en elle que je ressentais dans ses propos et son attitude envers moi. Elle me reprochait de ne plus être auprès d'elle comme avant. Elle sentait certainement un éloignement affectif et un détournement de mon attention à son égard. Mon cœur était pris et elle pensait perdre une amitié dont elle avait tant besoin. Je me sentais un peu libéré de son emprise, mais pas de mon attachement envers elle. Je l'aimais trop profondément.

Carine et moi, nous nous sommes séparés vers la fin de l'année scolaire. Je pense que ses copines ne trouvaient pas en moi un parti intéressant pour elle. Au retour des vacances, nous ne nous sommes plus vus. Je ne me rappelle plus vraiment la fin de notre histoire. Je l'ai revue une fois dans la rue, métamorphosée en punk avec ses cheveux teintés en couleurs vives. Elle était vêtue de vêtements en cuir noir, de chaines attachées et ses vêtements étaient bariolés d'inscriptions et de têtes de mort. Elle était entourée de plusieurs personnes habillées comme elle. Elle commençait certainement sa période de révolte liée à l'adolescence.

J'ai malgré tout réussi de justesse ma deuxième année secondaire grâce à un éducateur qui était professeur de mathématiques dans son Vietnam natal, Il se nommait Le Hung.

Le Hung était un éducateur hors du commun que j'ai eu la chance de rencontrer grâce à ma condition d'enfant placé. Il avait dû quitter son pays d'urgence à cause du changement de régime politique. Il était très respecté dans son pays et occupait un poste de haut rang dans l'ancien régime. Il avait fait plusieurs fois de la prison parce qu'il contestait ouvertement le nouveau régime, mais pour ne plus mettre sa famille en péril, il avait fui en laissant derrière lui fortune et amis. Il avait d'abord été en France pour ensuite immigrer en Belgique. Comme il n'avait plus beaucoup d'argent, il avait travaillé comme éducateur à la Chapelle de Bourgogne. Il était assez sévère et montait vite sur ses grands chevaux. Nous aimions le mettre en colère. Il souffrait beaucoup du mal du pays et était quelquefois nostalgique. Nous en parlions souvent quand on écoutait « la Nostalgie » de Léo Ferré. C'est une poésie très prenante par sa composition orchestrale et le timbre de voix qui caractérise Léo Ferré.

C'est grâce à la persévérance de Le Hung que j'ai réussi ma deuxième année scolaire. Il venait me chercher chaque soir pour que je fasse mes devoirs. Souvent j'essayais de me débiner, mais rien à faire : il était tenace et avait raison de moi. Dans son pays, il donnait des cours de mathématiques à l'université. Il avait un tel niveau de connaissances que c'était vraiment une exception d'avoir un éducateur de cette trempe. Je le reconnaissais humblement et suivais ses recommandations pour rattraper mes lacunes scolaires.

C'est en bonne partie grâce à lui que je suis devenu ce que je suis maintenant. Je lui en suis très reconnaissant. Il avait une famille de trois enfants qui étaient plus petits que moi. Sa femme nous invitait souvent les week-ends et nous préparait des plats vietnamiens qui étaient un délice en comparaison de ce que nous mangions au home.

Je l'ai revu dernièrement, et il n'a pas changé malgré ses 82 ans. Ses enfants sont tous devenus des personnalités en Belgique et au Canada. Ça été un privilège de le rencontrer et j'en remercie la Providence.

© Fh. 2015 « Le Hung »

J'accompagnais donc Kristel dans son élan de réussite malgré ses déboires familiaux et sentimentaux en troisième humanité (lycée). Nous étions accrochés l'un à l'autre, mais en toute amitié !

L'année suivante, nous passions la plupart de notre temps ensemble quand nous étions à l'école. Nous séchions souvent les cours de géographie et d'histoire pour passer le reste de la journée au café du coin ou chez elle. Nous jouions au billard avec quelques amis de Kristel. Certains venaient d'une autre école. La plupart étaient en rupture scolaire et familiale. L'ambiance était très agréable, mais des fois, je devais certainement lui peser.

Un jour un de ses amis est venu me voir pour me dissuader de l'aimer et de la suivre. Je ne l'avais pas compris sur le moment même. Il me parlait d'elle comme d'une personne pas jolie. Elle avait les fesses plates, me disait-il d'elle. Ce n'est pas cela qui m'empêcherait de l'aimer, de toute façon... Mais j'ai compris par après que certainement je devais être lourd avec elle. Je me souviens d'une discussion où nous parlions de l'amitié entre filles et garçons. Je lui disais que l'amitié n'est pas possible entre nous, car les sentiments étaient forts. Il me semblait impossible d'aimer sans toucher, respirer et sentir son corps en moi. Pour les filles peut-être que cela était possible, mais pas pour moi en tout cas.

Souvent, j'entends ce discours de personnes du sexe féminin qui prônent ce genre de relation purement sexuelle sans affection, mais je reste persuadé encore à ce jour du mauvais choix que cela occasionne dans une union durable. Pourquoi empêcher la fusion de ces deux amours, l'amitié et le sexe ? Par peur de perdre un ami ? C'est plus facile de perdre une relation purement physique qu'une relation affective. Risquer de perdre les deux en une fois, peut laisser une amertume plus profonde, j'en conviens mais rien ne devrait empêcher cette union sous prétexte qu'un jour on pourrait perdre et un(e) ami(e) et un(e) amant.

Kristel m'aimait beaucoup comme un ami, un confident, une bouée de secours affective, mais je ne comprenais pas ça. Nos relations se sont terminées naturellement par la force des choses quand nos deux chemins se sont séparés. Ses parents se sont quittés. Kristel est restée avec sa maman, sa grande sœur et son petit frère. Ils sont partis vivre vers Tournai. Ils avaient une maison de campagne. Certainement qu'à cause du divorce, la maison de Bruxelles, rue du Portugal à Ixelles, devait être vendue.

J'ai donc raté ma troisième année secondaire, Kristel heureusement pas ! Nous nous échangions des lettres. Kristel vivait dans un pensionnat pour filles et moi j'avais pris la décision, vu mon âge, de passer un examen d'entrée dans une école à Bruxelles qui formait de futurs assistants sociaux. Cette école se situait au 111, rue de la Poste. L'examen d'entrée consistait en plusieurs interviews et un contrôle pour connaître notre niveau scolaire et notre degré de maturité. J'avais été appuyé par Françoise de L., la femme de Paul, assistante sociale de la Chapelle qui avait suivi sa formation dans cette école peu d'années auparavant. Elle m'avait soutenu moralement pour réussir ce défi qui sera un tournant important dans ma vie.

© Fh. 2010« Vue avant: bâtiment principal de la Chapelle de Bourgogne »

© Fh.2010 «Vue arrière: bâtiment principal de la Chapelle de Bourgogne»

Je préparais cet examen d'entrée lors de nos vacances en Autriche en août 1980. La Chapelle de Bourgogne avait pour la première fois franchi les frontières. L'Autriche, pays du soleil et des montagnes, de jolies filles et du rhum. Malheureusement, je n'ai pas pu vivre pleinement ces merveilleuses vacances, car je devais préparer cet examen d'entrée et passer mes 5 cours pour réussir ma troisième année en Rénovée (niveau secondaire). Pour cela, un régime strict m'était imposé ; chaque matin, je devais étudier mes cours.

Les après-midis étaient libres, je pouvais donc m'amuser avec mes camarades du pensionnat. Nous aimions trainer dans le village et nous balader dans les montagnes proches de notre petite maison de campagne. Nous devions toujours faire attention à notre comportement, car nous logions dans un petit village pittoresque où notre présence dérangeait les habitudes des habitants. Pas facile de porter cette étiquette d'enfant placé !!! Les habitants se méfiaient de nous. Je garde en mémoire le regard suspicieux des habitants du village à notre égard. Le temps était magnifique ; un soleil radieux dont je ne pouvais pleinement profiter que l'après-midi. Je me souviens que tous mes camarades sont revenus d'Autriche bronzés... pas moi !

J'avais découvert le goût de l'alcool en buvant à petits coups du rhum à 70 degrés. Paul en avait acheté une petite bouteille et il perdit sa voix chaque fois qu'il buvait un chouya de cet élixir. J'insistai pour qu'il m'en fasse goûter un peu pour voir si ce breuvage aurait le même effet sur moi. Il m'en donna alors un soupçon dans le bouchon de la bouteille. J'en restai sans voix tellement c'était fort. J'étais en admiration devant la force de cet alcool qui devait être un bon remède pour éradiquer les microbes qui se logeaient au fond de ma gorge.

Ce n'est que vers mes trente ans que j'ai commencé à apprécier l'alcool fort, mais avec modération. Je suis plutôt attiré par les alcools sucrés comme le porto ou le champagne.

C'était toutefois une très belle expérience d'adolescent que de goûter à ce rhum ! Mon père était un accro à l'alcool, est-ce cela qui a fait que je n'ai pas vraiment apprécié d'en boire plus que de raison ?

Dans ma famille, Christiane, Daniel, Patrick et Eddy ont toujours compensé leurs problèmes relationnels et affectifs par la boisson comme si c'était le remède universel à la misère, le seul moyen d'affronter la complexité de la vie. Christiane en est morte, Daniel en est accro et Patrick se bat pour modérer ses habitudes journalières en semaine, pour se laisser aller à l'ivresse les week-ends. Il s'enfile alors deux bouteilles de whisky du vendredi soir au dimanche soir. La particularité de Patrick c'est qu'il sait tenir l'alcool. Il devient néanmoins très agressif en parole quand il est saoul. Actuellement, il se limite à de l'alcool à moindre teneur en degré.

Eddy est mort il y a peu, le 14 décembre 2009, suite à un cancer de la gorge et des poumons. Il faisait depuis quelques années des tatouages et en avait fait son métier. Il avait une boutique de tatouage à Anderlecht et fréquentait un club de motard. Il aimait beaucoup la moto. Il était surnommé : « le ket ». À chaque fois qu'il vivait une situation difficile dans son couple, il se réfugiait dans la boisson en fuyant son domicile conjugal pour aller rejoindre ses copains du club au bistrot. Il buvait beaucoup et revenait saoul à la maison. Il faisait alors du foin et cassait, ou la porte, ou les carreaux de l'appartement, comme si la boisson lui donnait du courage. Sa femme l'a quitté après plus de dix ans de vie commune pour rejoindre définitivement son amant.

Eddy avait un fils qui s'appelle David. Peu après son divorce, il a revu une ancienne amie d'enfance que ses copains surnommaient « Clitoris ». Il a vécu avec elle quelques temps puis a rencontré une autre personne avec qui il a fini sa vie. Il semblait plus heureux. Je n'ai pas eu beaucoup de contact avec lui malheureusement. Nous n'avions pas beaucoup de points communs. Je n'aimais pas la moto et les bistrots n'étaient pas, non plus, ma tasse de thé. Les ambiances délabrées du café m'ont toujours mis mal à l'aise. Nous n'avions rien de commun si ce n'est notre maman. J'aimais pourtant sa présence quand nous habitions rue Stéphanie à Laeken, au Nord de Bruxelles. Il était mon grand frère.

Nous jouions souvent avec Christiane et lui quand nous étions en week-end à la maison. Il devait nous garder quand notre mère allait travailler. Nous aimions, ma sœur Christiane et moi rivaliser en force physique. Eddy jouait le rôle de l'arbitre et désignait le plus fort. Il encourageait toujours Christiane à me battre. D'ailleurs souvent ma sœur gagnait la bataille. Elle était tellement déterminée à me vaincre qu'elle y mettait de l'ardeur et du cœur et que j'en perdais mes moyens. C'est en quelque sorte cette volonté d'être comme un homme qui permet aux filles de dépasser leurs limites dans l'affrontement avec l'autre sexe. Je n'y mettais pas la même ardeur puisque j'étais ce qu'elle aurait toujours voulu être : un garçon. Une fois, elle avait été tellement loin dans sa force que je me suis rebellé et lui ai collé une droite qui l'avait mise knockout d'un coup. Après cela, on n'a plus jamais joué à ce jeu du plus fort, car Eddy avait compris les risques de ce genre de défis. Lors de son retour du travail, ma mère avait vu l'hématome sur le visage de Christiane et nous avions reçu une remontrance.

Christiane et moi aimions faire les quatre cents coups. Christiane était avide de découvrir et d'essayer ce qui était interdit. Elle allait aux toilettes pour fumer et m'incitait à en faire autant. Elle chipait les cigarettes de notre père, des Bastos bleues sans filtres et nous les fumions dans l'antre de notre intimité, à l'entrée du jardin. Nous aimions également aller au fond du jardin pour voir passer les trains. Nous pouvions gravir le mur et sortir plus loin par un jardin voisin qui n'était pas clôturé et qui donnait accès à la rue. Ainsi, nous pouvions nous balader, aller au cinéma de quartier lorsque notre mère nous enfermait et qu'Eddy n'était pas là pour nous garder.

Ce sont les seuls souvenirs que j'ai de mon grand frère. Le reste du temps Eddy était absent et vivait sa petite vie séparée de nous. Il avait un groupe de copains qu'il a toujours connu jusqu'à sa mort. Il était fidèle dans ses amitiés.

C'est seulement à sa mort que j'ai compris qui était vraiment mon frère Eddy : un tendre, une âme sensible et perdue, aux moyens d'expression verbale très limités. Je croyais qu'il était indifférent à mon égard, car il était toujours distant quand nous étions réunis avec mes autres frères. Il s'exprimait au travers de ses créations artistiques sur la peau des paumés en sculptant des tatouages. Il en est mort.

Je ressens encore à ce jour une profonde amertume de ne pas l'avoir vraiment compris et connu. Je crois que notre relation fraternelle s'est terminée à la mort de Christiane, comme si Christiane était notre lien de parenté. Nous étions devenus comme étrangers l'un pour l'autre. Pas facile de réunir deux personnes si différentes avec des chemins radicalement opposés.

Je suis et reste l'intellectuel de la famille comme une honte ou une bête de cirque. Pas facile non plus de tenir ce rôle de sauveur, de celui qui sort les autres de leurs problèmes administratifs et d'être le ciment des relations affectives de la famille. J'ai toujours été celui qu'on appelle à la rescousse quand rien ne va plus, celui qui réunit l'inconciliable. J'ai toujours tenu ce rôle avec mes frères et ma mère. J'ai toujours tenté de justifier la position de ma mère dans notre abandon maternel, mais il est vain de combattre contre la force du vent contraire. Je l'ai seulement compris vers mes quarante ans. J'ai alors abandonné cette lutte épuisante et vaine.

Je n'ai même plus de nouvelles de ma mère depuis maintenant 10 ans, depuis la naissance de ma première fille Hannah. Je ne cherche plus à la revoir et elle ne fait rien non plus de son côté pour renouer avec nous. Mes frères naturellement avaient compris la futilité de cette relation et s'étaient fait une raison bien avant moi. Depuis, j'ai grandi dans mes attentes et j'ai mis une croix sur mon idéal d'enfant. J'ai accroché au poteau mes espérances de gamin et construit avec mes enfants et ma femme une véritable famille, soudée et axée sur l'expression et les échanges relationnels et émotionnels.

Je garde de très bons contacts avec mes frères Édouard et Patrick. Daniel est SDF depuis quelques années et a perdu son identité administrative et affective. Je l'aide pour sa reconnaissance administrative, mais il semble ne pas vouloir ou ne pas accepter l'aide apportée dans son relationnel. Il fuit et se retranche dans l'alcool quand il est confronté à ses sentiments. Il n'arrive pas à maîtriser ce flux d'émotions en lui. Il ressemble fort à Eddy, mais avec des moyens en moins. Il n'a pas de particularités ou du moins ne les a pas trouvées en lui. Il est très intelligent, mais n'arrive pas à exploiter cette ressource pour s'en sortir. Il ressemble à un poussin qui n'arrive pas à casser sa coquille pour respirer et vivre sa propre vie.

Porter le nom d'un père qui n'est pas le sien a certainement dû nuire à son équilibre émotionnel. Une vie instable depuis sa toute petite enfance y contribua également. Il a été balloté d'un lieu à l'autre dès sa plus petite enfance ce qui n'a pas été le cas de Patrick et d'Édouard qui ont vécu ensemble au même endroit qu'est la Chataigneraie, petite structure familiale de 20 enfants située à « La Hulpe », près de Bruxelles en territoire francophone. Éric et Daniel ont souvent déménagé, mais isolés l'un de l'autre.

Est-il possible qu'une stabilité structurelle dans la petite enfance soit un atout de réussite, même si l'institution n'est pas la meilleure ? Avec le recul, je le pense vraiment.

Image sur la vie qui a caressé mon esprit cette nuit : « une clé qu'on reçoit et qui ouvre une porte étroite qui donne sur un couloir sombre et étroit. Au fond une lueur, mais lointaine. Sur le chemin, plusieurs rencontres avec des personnages qui t'aident à poursuivre ta route vers cette lueur d'espoir. Des moments de désespoir t'invitent à rebrousser chemin, mais ces mains t'encouragent à persévérer et à continuer ta route dans la bonne direction. Enfin, tu arrives à la fin de cet étroit chemin pour découvrir une réalité merveilleuse, étincelante et éblouissante de couleurs. »

Une majeure partie de notre vie est comparable à ce chemin sombre, terne et éphémère qui anime la longueur de nos jours. Les amitiés que tu vis ressemblent à ces mains qui te tirent et t'encouragent à continuer malgré l'amertume de la vie présente. L'espérance devient ta clé de voûte et ta force pour persévérer jusqu'au bout. La finalité, c'est parvenir à s'exprimer et jouir pleinement de la vie. N'a-t-on pas en nous le potentiel ? La vie n'offre-t-elle pas de belles choses ? Le *lien entre notre âme et le monde qui nous entoure devient cette expression créatrice que nous partageons l'un envers l'autre par la parole, la peinture, la poésie, la chanson, le cinéma, la danse, l'amour, la religion, la politique, la science, la photographie, l'écrit, etc. Tout cela est la finalité de notre moi : le partage d'émotions ressenties à travers les épreuves de la vie et celles des autres que nous découvrons et croisons pour un temps, à un moment bien précis de notre existence.*

J'avais eu beaucoup de difficultés à me concentrer sur les cours de rattrapage. J'ai d'ailleurs raté les examens de passage et je n'ai pas eu mon diplôme d'étude des moyennes inférieures, équivalent au diplôme national de brevet, 3ème collège en France. Je basais mon espoir sur la réussite de mon examen d'entrée pour pouvoir suivre des cours d'assistant social, rue de la Poste. Ce que je fis en septembre 1980. Je commençais une nouvelle vie.

Comme mon orientation scolaire était prometteuse, les éducateurs ont demandé au Juge Waterscoot de bénéficier d'une insertion en autonomie suivie, ce qu'on appelait à l'époque « la 14bis », pour faire allusion à un article de la loi sur la protection de la jeunesse de 1976.

Daniel Nys m'avait précédé dans cette démarche d'autonomie. A la mort de ses parents, il avait hérité d'une grosse somme d'argent. Son papa étant décédé d'une maladie professionnelle et sa maman s'est suicidé peut après. Daniel avait bénéficié d'une indemnité conséquente. Cet argent avait été mis sur un compte bloqué et géré par un tuteur, compte qui devait être libéré à sa majorité.

Pour aider Daniel, les éducateurs lui avaient suggéré de préparer son insertion dans la société en apprenant à gérer ses biens. Pour cela, il avait ouvert un petit bar dans sa chambre. Daniel avait de grosses difficultés avec la scolarité. Il s'est orienté en dépit de cause dans une formation en maçonnerie qu'il n'a jamais professé. Il avait des difficultés pour compter l'argent. Le bar était un bon moyen de l'aider à gérer. Il achetait des boissons, du café soluble à la petite épicerie du coin. Il avait mis à notre disposition des collations à petits prix. Nous rentrions dans sa chambre comme on entrerait dans un café pour consommer une boisson que nous payions avec notre argent de poche. Les éducateurs étaient aussi des consommateurs. Nous rentrions tous dans le jeu. Malgré ses déboires, il arriva à gérer tant bien que mal ce café improvisé pour la cause.

Peu de temps après Daniel se sentait prêt pour voler de ses propres ailes. Il acheta une petite maison proche de la chapelle, au bas de la rue du Repos à Uccle, à l'intersection avec la chaussée de Saint-Job et l'avenue de Chênaie. Sa maison était à rénover presque dans son entièreté mais Daniel aimait sa nouvelle vie et pour se lancer professionnellement il acheta une fritkot à une famille italienne qui n'habitait pas loin de chez lui. C'était une baraque à frite dans une caravane qu'il avait placé près de sa nouvelle demeure.

Il eu beaucoup de déboire pour gérer sa nouvelle vie et l'argent qu'il avait attirait de mauvaises compagnies.

Il ne comprenait pas qu'il fallait payer ses factures et déclarer ses rentrées à l'état. Du coup, les factures s'amoncelaient dans ses tiroirs au même titre que ses vêtements sales. Paul vint me trouver pour que je puisse l'aider à gérer cela mais c'était en vain car il aurait fallu vivre avec lui pour pouvoir l'orienter sur la bonne voie. J'avais beau lui dire les priorités, aussitôt passé la porte Daniel oublia les instructions et les factures s'amoncelèrent dans ses tiroirs au point où les lettres et les recommandées débordèrent.

En peu de temps, Daniel perdit son commerce, racheté pour une bouché de pain par la famille italienne qui le lui avait vendu auparavant. Cette famille l'avait mal conseillé et avait réussit à faire le vide autour de lui. Daniel ne me faisait plus confiance et rompit les liens qui nous unissaient. Par la suite, il dut vendre sa maison pour payer ses dettes et quitta Bruxelles pour aller travailler à Liège comme éboueur. Il perdit tout en moins d'une année. Daniel s'est néanmoins ressaisi en passant le permis de camion ce qui lui valu un poste de camionneur à la voirie de Liège.

A ce jour, il est devenu brigadier en chef d'une section de la voirie à Liège et a trouvé une stabilité dans sa vie. Il est resté néanmoins célibataire mais il semble être heureux et stable. Grâce à Facebook, nous nous sommes revus bien des années après. Régulièrement nous nous rencontrons et partageons nos souvenirs du passé que Daniel chérit comme une caresse d'une maman qu'il n'a pas eu auprès de lui suffisamment longtemps. Il est à mes yeux celui qui a été le plus raisonnable malgré ses déboires difficiles du début de son insertion dans la vie d'adulte.

En ce qui me concerne, je n'ai pas eu cette chance de démarrer ma vie d'adulte avec une somme d'argent conséquent. J'ai préparé mon insertion dans la vie active avec une éducatrice de mon groupe, Nadine M. Elle était très fière de m'accompagner dans cette nouvelle vie et m'aidait pour trouver un logement adapté aux moyens financiers donnés par l'État. Cette somme devait être de 4000 francs belges, équivalent aujourd'hui à 100 euros. Cela suffisait pour payer un loyer de 2500 francs belges et un abonnement STIB (tramway-bus dans la région Bruxelloise). Il me restait près de 1400 francs belges pour payer les frais de chauffage et d'électricité et pour manger.

J'avais trouvé un petit studio à Schaarbeek, rue de la limite, près de l'école. Mon appartement était situé au premier et donnait sur la rue, par la pièce principale qui me servait de chambre et de salon. La deuxième pièce, qui servait de cuisine, donnait sur une petite cour. Les autres maisons étaient proches. Je n'avais pas beaucoup de lumière naturelle. Je n'avais pas de douche, mais bien un grand évier en pierre émaillée de couleur blanche. Pour me chauffer, j'avais le gaz de ville qui alimentait un convecteur au gaz. Ce convecteur était attaché à la cheminée par une buse au milieu du mur principal de ma chambre. Il y avait tout autour du convecteur du marbre brun moucheté qui servait de décoration. Près de la maison, il y avait un café tenu par des Turcs et souvent, le week-end, il y avait une ambiance bon enfant en soirée. Quelquefois cette ambiance dégénérait en conflits et alors le bruit me réveillait et m'empêchait de dormir et de récupérer de ma journée.

Mais j'ai gardé un bon souvenir de cet endroit malgré quelques événements douloureux qui ont suivi.

© Fh. 2019 « Daniel Nys, 57 ans, revu à Liège le 14-01-2019 »

Chapitre VIII
Patricia,
'La tulipe frivole'

C'est à cet endroit que j'ai connu l'amour avec un grand « A ». J'allais avoir 20 ans quand j'ai rencontré une fille qui se nomme Patricia R. Elle était plus grande que moi, elle devait mesurer 1m70 environ. Elle était aussi plus âgée que moi, puisqu'elle avait 23 ans. Elle était mince de corpulence, une poitrine généreuse et des hanches fines. Sa chevelure brune était coupée court ; elle avait une peau mate et bronzée naturellement. De nationalité belge, son nom avait une consonance juive. Elle n'était pas jolie d'apparence, mais elle avait un visage qui exprimait la sympathie.

Je la connaissais, car elle faisait un stage d'assistante sociale à la Chapelle de Bourgogne. Elle faisait sa dernière année d'étude à la rue de la Poste, école que je ne fréquentais pas encore à cette époque. Elle fit son stage dans le groupe des petits. Je l'avais vue à plusieurs reprises, mais je n'avais pas eu de contact avec elle. Je la connaissais par le biais d'un ami de la Chapelle de Bourgogne, Thierry C., qui la fréquentait assidument. J'ai su par la suite qu'ils étaient sortis ensemble pendant quelques mois. Il faut dire que Thierry était un tombeur de filles. Chaque fois que nous partions dans un camp de vacances, avec la Chapelle de Bourgogne, il dégotait une pin-up de la région. Son seul problème était qu'il en changeait comme de chemises. Je ne comprenais pas ce qui attirait les filles chez lui. Il était sans particularité apparente. Un peu plus grand que moi, il avait une pilosité importante pour son âge, au point que je le jalousais. Ses cheveux tiraient vers le roux et il avait un problème d'acné juvénile comme beaucoup de jeunes de son âge à l'époque.

Thierry avait un succès fou dans les soirées dansantes. Il attendait les slows pour se lancer dans la chasse au plaisir.

Moi timide de nature, je n'osais pas inviter une fille pour danser. Je les regardais de loin avec envie et désir, mais sans oser franchir le pas fatidique de la rencontre avec l'autre sexe. Je ne savais pas danser le slow. J'avais des blocages corporels. J'étais raide comme un piquet. Cela n'arrangeait pas ma timidité et ma relation avec la gent féminine. Lui par contre avait une telle aisance sur la piste que rien ne lui résistait. Les filles en tombaient à ses genoux.

Je lui demandai comment il s'y prenait pour avoir tant de succès avec les filles. Il me répondit qu'il y allait sans passer par quatre chemins et que si une refusait de sortir avec lui, une autre aurait accepté sans problèmes, le temps des vacances. Il était franc dans ses contacts et profitait bien souvent du slow pour appâter les filles. Il les serrait par la taille, ses mains entouraient le corps de sa partenaire et si l'une d'elle se laissait prendre, il n'attendait pas une autre occasion pour l'embrasser. Si elle répondait favorablement, il était heureux et passait le reste de la soirée avec elle. Dans le cas contraire, il passait à une autre proie et rejouait le même scénario jusqu'au moment où l'une d'elles tombait sous son emprise de mâle dominant. Moi j'en étais encore au stade du mal-être. Je n'osais pas vraiment m'approcher. J'épiais d'envie, mais sans oser aborder.

Combien je souffrais de cette frustration de ne pas pouvoir aimer une fille de mon âge. Chaque fois que nous sortions dans les dancings lors de nos camps de vacances je ressentais ce moment de frustration comme une claque à ma petitesse ou à mon manque de pilosité qui distinguait un adolescent d'un homme viril. Je n'étais pas encore suffisamment mature pour entretenir une relation affective avec une fille. J'avais bien rencontré Carine, mais ce n'était pas encore le grand amour. Nous nous complaisions dans une relation affective naissante, mais peu profonde.

Avec le temps j'ai compris que l'attitude de Thierry allait lui jouer des tours. Il faisait une sorte de collection de nationalités et d'âges des filles qu'il conquérait. Je l'ai revu bien plus tard et il était en instance de séparation avec sa compagne. Il subissait les conséquences de ses actes par cette désunion et ses enfants se trouvaient ballotés de l'un à l'autre à cause de cette immaturité affective et relationnelle qui le caractérisait. Il vit aujourd'hui seul et sans avenir apparent et solide. Il semble ne pas avoir évolué dans ses relations avec l'autre sexe.

C'est seulement un peu plus tard que j'ai franchi le pas vers la maturité affective et relationnelle. C'était donc avec Patricia.

Elle habitait rue Gillon, au n°60, proche de l'endroit où j'avais moi-même élu domicile, au 49 rue de la Limite. Je l'avais croisée dans un petit café proche de notre quartier qui avait comme spécialité de proposer toutes les variétés de bières belges. J'aimais fréquenter cet endroit quand des amis de l'institution venaient me rendre visite. Nous passions des soirées entre nous à jouer aux cartes et celui qui perdait payait la tournée.

À me rappeler, c'était des moments forts agréables. Nous en profitions pour goûter des bières que nous ne connaissions pas et quelquefois nous découvrions des parfums et des arômes jusqu'alors inconnus. Certaines bières avaient un taux d'alcool fort ce qui nous rendait ivres, à la limite du raisonnable. Les effets se ressentaient au moment où nous nous levions de table. Tout était bien quand nous restions assis, mais une fois debout, il y avait comme une alchimie qui faisait que l'alcool remontait à la tête et nous enivrait d'un coup. C'était amusant de voir les amis perdre pied et marcher en titubant. Mais il n'y avait rien de méchant, car heureusement nous étions raisonnables et n'abusions pas trop de ces breuvages qui font la fierté de notre pays.

C'est donc à cet endroit que je revis Patricia. Elle n'était pas joyeuse. Elle était souvent mélancolique et triste et, pour passer ses soirées de cafard ou d'autres démons qui l'accablaient, elle buvait dans ce bistrot au point de devenir ivre. Elle devait certainement souffrir d'un problème dont je ne connaissais pas la cause et que l'alcool devait aider à oublier ou à fuir.

Un soir, je décidai d'aller boire un verre dans ce café pour passer ce temps pesant de solitude que j'avais de la peine à maîtriser et à supporter.

Pas facile de vivre seul quand on a toujours été entouré de dizaines d'enfants et d'adultes. Se retrouver seul est une épreuve difficile à passer. Je crois qu'il faut l'avoir vécu pour le comprendre vraiment. C'est comme vivre dans un château et ensuite se retrouver dans un deux-pièces ou comme vivre en montagne et se retrouver en ville. Les espaces ne sont pas les mêmes et la vie émotive est marquée par cet espace qui nous habite, nous les enfants des homes. Se retrouver seul c'est comme nous priver de liberté. Souvent les enfants des homes, une fois adultes, recherchent ce contact en revenant sur les lieux de leur enfance comme par nostalgie d'une vie perdue et que rien ne peut remplacer.

Elle était là assise au comptoir avec Alain, homme à tout faire de la Chapelle de Bourgogne. Il faisait des travaux de rénovation et d'embellissement des lieux, il repeignait les locaux et s'occupait de la propriété. Quelques temps avant mon départ, il avait été renvoyé de la Chapelle pour vol. Cette situation l'avait poussé dans une profonde tristesse. Il souffrait de dépression. Il vivait mal sa rupture de contrat et semblait ne plus reprendre goût à la vie. Il passait la plupart de son temps au café à boire au point d'en être ivre.

Il était là, à côté de Patricia ; il parlait avec elle. Dès que je suis entré, je me suis assis à la droite de Patricia, au comptoir. Alain était près d'elle, mais sur sa gauche. Nous parlions à bâtons rompus de choses sans importance, jusqu'au moment où Patricia commençait à divaguer et Alain aussi. Apparemment, les deux avaient une bonne longueur d'avance en alcool. Je me rendis compte qu'Alain dénigrait fortement Patricia en la traitant de trainée, de moins que rien, et Patricia allait dans son sens en se laissant maltraiter verbalement. Alain usa de ruses comparables au serpent qui tente d'hypnotiser sa proie par des vaines tromperies. Je compris où il voulait en venir, mais je ne comprenais pas pourquoi Patricia acceptait cette humiliation.

Pour ne pas la laisser tomber dans cette relation nuisible et dénigrante, j'avais décidé de l'en sortir et le seul moyen que j'avais trouvé sur le moment était de l'embrasser. Comme elle était proche de moi, cela fut facile et elle se laissa embrasser comme une femme prête à se donner.

Alain prit de court et dépité, voyant sa proie lui filer entre les doigts, partit en titubant et en marmonnant en direction de sa maison. Je lui avais volé sa guenille. Je ne l'ai plus jamais revu.

Patricia semblait contente de cette situation et nous avions convenu de rentrer ensemble chez moi. Je me rappelle de ses paroles après l'avoir embrassée. Elle m'avait dit que je ne savais pas à quoi je m'engageais avec elle en sous-entendant que j'allais certainement souffrir de cette relation. Elle était saoule.

En disant cela, elle n'avait pas si mal prédit la suite des conséquences de mon acte d'abnégation. J'ai souffert par la suite de cet acte et je l'ai regretté. J'aurais dû la laisser partir avec Alain. Ce complexe de souffrances passées que vivait Patricia n'allait certainement pas m'aider pour mon insertion dans la société et dans ma vie d'adulte naissante.

Après être partis du bistrot comme deux tourtereaux, nous avons marché quelque temps l'un contre l'autre dans les rues de notre quartier. L'air frais et la marche paisible dans ces venelles sans âme avaient pris le dessus sur nos premières émotions confuses par l'excès de boissons alcoolisées. Nous continuâmes notre route vers ma modeste demeure.

Une fois rentrés chez moi, nous nous sommes déshabillés. Il était près de minuit. C'était une période d'automne et il faisait froid dans la chambre. Le chauffage n'était pas allumé par souci d'économie. Il fallait un certain temps pour que le chauffage fasse son effet et emplisse la pièce de sa douce chaleur. Nous avions rapidement pris place dans mon lit. Nous nous réchauffions l'un contre l'autre, nous étions corps contre corps.

Je ne lui avais pas dit que c'était la première fois. Elle pensait que j'avais eu des rapports avec d'autres filles avant elle, car ma franchise et mon naturel ne laissaient rien paraître de contraire. J'étais excité par la découverte de son corps, par la chaleur de sa peau, par la douceur de ses seins lourds et tendres à la fois, qui emplissaient mes mains. Tout son corps attendait ce moment ; ce moment de rencontre de deux êtres qui s'aiment et qui s'étreignent l'un l'autre, ce moment vers cette sensation corporelle du non-dit qui pénètre notre for intérieur et qui jaillit de ses entrailles comme un volcan libérant ce magma caché et préparé vers sa destinée.

J'allais enfin goûter à ce désir ultime que tout un monde exalte sans dire mot dans la clameur de la nuit. Je vivais jadis chaque soir cette frustration par le flafla de mes mains sans en connaître pleinement la saveur intense que me procurerait cette chaleur de deux êtres qui s'enlacent et qui s'aiment. J'allais enfin connaître le véritable amour. Mon corps était en ébullition. Le désir était intense et profond.

Patricia semblait sereine et laissait libre cours à mes désirs. Elle était passive, mais je la sentais vibrer et en phase avec son plaisir qui était en chemin et qui allait dominer tout son être au point d'en perdre le contrôle.

Je la caressais, elle aimait ce contact, mais ce que j'aimais le plus c'était cette chaleur qui émanait de nos deux corps enlacés. Je ne pouvais tenir devant une telle pression, un tel désir, une telle puissance intérieure. Naturellement, nos deux corps se sont rejoints. J'étais sur elle et mon pénis cherchait à la pénétrer comme un parcours d'une évidence, une route connue. Pourtant c'est elle qui m'a montré le chemin en prenant ma verge et en le guidant vers la voie. Son antre était humide et chaud.

La pénétration était comme un chemin qui s'ouvre à la vie, une sorte de conduit fermé, mais qui s'écarte dès qu'on y pénètre. Je sentais cette sensation du bien-être sur tout mon pénis. Chaque instant de pénétration était comme un renouvellement du plaisir recherché. C'était une sensation vraiment extraordinaire et d'une intensité jamais égalée et toujours renouvelée. C'était une pénétration d'une force pourtant tranquille en apparence, mais puissante par ce désir tant attendu. Elle était ouverte à moi et mon sexe rencontra le caché, l'interdit, la maturité tant attendue.

Rapidement, j'ai joui contre toute attente. Elle semblait déçue et elle comprit à ce moment-là que c'était ma première fois. Du coup, elle semblait plus attendrie et heureuse de devenir celle qui m'a montré le chemin des plaisirs cachés de la vie. Elle devenait une amante, une complice, une mère par sa tendresse de femme maternant. Nous nous sommes endormis l'un contre l'autre, épuisés, mais heureux.

Le lendemain matin, Patricia devait se lever pour aller travailler, car elle avait un emploi dans une banque du centre-ville de Bruxelles. Nous sommes restés l'un contre l'autre pendant un temps comme deux amoureux. Nous étions exaltés par la vie qui s'ouvrait à nous. Nous avons passé beaucoup de temps dans les bras l'un contre l'autre en extase devant cet amour juvénile.

Nous étions convenus de rester autonomes dans nos relations et que nous déciderions de nous revoir, mais sans s'imposer. Notre relation était claire et respectueuse. Patricia comme moi vivions une relation épanouie et consentante. Souvent nous nous retrouvions chez elle, car son appartement avait plus de confort que le mien. Elle avait un studio plus grand que le mien et une cuisine mieux équipée, avec plus d'ustensiles. Le chauffage était central et permettait une meilleure répartition de la chaleur que mon vieux convecteur au gaz.

Patricia reprenait goût à la vie et ne passait plus ses soirées au bistrot. Elle aimait quand même boire son verre de vin le soir, mais elle était raisonnable dans ses habitudes.

Nous passions très souvent les week-ends ensemble dans son lit sans en sortir ou juste pour manger ou boire, mais le plaisir d'être l'un contre l'autre était fort et nous nous entrelacions à n'en plus finir. Elle aimait comme j'aimais cette fusion de nos deux corps. Je la découvrais et cherchais à lui faire plaisir par des caresses et des pénétrations répétées. Je m'y prenais à plusieurs reprises et nous n'arrêtions pas de jouir l'un avec l'autre. Elle était discrète dans sa jouissance comme moi, mais l'intensité était présente. Nous aimions nous retrouver dans ce gémissement et ce râle qui caractérise le plaisir ultime de deux êtres qui s'aiment.

J'ai compris bien après que Thierry C. avait eu des relations sexuelles avec elle avant moi. Quelquefois Thierry venait la voir sans que je le sache alors que nous étions ensemble. Je n'ai jamais douté de l'amour et de la fidélité de Patricia à mon égard et ma naïveté m'y a aidé. Pourtant, en observant l'attitude de Patricia avec un peu de recul, j'ai compris qu'il y avait quelque chose derrière ces visites souvent répétées. C'est en posant des questions que je réalisai qu'il y avait eu une histoire entre eux deux et que probablement cette histoire n'était pas finie.

Dans ses relations avec l'autre sexe, Thierry était un infidèle et un opportuniste. Il aimait butiner quand cela lui chantait et quand l'envie lui prenait. Il était un homme à femmes comme on dit. Et j'ai rapidement eu des doutes concernant son intégrité envers notre amitié. Patricia semblait rester fidèle, mais de plus en plus de signes auraient dû m'alerter.

Nous avions l'habitude de fréquenter un café populaire de la Grand-Place de Bruxelles situé dans la petite rue des Bouchers. Des guitaristes et d'autres musiciens venaient souvent y jouer spontanément et mettaient une excellente ambiance de musique folk et rock. Nous y avons rencontré des artistes de Belgique, mais aussi de France et d'Angleterre qui étaient de passage dans notre ville. Une fois, nous avions hébergé un groupe de musiciens anglais qui parlaient un peu le français. Ils n'avaient pas où loger et Patricia leur avait proposé de dormir quelques temps chez moi, histoire de ne pas rester dans la rue. J'avais donc offert mon studio pour un temps, car je logeais chez Patricia. Elle m'avait donné un double de ses clés. Mais par respect, je sonnais toujours avant de rentrer pour ne pas m'imposer et lui laisser une autonomie dont elle semblait avoir besoin pour sa vie sociale.

Elle voyait souvent un jeune garçon de 16 ans qui était éperdument amoureux d'elle. Il était comme un gamin qui demandait une aumône affective. Il semblait être amoureux comme un fan est amoureux d'une idole. Cette attitude la rebutait. Elle était respectueuse, mais elle n'aimait pas son manque de maturité et son insistance relationnelle. Je devais par respect pour lui ne pas m'afficher devant lui avec Patricia. Elle voulait que notre relation soit discrète et même secrète.

J'ai compris par la suite qu'elle jouait avec mes sentiments. Elle butinait de fleur en fleur comme une abeille en désir de nectar. Elle m'était infidèle malgré elle. Elle avait des pulsions fortes qui la dominaient. Elle aimait la diversité et la comparaison de plaisirs avec ses différents partenaires. Elle était en proie à la recherche du plaisir et de ses propres pulsions. Elle ne se maitrisait pas et si elle avait bu, elle perdait le peu de moyens qu'elle avait pour contenir en elle ses pulsions sexuelles. Elle était nymphomane.

© Fh. 2015   « L'abeille qui butine de fleur en fleur »

Je ne pourrais dire le nombre de fois où j'ai été cocufié, car j'étais une personne facilement manipulable par naïveté et par manque d'expérience. J'ai tout compris le jour où j'ai vu, chez un des Anglais, une maladie sexuellement transmissible. Il m'en avait fait part et j'avais acheté des produits pour qu'il s'en débarrasse. Il était rempli de morpions ! Quelques jours plus tard, en faisant l'amour à Patricia, j'ai vu sur sa vulve ces fameux morpions. J'ai compris qu'elle m'avait été infidèle. Mais n'ayant pas de certitude, j'ai continué ma relation avec elle jusqu'au jour où elle a rencontré un jeune étudiant belge qui habitait près de chez elle et qu'elle avait connu au bistrot de la Grand-Place.

C'était un homme un peu plus âgé, plus grand en taille, serein et jovial d'apparence. Il excellait à la guitare. Il suivait des cours au conservatoire. Je l'enviais pour cette dextérité musicale. Un soir, alors que la nuit était bien avancée, je décidai de quitter le bistrot, mais Patricia voulut rester et continuer à jouir de l'ambiance. Elle avait beaucoup bu. Je ne voulais pas la laisser de peur qu'il ne lui arrive quelque chose, la nuit. Mais elle ne voulut pas partir avec moi. Nous étions à la limite de la dispute. Elle semblait avoir un but inavouable que je pressentais, mais j'étais impuissant devant sa détermination. Je me doutais que le charme de cet homme agissait sur le désir de Patricia. Elle avait bu et semblait apprécier la compagnie de ce charmeur aux airs d'innocent. Je finis par partir en la laissant là.

C'est le lendemain matin que je décidai d'aller chez elle pour savoir si elle était bien rentrée et m'assurer que rien ne lui était arrivé de fâcheux. Dans mon for intérieur, j'eus de sérieux doutes quant à sa fidélité. Mais je devais affronter la situation et ne pas la fuir. Comme de coutume, je sonnai pour qu'elle m'ouvre la porte, mais rien, personne ne répondit. J'insistai en pensant qu'elle devait dormir ou qu'elle était bien là, présente, mais dans une situation embarrassante. Je décidai d'utiliser la clé pour entrer. Arrivé à la porte de son studio, je toquai pour signaler ma présence. Après un temps d'attente et de silence apparent, j'ouvris la porte avec la deuxième clé. J'entrevis alors Patricia me fixant avec effroi, nue dans son lit, gênée avec à ses côtés le bel homme réveillé qui occupait une place de choix, nu à côté de ma promise.

Tous deux étaient pris sur le fait. Cette situation les a laissés pantois. Ils se demandèrent certainement comment j'allais réagir. Ma réaction a été de demander qui voulait du café comme si de rien n'était. Je me suis empressé de faire le petit déjeuner comme si tout était normal et de dire à Patricia que je lui remettais ses clés et prenais mes affaires.

Une fois le café préparé, je me suis empressé de partir et de fermer la porte sur cette infamie que certaines femmes peuvent faire subir à leurs compagnons. Je suis rentré chez moi avec une tristesse profonde, un dégoût, du regret au goût amer. J'avais l'impression que le monde s'écroulait autour de moi, que rien de pire ne pouvait m'arriver. Ma naïveté de jeune adulte en avait pris un coup !

Je compris plus pleinement ces paroles de Léo Ferré sur la métamorphose de la femme en chienne dans sa chanson « les chiens ».

Peu de temps après, Patricia est revenue à la charge. Elle me savait fragile et blessé dans mon amour. J'acceptai qu'on se revoie et naturellement nous avons recommencé notre relation amoureuse, mais avec plus de distance. Je lui refis l'amour, mais elle joua avec moi comme on joue au chat et à la souris. Elle dominait mes sentiments.

Je me rendis compte par la suite qu'elle aimait jouer le rôle de la femme désirable et désirée et nous faire souffrir d'un amour mal vécu, enfoui lié à son enfance. Mon affect était très profondément meurtri. J'avais le besoin de me confier à une personne proche et en qui j'avais confiance. J'ai téléphoné à Paul Wittebols et rapidement, je suis allé chez lui le cœur lourd et plein d'amertume. Entre le tramway et l'habitation de Paul, il y avait près de 20 minutes de marche. Paul habitait à Rhode-Saint-Genèse. Sur le chemin, je commençai à avoir des hallucinations. Des chevaux voulaient m'écraser. Ma vue était altérée. Je n'allais pas bien du tout. Cette rupture était pour moi difficile à vivre et à porter.

Dès que j'ai vu Paul, j'ai pleuré de toutes les larmes de mon corps à un point que j'en étais humilié et embêté pour Paul. Il comprenait ma situation et en voulait à Patricia qu'il connaissait de la Chapelle. Il savait des choses que je ne savais pas. Elle avait une réputation de femme facile et destructrice pour les jeunes du home. Il ne la portait pas dans son cœur.

Après ça, j'ai pris mes distances avec elle et j'ai amèrement regretté ce geste qui la sauva d'une situation humiliante et dégradante qui l'aurait certainement précipitée dans les bras d'Alain.

Je me suis rappelé cette phrase qu'elle avait murmurée à mon âme le fameux soir de notre rencontre dans le bistrot : « Tu ne sais pas à quoi tu t'engages avec moi ! ».

Notre relation avait duré six mois.

J'ai eu du plaisir et du déplaisir avec elle. L'un étant une merveille de la nature, mais l'autre les conséquences d'une immaturité affective et spirituelle.

Après toutes ces émotions, mes premiers pas dans la vie d'adulte se sont soldés par un échec : ma scolarité en a pris un coup fatal, car j'ai abandonné mes études d'assistant social en pleins examens de fin d'année. Je suis donc retourné à la Chapelle de Bourgogne par la petite porte. Moi qui étais une référence d'espoir pour les autres jeunes et qui servais de modèle... Je suis revenu à la Chapelle de Bourgogne pour repartir presque aussitôt.

J'ai quitté le home quelques semaines après pour aller dans une maison pour jeunes travailleurs qui se situait à Auderghem, près du cimetière. Je ne pus plus rester à la Chapelle de Bourgogne, car je n'étais plus scolarisé. Il me fallait trouver un travail. Je venais d'avoir 20 ans. Il me restait un an pour faire mes preuves pour rentrer dans la vie active, car à l'époque la majorité civile était à 21 ans.

« Le désir »

Le home des jeunes travailleurs,

© Fh. 2010   « Home des jeunes travailleurs d'Auderghem »

Je me retrouvais à l'âge de 20 ans dans un home de garçons. L'endroit n'était pas terrible. La pédagogie, absente ou mal appliquée, faisait que les jeunes glandaient, se croisaient les mains. La seule chose qui fonctionnait, c'était la recherche d'un emploi obligatoire ; la règle était que personne ne puisse rester dans la maison durant la journée. Nous étions mis dehors à glander dans les rues, à ne rien faire et à attendre 16 heures pour rejoindre notre demeure temporaire.

J'ai failli y perdre la vie en me défenestrant. Peu après mon arrivée, je me suis penché par la fenêtre de ma chambre, située au deuxième étage et un élan m'a poussé vers l'extérieur sans que je puisse me maîtriser. Ce n'est que lorsque je suis parti vers le vide que j'ai, par je ne sais quelle force, repris la maîtrise de mon corps pour ensuite me propulser vers l'intérieur. Je ne comprenais pas ce qui s'était passé. Je n'en ai jamais parlé par la suite, car je ne connaissais personne à qui me confier.

Ce que je sais c'est que je souffrais d'une solitude profonde, cette souffrance me domina fortement. Je n'avais aucune ouverture vers l'avenir. La force des choses et ma passion pour la photo m'ont aidé à sortir petit à petit de ce tourbillon, car je vivais rejet sur rejet.

L'issue à ma liberté se profilait si je pouvais garantir un emploi stable. L'assistante sociale m'avait affirmé que si je trouvais un travail, je pourrais quitter le home et m'installer pour de bon dans la société. J'ai donc pris n'importe quoi comme boulot.

Un jour d'été de 1982, pendant les vacances scolaires, un entrepreneur est venu dans le home pour demander de l'aide. Ses ouvriers étaient tous en congés et il avait du travail à proposer. J'ai accepté ce travail qui consistait à trier de vieux pneus de camion et de voiture et à les ranger par marque, qualité et grandeur. Ces pneus étaient destinés à des pays d'Afrique où n'existaient pas de restrictions pour l'usure des pneus. Ce champ de pneus se trouvait à quelques kilomètres d'Auderghem. Il fallait prendre le train tôt le matin en direction de Halle, dans la Région flamande. Je travaillais près de la gare, sur le long de la ligne du chemin de fer. Je prenais avec moi mes tartines et un peu d'eau. Le travail était dur. Les pneus étaient éparpillés sur un terrain vague. Tout était sale et j'étais rempli de cambouis et de traces de caoutchouc. Le poids des pneus était conséquent et demandait une bonne condition physique. Pour se laver les mains, il y avait un grand bidon rempli d'eau de pluie qui était sale à cause du cambouis. Pour pisser, il fallait le faire entre les pneus. Pour le reste, il y avait un bar pas trop loin. Je rentrais au home le soir avec les mêmes vêtements que le matin, une salopette de travail de couleur bleue. Il n'y avait pas de quoi se changer sur place et j'étais noir comme si je sortais d'une mine de charbon.

Ce travail que personne ne voulait faire était pour moi une opportunité de me reprendre en main et de me réinsérer dans la vie active. J'étais très apprécié par le fils du patron. Il m'avait demandé par la suite si je voulais travailler définitivement avec lui. Comme je cherchais par tous les moyens de partir du home, j'acceptai sa proposition.

L'assistante sociale me promit que si je démontrais ma volonté dans le travail, je pourrais quitter le home et m'installer dans un petit appartement le mois qui suivrait mon engagement.

Lorsqu'octobre arriva, étant toujours assidu dans ce boulot, j'ai demandé si je pouvais chercher un appartement à Bruxelles pour y vivre. Mais la directrice, en accord avec l'assistante sociale, avait changé d'avis. Elle m'imposa de travailler six mois de plus avant de quitter le home ! J'allais avoir 21 ans, date limite pour rester dans cette structure institutionnelle. La majorité étant à 21 ans, je ne pouvais de toute façon plus y rester. Je n'acceptai pas ce revirement et je me suis opposé à cette attitude malhonnête. J'ai remis mon contrat et ai refusé de travailler.

Dès qu'ils ont eu vent de mon renom, ils m'ont immédiatement mis dehors sans aucune aide. Ils voulaient faire de moi un exemple fort pour les autres jeunes du foyer. J'étais du coup bon pour affronter la vie en dehors des institutions. Je n'avais pas 21 ans, je ne pouvais émarger de l'assistance publique (CPAS). Toutefois, une indemnité de l'Etat m'avait été accordée de 4500 francs belges (125 euros) comme insertion professionnelle mais sans le suivi qui accompagne l'indemnité.

© Fh. 2015   « Autoportrait – 1982 »

Mon service civil ou service civique,

© Fh. 2015   « 529, bd de Smet de Naeyer 1020 Laeken »

J'ai émargé sur « l'article 14 bis de la Loi de 1976 sur la protection de la jeunesse » pendant six mois pour ensuite dépendre du CPAS de la commune de Laeken.

En ce temps-là, une loi de 1976 avait modifié les compétences du CAP. Elle élargissait les compétences de cette institution à toutes les personnes en difficultés. Du coup, le CAP, Commission d'Aide Publique se transforma en CPAS, Centre Public d'Aide Sociale pour devenir en 2004 le Centre Public d'Action Sociale. Une révolution passée sous silence.

Au début, j'ai appris à m'en sortir en faisant un petit travail pour une propriétaire qui me louait pour 2500 francs belges un grenier aménagé au 529, boulevard de Smet de Naeyer à Laeken, près de l'Atomium. Ce grenier comprenait deux minuscules pièces, l'une servant de chambre à coucher et l'autre de salle de séjour. Chaque pièce avait une superficie de quelque 6 à 8m^2. Je n'avais ni eau ni chauffage. Il y avait bien un poêle à charbon, mais je n'avais pas les moyens de m'approvisionner. Je prenais du bois mort dans la forêt proche de l'Atomium. Pour me laver, j'utilisais le robinet d'eau froide de l'entresol, juste à côté des toilettes communes à tous les locataires. Je prenais de l'eau dans une cruche et je la versais dans une bassine. Je me lavais à l'eau froide et pour mes cheveux, j'utilisais le petit bec à gaz à bonbonne pour chauffer de l'eau. Ce bec faisait double fonction en me chauffant les aliments et en servant de chauffage d'appoint.

© Fh. 2015   « 529, bd de Smet de Naeyer 1020 Laeken bis»

La propriétaire m'appréciait et en voyant ma situation difficile me proposa de l'aider pour ses comptes financiers. Je prenais contact avec la banque et vérifiais les paiements des loyers. Je fournissais les documents légaux pour le fisc. Quelquefois, je faisais des travaux de rénovation dans sa propriété. En échange, elle m'offrait le prix du loyer. C'était un travail agréable et au fond bien rémunéré. J'étais très content de cet arrangement qui me permettait de me nourrir et de me vêtir. Je la remercie du fond du cœur pour cette confiance prodiguée dans des moments durs, mais enrichissants de ma vie.

J'ai été appelé peu après pour effectuer mon service militaire obligatoire. Je me trouvais coincé par la situation. Je ne pouvais pas faire mon service militaire et garder mon logement, car je n'aurais plus eu suffisamment d'argent pour garder ma petite situation. Je devais choisir entre accepter de tout quitter et me retrouver à la rue après mes neuf mois de service militaire ou trouver une autre solution. Je n'avais personne sur qui compter. J'ai trouvé comme solution de refuser de faire le service pour raison de conscience. Cette solution me donnait les moyens de survivre en recevant une allocation d'objecteur et une majoration comme orphelin de père. J'avais près de 16.000 francs belges, équivalents de nos jours à 400 euros. Cette objection était en accord avec ma conviction de pacifiste.

De suite, j'engageais la procédure pour être exempté de toute obligation militaire. Je devais trouver un travail d'utilité publique pour une période de 15 mois au lieu de 24 si ce travail était d'utilité publique en faveur d'handicapés. Je me rappelais de Françoise de L. qui était assistante sociale à la Chapelle et qui avait épousé Paul. À cause de son mariage, Françoise avait dû quitter la Chapelle de Bourgogne pour une raison d'éthique pédagogique. Elle avait trouvé un travail dans une institution à Watermael-Boitsfort qui se nomme « la Clairière ». Je pris contact avec elle, et de suite elle me mit en rapport avec le responsable de deux petites maisons pour femmes handicapées profondes. J'ai rapidement commencé mon service d'objecteur de conscience.

C'est à cette période que j'ai rencontré une jeune femme qui s'appelle Claudine.

Chapitre XI

Claudine,

'La duplicité'

Claudine habitait à Jette, tout près de mon domicile. Je l'avais rencontrée lors d'un match officiel de mini-foot en salle. L'équipe de foot s'appelait « La Baballe jettoise ». Ce club était en deuxième division de la région francophone. J'avais rencontré son fondateur, lors de ma première année d'études d'assistant social à l'« Ecole Ouvrière Socialiste ». Cet ami s'appelle Pascal W. C'était un gars très intéressant par son ouverture d'esprit et par ses connaissances humaines. Il était pianiste et terminait sa dernière année d'étude d'assistant social. Il émanait de sa personnalité une aura très agréable. Il était un peu plus grand que moi et avait les cheveux bruns et une peau naturellement bronzée. Il aimait bien vivre et appréciait les bienfaits de la vie. Avec lui, je me sentais bien.

Le seul problème c'est qu'il était très exigeant vis-à-vis des autres et surtout de ses amis. Il était sensible, trop sensible au regard des autres. Cette sensibilité était sa force et sa faiblesse, car il devenait invivable par ses exigences affectives. Il ne fallait pas regarder ailleurs quand il te parlait, il devenait irascible et en faisait le reproche. Mais il était généreux et fort attentionné. Cette attitude faisait pencher la balance dans le bon sens et faisait de lui un être merveilleux. Sa relation avec l'autre et surtout avec la gent féminine était très fusionnelle et exigeait un attachement exclusif. Toutes les femmes qu'il rencontrait souffraient de cela et le quittaient systématiquement.

Je me souvins donc de ce moment où j'ai rencontré Claudine. Pascal m'avait demandé de soutenir le club en participant activement pendant les matchs officiels de mini-foot. Je fis le secrétaire du club sur le terrain. Ma tâche consistait à accueillir les deux équipes, à veiller sur les locaux mis à la disposition des équipes et à l'accueil de l'arbitre. Je prenais note sur une feuille de la fédération des goals, des penalties et des pénalisations des joueurs si une faute était commise. Nous étions deux derrière le bureau pendant le match. Moi et celui de l'équipe adverse qui vérifiait l'exactitude des écrits.

Il était rare de voir une fille occuper cette fonction dans une équipe de mini-foot. Pourtant une équipe avait en son sein une gentille fille qui s'appelait Claudine. Elle était d'apparence très douce et réservée. Elle était de petite taille, 1,56 m environ, avec une corpulence moyenne. Elle avait 17 ans, un visage rayonnant et était agréable à regarder. Il émanait de son visage un bien-être profond, mais fragile.

Lors d'une de nos rencontres, l'arbitre, qui avait la réputation d'être un rustre, l'avait enguirlandée pour je ne sais quelle raison. Elle avait des larmes qui coulaient de ses yeux et qui emplissaient son visage. Voyant la situation, j'étais très mal dans ma peau. Je ne savais pas comment réagir. J'ai essayé de la consoler comme j'ai pu. Je lui ai proposé ensuite de prendre un verre après le match. Elle a accepté. Nous avons brièvement échangé nos adresses et nous nous sommes engagés à nous recontacter par la suite. Je ne savais pas trop comment m'y prendre et c'est Pascal qui m'a conseillé de reprendre contact avec elle. Ce que j'ai fait et peu de temps après on s'est revu.

J'ai été invité chez elle en compagnie de sa famille. Elle avait un père qui travaillait comme ingénieur et une maman qui était mère au foyer. Claudine avait un grand frère, Luc, 18 ans, qui jouait au mini-foot et une petite sœur, Maryline qui devait avoir 12 ans. Je n'étais pas trop à l'aise devant toute une famille et devant Claudine qui ne savait pas trop non plus comment être alors que c'était la première fois que nous nous rencontrions après ce fameux incident du mini-foot. La maman était assez fusionnelle et ne laissait pas sa fille seule avec un garçon. Une fois rentré chez elle, la maman me proposa une tasse de café et m'invita à m'asseoir sur le fauteuil à côté de Claudine, en face du reste de la famille. Nous avons échangé des banalités qui rassurent comme ce que je faisais dans la vie, quelle était mes intentions pour l'avenir et ma rencontre avec Claudine. J'ai passé cette épreuve de la famille avec succès. Je semblais être agréé comme une personne respectable et de bon aloi pour Claudine. Nous étions en recherche pour nous découvrir l'un l'autre. J'aimais bien cette relation simple et sans ambiguïté.

Un peu plus tard, je l'ai recontactée et je lui ai demandé si elle pouvait venir chez Pascal qui habitait très près de chez elle. Elle a profité d'une sortie de l'école pour venir de suite sans le dire à ses parents. Elle suivait des cours d'ébénisterie à Laeken. Elle aimait le bois et confectionnait des meubles. Elle était ravie que je l'appelle, car elle m'avoua être très embarrassée par les exigences de sa maman. Elle croyait que j'allais la fuir à cause de cette première rencontre en présence de sa famille.

J'ai appris par la suite qu'elle était considérée comme une cendrillon au service de la famille. Elle était la bonne à tout faire et elle en souffrait terriblement. C'était cela qui transparaissait sur son visage, cette souffrance d'être.

Nous nous sommes donc revus chez Pascal le jour suivant comme convenu. Elle était heureuse mais je la sentais inquiète malgré tout.

Les choses se sont mises en place naturellement. Je l'ai embrassée comme si on se connaissait depuis longtemps. Il y a eu de façon perceptible une réaction de soulagement comme si elle se disait en son for intérieur : « Ouf, cela m'arrive enfin de connaître un sentiment de tendresse ! ». Je sentais comme un relâchement de tous les membres de son corps. J'avais l'impression que ce moment était tant attendu qu'elle croyait que jamais cela ne lui arriverait. Elle fondait de plaisir intime entre mes bras. Cela ne se voyait de personne, sinon de moi.

Peu après elle est partie rejoindre sa famille sans dire ce qui s'était passé. Nous nous sommes revus très souvent après, mais d'abord sans le consentement des siens. Par la suite, Claudine en a parlé délicatement afin de ne pas brusquer la sensibilité de sa famille et subir un rejet catégorique. La maman pouvait par des sautes d'humeur être très dure avec elle. Claudine avait donc appris à peser les moments où elle pouvait aborder des sujets délicats sans provoquer des sautes d'humeur de sa mère.

Nous pouvions quitter sa demeure, mais toujours en compagnie de sa petite sœur qui nous accompagnait comme chaperon, histoire d'être certain que nous ne faisions pas de bêtises. Nous allions au cinéma ou en ville nous promener.

Son grand frère était en passe de se marier avec une fille qui était encore mineure. Les parents ne voyaient pas cette union d'un bon œil, mais pour faire pencher la balance vers l'acceptation du mariage, ils ont menti en disant que la fille était enceinte. Les parents se sont sentis obligés d'accepter cette union déraisonnable. Luc devait pourtant encore faire son service militaire et n'avait pas terminé ses études. Il avait trouvé un emploi de barman à la salle de sport de l'UCL, situé à la limite entre Bruxelles et Louvain-La-Neuve. Son patron était grand et connaissait des déboires avec sa femme. Il avait une enfant qui était ballotée entre ses deux parents et quelquefois il demandait à Luc si sa grande sœur pouvait faire du baby-sitting. Claudine acceptait pour ce faire un peu d'argent.

La relation avec Claudine n'était donc pas toujours évidente, car elle vivait des pressions de la part de sa mère qui était très exigeante et qui la décourageait dans nos relations. Elle devait souvent faire des compromis avec ses parents pour me rencontrer et cela l'épuisait beaucoup moralement.

Un jour elle était tellement tiraillée qu'elle me dit vouloir mettre un terme à sa vie. J'ai mal réagi en lui disant qu'elle devait s'affirmer avec ses parents. Cela lui était trop dur à supporter. Elle n'a plus voulu me voir par la suite. Elle préférait être en paix à la maison plutôt que de se sentir tiraillée entre ses parents et notre amour.

Pendant un temps, nous ne nous sommes plus revus et c'est elle, qui après quelques jours, a renoué le contact par écrit. Elle était venue jusque chez moi pour déposer sa lettre dans ma boîte. Elle me demandait de revenir chez elle, car elle regrettait son attitude envers moi. J'ai accouru pour la rejoindre, car mon cœur saignait de cette rupture brutale.

Nous nous sommes aimés en toute pureté jusqu'au jour où elle est allée faire du baby-sitting chez le patron de son frère. Elle en est revenue changée comme si une chose s'était passée et qui semblait inquiétante. J'avais demandé des détails pour comprendre ce qui s'était passé et j'essayais de l'encourager à me faire confiance, mais elle restait silencieuse. Elle ne voulut rien me dire. Sa maman par contre la harcelait de plus en plus jusqu'au jour où elle m'a expliqué ce qui s'était passé.

Peu de temps après, sa mère me dit avec un air de dédain, que Claudine avait fait une bêtise chez le patron de Luc et que cela allait avoir des répercussions sur le travail de Luc. Je demandai à Claudine de me dire ce qui s'était réellement passé et de ne pas avoir peur, car j'étais dans l'inquiétude à son sujet. Elle me confia que le patron l'avait appelée pour garder sa fille, mais que quand elle arriva, il était en chemise de nuit et l'enfant n'était pas chez lui. Il l'a prise à l'intérieur et l'empêcha de partir. Il gémissait, prétextait qu'il avait besoin de câlin, et qu'il serait reconnaissant pour elle. Elle ne m'a pas dit la suite, mais j'avais le sentiment qu'il avait abusé de son innocence. Il y avait le non-dit par la suite comme une chose difficile à dire ou à avouer ou à accepter.

Rapidement, j'en parlai à la famille qui me dit qu'elle ne pouvait rien faire, car Luc perdrait son travail. J'étais scandalisé par cette attitude. Je n'en voulais pas à Claudine qui subissait, me semble-t-il, la position de sa famille. Je voulais aller voir personnellement le patron pour m'expliquer avec lui, mais Claudine m'en dissuada. Je rageais en mon for intérieur, mais j'ai dû me résigner, car je ne voulais pas mettre à mal la femme que j'aimais.

Peu de temps après, Claudine semblait rassurée d'avoir ses règles. Deux à trois jours sont passés lorsque Claudine a voulu venir chez moi, dans mon petit grenier. C'était la première fois qu'elle venait chez moi sans que sa petite sœur soit présente.

Dès que nous étions rentrés, Claudine m'avait demandé d'aller chercher de l'eau au premier étage pour faire du café et à mon retour elle était nue dans mon lit. Elle voulait que nous fassions l'amour. C'était normalement sa première fois, mais j'avais bien compris qu'elle avait été abusée par le patron de Luc et qu'elle avait attendu d'avoir ses règles pour ne pas m'imposer la grossesse d'un enfant qui n'aurait pas été le mien. Nous n'en parlions pas, mais cela était évident à comprendre.

J'étais ravi de la savoir désireuse de faire l'amour avec moi. Je ne me suis pas fait attendre et je me suis déshabillé pour la rejoindre sous la couette. Elle était belle et douce. Sa peau était blanche et elle dégageait une très belle aura. Elle sentait bon. J'ai toujours aimé son odeur naturelle.

J'ai compris par la suite qu'elle avait souhaité cette situation bien avant de venir chez moi. Elle l'avait même provoquée pour se donner du plaisir en m'offrant ce qu'elle avait de plus précieux : sa virginité de cœur. Je savais qu'elle avait perdu sa virginité avec cet homme répugnant.

Elle venait d'avoir ses 17 ans. Nous avons apprécié notre union. Nous serions restés plus longtemps dans le lit si nous n'étions pas attendus par ma grande tante Léonie à qui je voulais la présenter. Claudine avait profité de cette visite pour faire un détour chez moi et se donner à moi. Elle m'aimait. Nous nous sommes vite lavés pour ensuite nous rhabiller et partir chez Léonie. Nous étions fort en retard à notre rendez-vous.

© Fh.2015   « Maison de ma grand-tante 43, Av. J. de Bologne Laeken »

Léonie était la seule personne de ma famille que je voyais régulièrement.

Elle était petite, mais solide d'apparence. Elle était née en 1916, durant la Première Guerre mondiale. C'est peut-être de cette époque difficile que lui venait son souci de ne rien gaspiller. Elle récupérait tout ce qui pouvait servir. Je me souviens des boîtes de lait en carton, les Tetra Paks. Elle les récupérait une fois vides pour les utiliser comme petite poubelle de table et une fois remplie, elle les jetait dans un plus grand sac. Léonie était une redoutable défenderesse de la nature. Elle aimait vivre, mais elle était très..., trop économe. Chaque sou dépensé se justifiait. Elle était une véritable machine de guerre, prête à se lancer dans la bataille pour gagner un centime. Elle suivait les publicités de près et sautait sur chaque bonne affaire. Elle faisait presque tous les magasins et choisissait celui qui offrait un bon prix sur le produit. Pour elle, ce n'était pas une question d'argent, mais de principe : ne pas gaspiller inutilement. C'est en économisant sou après sou qu'elle devint riche et propriétaire de deux maisons à rapport (Maison avec plusieurs appartements à louer).

Mon grand-oncle travaillait comme garçon de café dans un restaurant de renom à Laeken. Il travaillait tous les jours et amassait les pourboires comme salaire. Chaque jour, Léonie récupérait les pourboires pour les comptabiliser et veillait à la dépense. Alfons, mon grand-oncle, ne voyait jamais la couleur de l'argent, mais il était nourri, blanchi et ne manquait raisonnablement de rien. Pour lui du moment qu'il avait le nécessaire cela lui suffisait. Il aimait son travail.

Ma grand-tante Léonie engrangeait son capital avec pour objectif de faire construire une maison pour leurs vieux jours. Ils habitaient à Schaarbeek dans un appartement modeste. Le loyer était très raisonnable. Ils ne partaient jamais en vacances. Ils aimaient la compagnie et Léonie s'était fait un cercle d'amis qu'elle retrouvait tous les vendredis. Ils jouaient toujours aux cartes autour d'une bière ou d'une boisson rafraîchissante. C'était leur plaisir, simple et peu coûteux.

À la retraite d'Alfons, Léonie a fait construire une maison dans les beaux quartiers de Laeken, proche de la rue De Wand. C'était une rue très commerçante où il y avait beaucoup de magasins de renom. Elle avait bien fait les choses et était très présente lors de la construction, au point que l'entrepreneur se faisait toujours reprendre sur le cahier des charges.

L'année qui suivit la construction de sa maison, la société Delhaize voulut acheter son terrain, qu'elle avait elle-même reçu d'une famille nantie qu'elle soutenait en s'occupant de leur enfant handicapé. Elle accepta la proposition et réussit ainsi à bénéficier de deux nouvelles maisons dans le même quartier, l'une située avenue Jean de Bologne, n°43 et l'autre sur le même pâté de maisons, mais sur l'avenue de Busleyden, n°42. Deux maisons en échange de la sienne : elle doublait d'un coup son capital de départ. Elle avait donc beaucoup de rentrées financières chaque mois grâce à la location de ses appartements.

© Fh. 2015   « 2e maison grand-tante : 42, av. de Busleyden Laeken »

Sous l'une de ses maisons, celle de l'avenue de Busleyden, elle avait fait construire un grand garage de huit places qui lui rapportait également chaque mois. Elle avait réalisé avec grand succès l'objectif de sa vie. Elle avait un toit à elle et une bonne réputation dans le quartier.

Léonie et Alfons habitaient le rez-de-chaussée de la maison de l'avenue Jean de Bologne. Ils avaient un très grand jardin avec des arbres fruitiers, dont des poiriers. Alfons aimait se détendre les jours de repos et lisait des romans. C'était sa façon de tuer le temps comme on dit. Il était très taiseux et il observait toujours les choses avec un regard interrogateur. Son silence était un havre de paix et lorsque Léonie lui faisait un reproche, il partait et ne disait mot. De cette façon, il évitait de rentrer en conflit et d'attiser la colère de sa femme. Il connaissait bien Léonie et son obstination à avoir toujours raison.

Très souvent, elle avait raison, c'était sa force de persuasion. Alfons le savait ; il se résignait et obéissait à l'injonction de sa femme. Souvent, c'était pour des détails comme le vêtement qu'il fallait changer parce qu'il l'avait déjà mis la veille ou à cause d'un petit trou sur le vêtement qu'il portait et qui demandait à être recousu. Des fois, c'était pour lui rappeler les tâches que Léonie lui avait assignées dans la maison. Alfons avait comme tâche quotidienne d'ouvrir la bouteille de vin si la précédente était vide, de couper le poulet cuit ou de préparer l'américain. Il faut dire qu'il savait bien couper le poulet pour l'avoir fait presque toute sa vie au restaurant où il travaillait. C'était encore une époque où un emploi se gardait à vie. Il était rentré à l'âge de 14 ans et en était sorti à la retraite.

Qui, en ces années de crise, peut prétendre garder un emploi stable aussi longtemps ?

Léonie était une femme à poigne. Elle avait un caractère bien trempé. Son œil perçant ne trompait personne. Elle était toujours prête à défendre le plus faible et n'hésitait pas à réagir si une injustice était manifeste. C'est cela qui l'animait chaque jour de sa vie. Elle était toujours occupée. Alfons avait bien compris qu'il ne servait à rien d'affronter la tempête. Il lui suffisait d'obéir et de laisser passer l'orage pour que sa tranquillité revienne rapidement.

J'assistais souvent à ce genre de situation quand je mangeais chez eux les samedis. Alfons qui était retraité passait donc la plupart de son temps le nez dans les bouquins. Il aimait lire de tout, du journal quotidien aux romans qu'il louait à la bibliothèque du quartier. Tout était bon à lire du moment qu'il avait sa tranquillité. C'était sa façon de laisser filer le temps et d'éviter les conflits potentiels à la maison. Il était assez effacé.

J'aimais bien cet homme que je n'ai connu malheureusement que très peu de temps, car il est mort d'une hémorragie cérébrale quelques mois après notre rencontre. Léonie était effondrée. Elle n'arrivait pas à remonter la pente, car son chagrin était immense. Tout le restant de sa vie, elle s'est reprochée qu'Alfons n'ait pas eu l'occasion de profiter de la vie et de leurs biens amassés, par son dur labeur. Elle regrettait de lui avoir fait subir ses caprices d'économe.

Très souvent, nous en parlions après le repas quand nous allions dans le salon pour digérer le diner copieux qu'elle me préparait avec tant d'amour. Elle était très attentionnée, mais aussi très critique envers moi. Souvent, je ne savais pas sur quel pied danser. Elle me reprochait d'être dépensier alors que je vivais avec peu et des fois, elle était généreuse et m'offrait de l'argent pour m'acheter ce que je voulais. Une fois l'argent dépensé, elle m'en faisait le reproche en me disant que je ne savais pas gérer et que je ne connaissais pas la valeur de l'argent. Pourtant, je vivais très modestement avec le peu de moyens que me donnait l'État. J'ai émargé au CPAS pendant un temps, puis j'ai fait le service civil. Je ne roulais pas sur l'or et ma tante ne semblait pas en prendre conscience.

Elle venait me voir de temps en temps là où j'habitais au boulevard de Smet de Nayer. Elle ne voulait pas monter dans mon appartement deux pièces, probablement pour ne pas se laisser attendrir par ma situation. Elle était de l'ancienne école, elle vivait à la dure.

Pour m'aider, elle me demandait de faire des travaux chez elle et de m'occuper des tâches difficiles qu'elle ne pouvait plus faire vu son âge avancé. Je faisais le ménage à sa façon ; elle était maniaque et avait peur du qu'en-dira-t-on. Elle vivait toujours en se disant : « Si je viens à mourir comment sera ma maison, sera-t-elle digne de moi par sa propreté ? » Je devais donc aller dans les moindres recoins, à la chasse à la poussière. Elle disait toujours : « Il faut d'abord faire là où l'on ne voit pas si on veut que ce soit propre ! » Alors très régulièrement, je nettoyais derrière les radiateurs, derrière le frigo, en dessous des meubles, la cave, etc.… Je m'occupais de l'entretien des communs et du grand garage. Je faisais cela avec bon cœur et elle me le rendit en me donnant de l'argent qui me permit de vivre un peu plus confortablement.

Notre relation semblait claire et saine. Je l'aidais et elle me rendait service par une aide financière. C'était, il me semble, un prétexte pour ne pas me donner de l'argent comme ça sans rien faire. Je le comprenais très bien et j'étais d'accord avec sa façon de voir. Elle disait que : « L'argent gagné trop facilement est aussi vite dépensé ». Le problème avec moi c'est que même l'argent gagné difficilement était tout aussi vite dépensé…

Souvent, j'avais de la peine à faire ce qu'elle me demandait, mais je le faisais toujours de mon mieux. Souvent, elle ressentait que je venais avec les pieds lourds pour faire le ménage, mais elle m'aimait et les choses se tassaient rapidement. Je faisais ce que je pouvais. Elle n'aimait pas qu'un étranger s'occupe de son ménage. Elle avait peur que des personnes ternissent sa réputation. Elle était très attachée à ses valeurs morales, à sa personne, au qu'en dira-t-on.

J'ai appris beaucoup de choses avec elle sur la vie et la façon de la concevoir. Je me souviens qu'elle parlait des crédits comme d'un poison du vingtième siècle et me disait que : « si on devait mettre des clochettes sur le pot d'échappement des voitures qui étaient achetées à crédit, on entendrait un tintamarre, un vacarme dans les rues ».

Actuellement, le crédit est entré dans les mœurs. Qui achète encore sa voiture ou sa maison au comptant sans passer par un crédit ?

Elle n'avait pas tort, elle qui avait connu la guerre et qui venait d'une grande famille de paysans de la région d'Anvers, à Mol. Ils n'avaient que très rarement de quoi se sustenter et devaient vivre avec peu et essentiellement de la culture de leur jardin. Sa maman était un petit bout de femme pleine d'entrain. Elle m'en parlait comme d'une sainte, une femme courageuse et généreuse envers les autres. Bien qu'elle n'ait rien, elle arrivait toujours à partager avec les autres. C'est certainement de sa maman qu'elle tenait ce côté altruiste et juste. Son père était apparemment un bon à rien. Il était toujours absent. Elle ne m'en parla que très peu et avec dédain. Il devait, somme toute, négliger sa famille. Il ressemblait étrangement à mon père dans sa façon de vivre.

J'ai eu l'occasion de voir une photo de l'époque où elle était avec sa maman et quelques frères et sœurs. Sa maman était effectivement très petite d'apparence, mais dégageait une énergie et une volonté qui transparaissaient dans la photo. Elle était courbée par le poids de l'âge. On voyait derrière elle le jardin familial. J'ai encore cette photographie dans ma mémoire à défaut de la posséder. De sa famille, Léonie était la dernière de sa fratrie à vivre. Elle était la benjamine d'une famille de douze enfants.

Léonie aimait s'occuper du jardin. C'était son passe-temps favori. Elle aimait planter, arroser les plantes, tondre la pelouse, s'occuper de ses deux tortues, donner à manger aux oiseaux du jardin. Elle avait un canari qu'elle avait apprivoisé. Ce canari venait sur son doigt et elle pouvait faire tout ce qu'elle voulait avec lui. Elle le mettait sur le dos pour qu'elle puisse lui faire des chatouilles. Elle aimait l'embrasser et Léonie lui donnait quotidiennement une graine de chanvre qu'elle mettait au bord de ses lèvres pour inciter le canari à le lui prendre. Le canari venait la picorer délicatement. Ce canari était une bonne compagnie pour elle qui vivait mal la mort d'Alfons.

Je passais donc une partie de mes week-ends en compagnie de ma grand-tante. Nous parlions beaucoup de mon avenir et de mon devenir. Léonie se souciait sincèrement de moi. Je lui avais parlé de Claudine. Elle souhaitait la rencontrer. Nous étions convenus de passer un après-midi pour que je la lui présente. Nous étions venus en retard à cause de notre escapade dans mon petit grenier aménagé.

© Fh. 2015   « Portrait 1983, 529, bd de Smet de Naeyer Laeken »

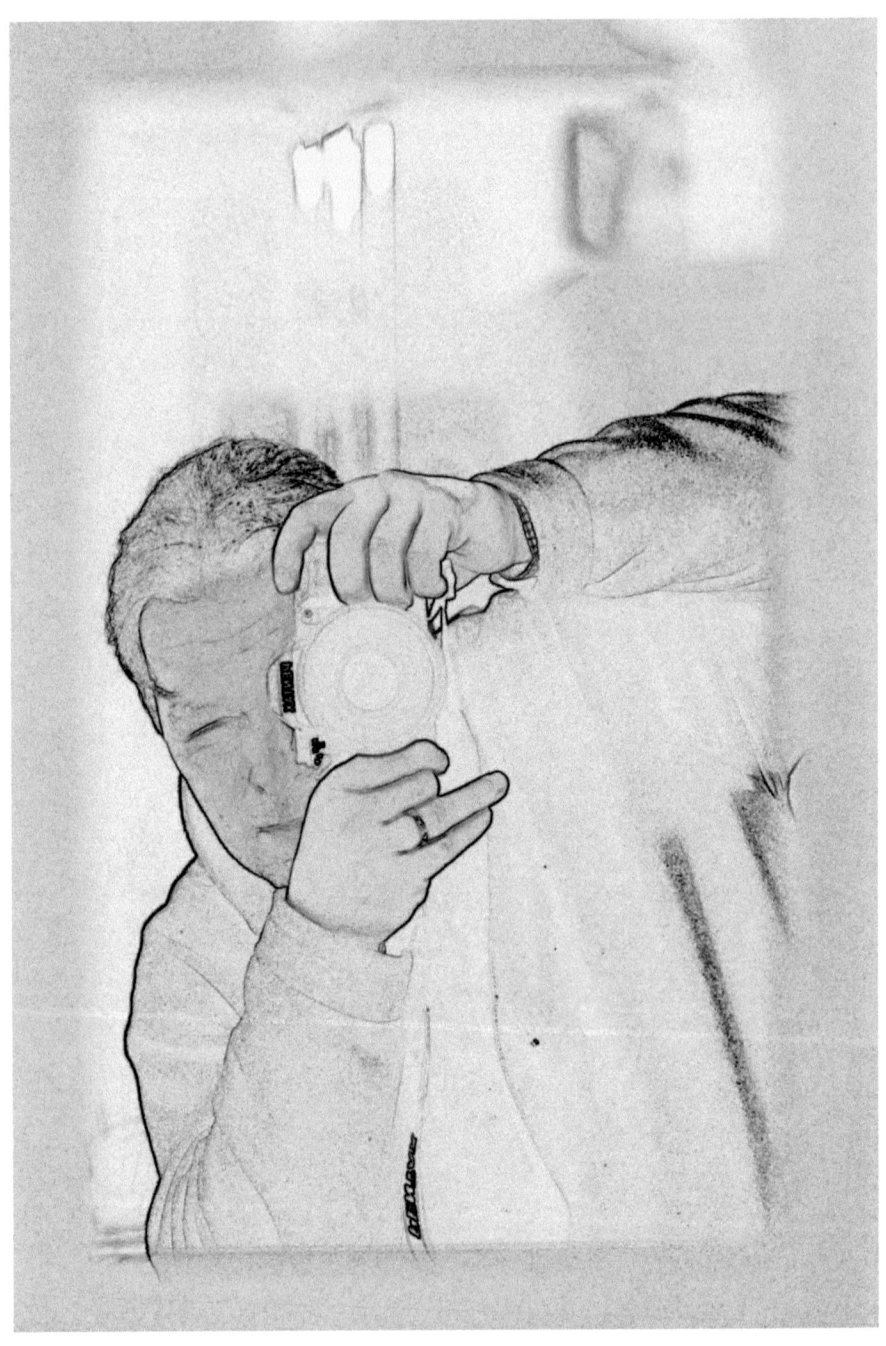

© Fh. 2013   « Autoportrait »

Chapitre XIII 1986

Claudine...suite et fin,

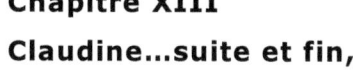

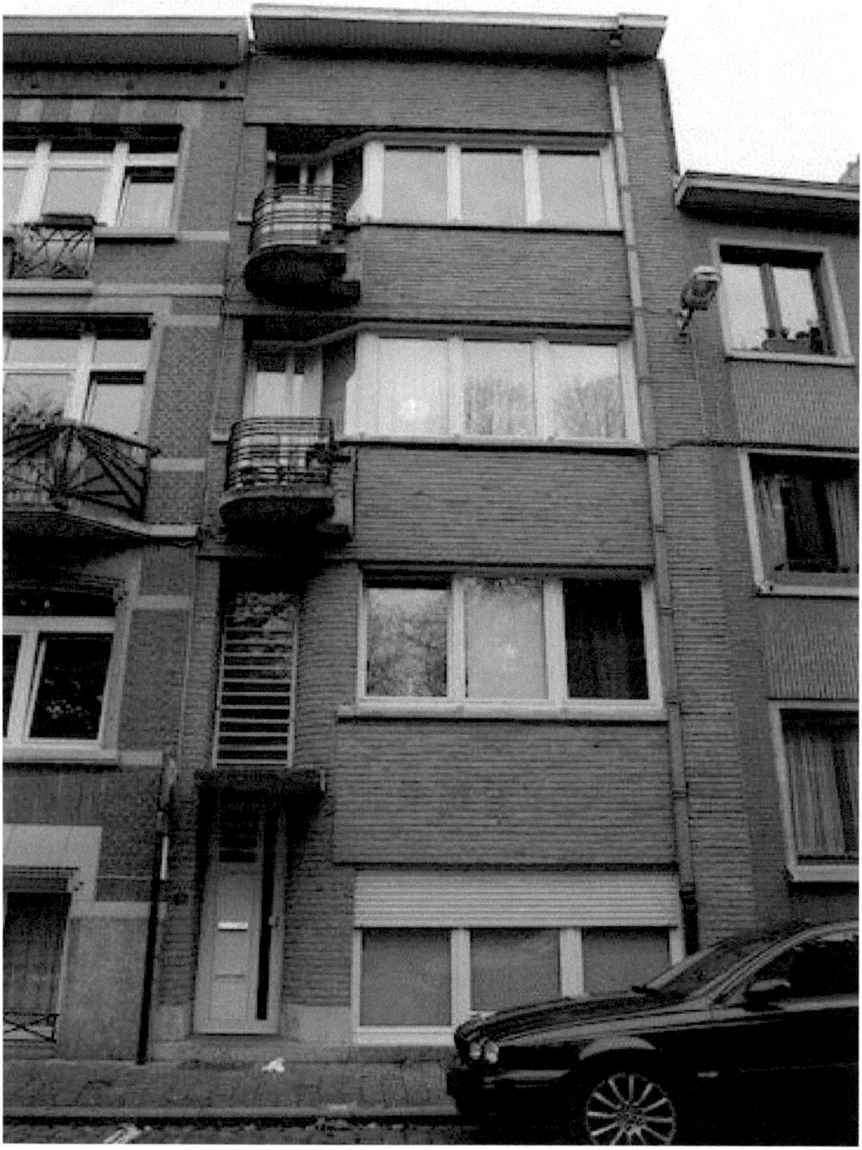

© Fh. 2015 « 49, rue des Vignes 1020 Laeken »

J'étais heureux d'être avec Claudine, sa présence était apaisante malgré les tiraillements avec sa famille.

Léonie avait apprécié sa venue, mais la trouvait fort jeune pour commencer une vie à deux. Elle ne semblait pas m'encourager dans cette voie. Elle prenait ses distances quant à mes souhaits de vivre avec elle. Pour ma grand-tante, nous n'étions pas prêts pour nous lancer dans la grande aventure qu'est la véritable vie, la vie de famille.

Claudine appréciait Léonie, mais nos relations se sont ternies par la suite à cause de la pression constante de sa mère sur nos relations intimes. Claudine souffrait énormément de cela et se sentait tiraillée entre son amour de fille et son amour de femme. Nous envisagions de vivre ensemble une fois ses études terminées. Il restait juste quelques mois pour qu'elle obtienne son diplôme d'ébénisterie.

Luc pressait la famille pour se marier et sa maman voyait mal notre union précipitée au même moment que celle de Luc. Luc primait sur Claudine c'était évident. Elle avait peine à accepter ce rejet systématique. Elle était parfois suicidaire avec moi, car elle souffrait terriblement de cette relation conflictuelle. Je n'en prenais pas vraiment conscience sur le moment, mais c'est après, avec le recul, que je me suis rendu compte que je ne lui facilitais pas la tâche.

Nous avions décidé de nous fiancer malgré la désapprobation de sa famille qui voyait d'un mauvais œil notre union. Cette petite fête s'était déroulée chez moi dans ma nouvelle demeure : 49, rue des Vignes à Laeken. Cet appartement était situé juste en face du parc privé du Roi. C'était un ami de Pascal W. qui venait d'emménager et comme il avait loué un appartement de deux étages pour lui tout seul, il avait décidé de me sous-louer l'entresol. Il s'appelait Christian.

Cet entresol comprenait trois pièces en enfilade. La première était assez lumineuse, car elle était située côté rue. Il y avait une grande fenêtre qui donnait beaucoup de lumière. Je l'ai aménagée pour en faire un salon. La pièce suivante, qui me servait de chambre à coucher, était plus sombre. Mon grand lit y prenait quasi toute la place. Ensuite on rentrait dans la salle à manger. J'y avais mis une table carrée d'environ 1 mètre de côté en bois nu et quatre chaises que j'avais reçues de Christian. La particularité de cette pièce était sa forme, car elle n'était pas carrée comme les pièces précédentes. Il y avait un renfoncement sur le côté gauche qui me servait de cuisine. J'avais la place pour y mettre un frigo et une cuisinière, en plus du lavabo. La salle à manger se terminait par une porte vitrée qui donnait sur une petite cour.

Les pièces étaient assez vétustes, mais mon confort était plus grand que dans mes précédents appartements. Le sol était assez froid, car il était composé de carrelage bleu et blanc sur toute la surface de l'appartement. Il n'y avait pas de salle de bains. Je me lavais donc à l'évier de la cuisine.

Par contre, il y avait des toilettes privées dont l'accès se situait dans la salle à manger, du même côté que la cuisine. Nous avions décidé Claudine et moi d'y habiter dans un avenir proche. Elle m'avait aidé pour le meubler en me donnant des meubles qu'elle avait faits lors de ses stages d'ébénisterie. Ces meubles étaient beaux. Ils étaient en bois naturel et ressemblaient au bois de chêne. Nous aimions faire les brocantes de quartier à la recherche d'objets utiles et de décoration. Il y avait beaucoup de brocantes dans la commune de Jette et nous passions une bonne partie de notre temps ensemble à chiner ces vides greniers.

Nous vivions un projet qui respirait le bonheur. Je lui avais acheté une bague de fiançailles en or jaune avec un diamant, « un solitaire ». Nous n'avions pas beaucoup de moyens, mais nous trouvions toujours l'argent pour notre vie quotidienne. Je ne me souviens pas d'avoir manqué de quoi que ce soit pendant cette heureuse période de ma vie. Le peu me suffisait, car je vivais d'amour ; le reste était secondaire.

Je terminais mon service civil, mais ma première année d'étude d'assistant social n'avait pas abouti. Je n'étais pas motivé. J'ai arrêté ma formation au moment des examens. Je ne me sentais pas capable de les réussir comme si en mon for intérieur je me dissuadais de réussir ma vie. Je vivais un complexe d'infériorité très prononcé. C'était récurrent !

Comme je souhaitais épouser Claudine, je cherchais un travail qui me permettrait de subvenir à nos besoins.

J'ai décroché un premier emploi dans une assurance française de la capitale, GAN. Cette assurance était située dans le quartier de la gare du Luxembourg qui se nomme maintenant la « gare de l'Europe », car c'est là que se trouvent les nouveaux bâtiments de la Communauté européenne. Je faisais deux mi-temps dans la même entreprise pour une durée d'un an. C'était un contrat d'insertion professionnelle subventionnée en partie par l'Office National pour l'Emploi, ONEM.

Le travail du matin consistait à classer les archives et celui de l'après-midi à travailler dans les bureaux commerciaux. Je m'occupais d'encoder les nouveaux clients et de répondre au téléphone. Je m'occupais également des contrats entre les courtiers et l'assurance. Je veillais au respect des conventions et du paiement des honoraires mensuels des courtiers. J'étais souvent utilisé par le chef de service pour faire des enquêtes démographiques en assurance auto et incendie. Chaque année, il fallait recenser la population et comparer ces chiffres avec le monde des assurances. Je confectionnais avec lui ce fameux bouquin qui allait servir de référence pour l'évolution des portefeuilles des courtiers et des affaires de l'entreprise. J'aimais ce boulot et excellais en la matière au point où mon travail était apprécié par la direction. Celle-ci m'avait donc proposé de renouveler mon contrat définitivement à la fin de mon premier emploi. Je comptais le faire, mais plusieurs incidents ont bouleversé mes objectifs professionnels.

Lors de mes fiançailles, j'avais invité plusieurs amis communs, qui venaient presque tous du mini-foot. J'avais invité Françoise de L. également. Je me souviens toujours de ce qu'elle m'a dit ce jour-là : « Les fiançailles sont faites pour être rompues ! » Je n'avais pas du tout apprécié cette allusion, car ce moment était important pour moi et notre union tellement fragilisée par les conflits répétés entre Claudine et ses parents. Peu de temps après, Claudine décida en effet de se séparer de moi. Je ne sais pas vraiment la raison, mais je crois qu'il y avait une incompréhension de ma part entre ses attentes et les miennes par rapport à notre avenir. Je lui disais souvent qu'elle devait prendre position et apprendre à s'imposer vis-à-vis de sa maman. Et je crois qu'elle n'était pas vraiment prête pour s'engager dans cette voie.

Pour donner un exemple de la vie empoisonnée que Claudine vivait au sein même de sa famille, je relate un événement que j'ai vécu avec elle, peu après notre première relation. La maman savait que nous avions fait l'amour peu auparavant. Un soir sa maman m'avait invité à souper et elle insista pour que je dorme cette nuit-là dans la chambre de Claudine, bien que ma demeure fût à dix minutes à pied de chez eux. Je ne compris pas ce revirement, car elle nous avait formellement interdit d'avoir des rapports sexuels. Mais Claudine était toute excitée à l'idée d'être ensemble dans sa chambre et qui plus est avec l'accord implicite de sa famille. Il y avait dans sa chambre deux lits d'une personne qui se rejoignaient par les extrémités. Le temps passa et vint le moment d'aller dormir. J'avais reçu un pyjama pour l'occasion. Après un temps raisonnable, Claudine me réveilla pour que j'aille la rejoindre dans son lit. Ce que je fis sans me faire attendre. Nous avons fait l'amour et Claudine semblait plus excitée que d'habitude. Elle jouissait pleinement au point où nous devions faire attention pour ne pas réveiller les parents qui dormaient juste dans la chambre d'à côté. Je pouvais comprendre cette surexcitation, car pour elle c'était la première fois qu'elle pouvait faire l'amour dans sa chambre avec le consentement implicite de ses parents. Par la suite, j'avais rejoint mon lit. J'étais plus que fatigué et souhaitais m'endormir rapidement. Ce que je fis. Plus tard dans la nuit, Claudine revint à la charge et me demanda de la rejoindre dans son lit. J'étais somnolent plus que de raison, mais je mettais cela sur le compte d'une fatigue passagère. Je la rejoignis et nous fîmes l'amour pour la deuxième fois. Je retournai me coucher et peu de temps après, Claudine revint à la charge. Je ne pouvais plus me lever, car un sommeil profond m'envahissait, mais Claudine sans perdre espoir s'empressa de me déshabiller à nouveau et de me prendre sur mon lit. Elle était vraiment surexcitée. Elle me dominait et prenait son pied comme jamais. J'ai compris après coup que sa maman nous avait certainement drogués. Fort probablement un somnifère pour moi et un excitant pour Claudine.

Sa maman faisait du spiritisme avec des médiums qu'elle contactait par téléphone et utilisait assez bien les méthodes ancestrales pour se soigner. Elle était bien capable de faire cela pour nous déstabiliser dans notre amour. On comprend plus aisément le tiraillement que Claudine devait vivre au sein de cette famille.

J'ai appris un an plus tard que Claudine était enceinte. Je crois qu'elle avait des vues sur un jeune homme qui jouait dans une chorale de quartier. Elle participait quelquefois avec sa sœur aux activités de cette chorale. Elle aimait chanter.

Notre relation a duré au total près de deux ans.

Quinze ans plus tard, j'ai retrouvé sa trace par hasard en regardant une émission de télévision qui donnait la possibilité à des personnes en difficulté de se faire entendre par les politiques. Rien à voir avec la chanson. Elle vivait une situation familiale difficile. Elle avait sept enfants et son mari l'avait abandonnée à la suite de la naissance d'un enfant handicapé. Elle avait été expulsée de sa demeure et cherchait activement un logement à revenu modeste. Elle supplia le bourgmestre d'une des communes de Bruxelles de l'aider. Je la retrouvais comme au temps où elle avait pleuré à cause de la remontrance de ce fameux arbitre. Elle pleurait et ses larmes coulaient le long de ses joues. Elle avait changé, mais je la reconnaissais grâce aux deux petites fossettes apparentes sur son visage. Ses expressions étaient toujours les mêmes. Elle reflétait une certaine mélancolie et une douceur de cœur qui devait lui être implantés par les injustices répétées de sa famille. Elle était comme marquée au fer rouge : Cendrillon, tirée d'un film de Walt-Disney. Je ne pouvais pas me tromper, c'était bien elle.

Par la suite et grâce à Internet et aux réseaux sociaux, j'ai retrouvé sa trace sur la toile. Elle avait déménagé à La Louvière en Wallonie, loin de Bruxelles. Elle semblait avoir reconstruit sa vie avec un autre homme. Je suis heureux pour elle, malgré la souffrance ressentie par sa décision de ne plus me voir alors que nous nous aimions. Nous étions somme toute trop jeunes pour nous lancer dans une vie à deux. Je n'avais pas cherché à reprendre contact avec elle pour ne pas abîmer ce qui me restait de beau dans notre histoire.

Je sais par expérience qu'il n'est pas bon de revoir des amours perdues sur la toile (Internet), car les choses ne sont plus les mêmes et les beaux souvenirs s'altèrent par une nouvelle réalité qui ne reflète plus les pensées enfouies en nos cœurs. On perd de ce fait une histoire qui nous a construits et qui a forgé par la suite notre « moi profond ». Revenir dessus, bien que nos sentiments soient toujours aussi forts, revient à balayer une réalité passée comme une balle qui brise une vitre. Nos belles émotions passées deviennent à nouveau une réalité qui se change vite en une vérité éphémère. Nous perdons une partie de nos rêves d'enfant. Nous perdons une part de notre âme. Nous perdons un amour précieux qui a forgé notre personnalité d'adulte.

Le temps ne compte pas quand il y a « amour » même si les années ont fait de nous un vieux ou une vieille ; nous restons éternellement jeunes en nos cœurs. Il n'est donc pas bon de confronter deux réalités qui ne sont plus du même temps.

Pourtant, un jour j'ai franchi le pas et je l'ai recontactée par Facebook. Nous avons échangé des souvenirs intenses mêlés de joies, de regrets et de souffrances. Claudine m'expliqua pour quelle raison elle m'avait quitté. Son père ne voulait pas que notre union se réalise sous le prétexte qu'il ne pouvait pas assumer financièrement deux mariages au même moment. Il avait sommé Claudine de me quitter sous le couvert de son autorité paternelle. Elle en a souffert beaucoup, mais elle ne put revenir sur sa décision par la suite comme elle l'avait déjà fait auparavant. La situation lui semblait une impasse. Elle se réfugia dans un mutisme affectif pendant plus d'une année où l'émotion n'avait plus de place pour s'exprimer. Très vite, elle se renfermait sur elle-même. C'est au hasard des choses qu'elle rencontra un autre homme avec qui elle semblait trouver un refuge affectif. Son père, ayant appris cette nouvelle liaison, l'avait mise à la porte du foyer. Elle ne put qu'aller dans les bras de cet amour naissant sans autre possibilité. Par la force des choses, elle se résigna à cette nouvelle situation. Elle dut travailler pour soutenir et sa famille et son nouveau ménage. Son compagnon, ne supportant plus cette triangulation, somma Claudine de quitter définitivement sa famille. Ce qu'elle fit ! C'est à la mort de son père qu'elle renoua les contacts avec le reste de sa famille. Luc divorça peu de temps après son mariage. Claudine eut 7 enfants et quitta par la suite son mari tortionnaire et peu affectueux. Elle passa par beaucoup d'épreuves, dont un enfant handicapé. Elle vit seule maintenant et avec le recul, regrette de m'avoir quitté. Elle me confia qu'elle parlait très régulièrement de moi avec sa famille qui voyait en moi en fin de compte un bon parti.

J'ai souffert énormément, mais sa décision était ferme et sans retour. Elle avait rencontré quelqu'un et le fait qu'elle ait été enceinte a certainement précipité son choix définitif vers cet homme. Il m'a fallu plus de dix ans pour m'en remettre ! Avec le recul, je me dis que c'est énorme, mais c'est la réalité. Je souffrais de son absence. Mes entrailles étaient bouleversées. Je comprends que des personnes qui vivent un amour entier et intense décident, par la suite d'une déception amoureuse, de rentrer dans les ordres religieux.

Pour ma part, c'est vers cette voie que je m'orientais.

© Fh. 2015　　　　　　« 358, rue des Palais 1020 Laeken »

Peu de temps après ma rupture « bête et brutale » comme le disait Jacques Brel, un homme bien de chez nous, je reçus un coup de fil à mon travail. C'était ma mère qui m'annonçait la mort de ma sœur Christiane. Elle venait de mourir d'un cancer généralisé causé par la boisson. Elle avait eu une cirrhose qui avait gangréné le reste de son corps. Je la savais fort malade, car elle ne mangeait plus depuis quelques mois.

Elle se nourrissait essentiellement de Martini, boisson mêlée d'alcool et de sucre. Son estomac devenait sclérosé, car elle ne prenait plus d'aliments solides. Elle semblait ne plus vouloir vivre sa vie et je la comprends. Elle souffrait de beaucoup de choses dont je suis certain que la plupart des gens n'auraient pas pu les supporter. Elle avait été abusée par notre père à plusieurs reprises et ma mère ne l'avait pas aidée. Elle vivait mal, depuis sa toute petite enfance, sa séparation avec les autres frères. Quand elle était dans les homes, elle était toujours isolée de nous.

Ma mère ne l'aida pas dans le sens où elle acceptait de répondre à tous ses caprices. Christiane aimait vivre la vie à pleines dents. Mais était-ce raisonnable quand on sait les conséquences qui ont marqué la suite de sa vie ?

Un soir, elle voulut sortir dans une boite branchée du centre-ville, proche de la place de Brouckère. Elle a été droguée en prenant une boisson qui contenait un soporifique puissant que quelques jeunes avaient mis dans son verre. Le but était de l'endormir et de la kidnapper pour abuser d'elle. Elle a été abusée par un groupe de jeunes dont la plupart étaient mineurs au moment des faits. Elle a été relâchée le lendemain matin sans papier ni argent. Une fois rentrée à la maison, elle n'avait rien dit à personne. Est-ce par peur d'être humiliée, par la honte, par peur d'être mal comprise ou parce qu'elle se sentait coupable ? Je ne sais pas. Ce jour-là, je suis passé par hasard pour dire bonjour et je lui ai demandé ce qui se passait, car j'avais vu qu'il y avait quelque chose d'anormal dans son attitude. Après avoir bu un verre au café du coin du pont de Laeken, proche de la rue des Palais, elle m'expliqua ce qu'elle avait vécu la veille.

De suite, je l'ai encouragée à aller porter plainte à la BSR (Brigade de surveillance et de recherche), à la gendarmerie. Nous avons été ensemble et elle a été entendue par un gendarme. La BSR a pris l'affaire au sérieux malgré la désinvolture apparente de ma sœur qui ne savait pas comment être en expliquant ce qu'elle avait vécu devant un homme de la gendarmerie. J'avais expliqué au gendarme que sa réaction était normale et exprimait un mal-être profond par un rire exacerbé. Le gendarme avait compris la situation et pendant qu'elle mentionnait les détails sur les lieux, il me semblait reconnaitre l'endroit. On lui avait bandé les yeux pour qu'elle ne reconnaisse pas le lieu et le quartier où elle avait été violée. Mais elle avait remarqué un détail concernant les rails de tramway qui étaient sur le côté de la rue et pas au centre comme de coutume. Je connaissais une ligne de tramway qui avait son terminus justement sur le côté de la rue. C'était la ligne 92 en direction d'Uccle, à la place Emile Danco, près de la rue de Stalle. J'en avais fait part à la BSR qui nous avait pris en voiture. Nous avions rapidement trouvé l'endroit et la BSR en recoupant des données informatiques avait retrouvé les coupables.

Il s'agissait d'une famille d'accueil qui hébergeait plusieurs jeunes sans famille. Il était courant que des familles accueillent des enfants en précarité familiale. Certaines familles le faisaient pour l'argent que l'État octroie en la circonstance. Ces jeunes étaient livrés à eux-mêmes. Ils commettaient des larcins et des viols collectifs répétés. La BSR les avait pris et envoyés au bureau de police. Christiane avait remarqué quelques détails comme des tatouages sur le bras ou sur le corps de certains. Ces détails ont permis au tribunal de condamner les responsables qui étaient majeurs au moment des faits. Christiane a été confrontée à eux dans les bureaux de la BSR. Elle avait peur de la réaction des violeurs, car ils lui avaient dit qu'ils se vengeraient si elle portait plainte ou cherchait à les retrouver. Mais j'ai encouragé Christiane à aller jusqu'au bout.

Les deux jeunes qui étaient majeurs au moment des faits ont écopé de deux ans de prison fermes. Les autres ont été placés dans un centre fermé pour jeunes délinquants.

Christiane avait près de vingt ans. Par la suite, on n'a plus jamais parlé de cette histoire. C'était du passé et Christiane semblait reprendre goût à la vie. Peu après, elle avait rencontré un jeune homme à Anvers. Il s'appelait Robert. C'était une personne convenable et sérieuse. Il aimait fort Christiane, mais elle ne voulait pas trop s'engager ; elle aimait profiter de son indépendance. Ma sœur a été enceinte peu de temps après leur rencontre ; ils ont eu une fille en 1979 qu'ils ont appelée « Fanny ».

Peu après la naissance de Fanny, Christiane n'a plus voulu voir Robert et l'a rejeté. Il était triste, mais souvent il revenait à la charge pour revoir sa fille, mais Christiane refusait. Je ne connaissais pas les raisons de sa décision, mais il est certain que Christiane avait un caractère bien trempé. Elle n'était pas facile à vivre. Elle avait délaissé Fanny. Elle semblait manquer de maitrise et n'en faisait qu'à sa tête. Fanny a été éduquée par notre mère qui semblait apprécier son nouveau rôle.

J'ai revu Fanny après bien des années de silence ; il s'avéra que Robert n'était pas son véritable père, mais un grec qui tenait un café juste à côté de la rue des Palais qui faisait face au pont de Laeken. Est-ce pour cette raison que Christiane n'a plus voulu de Robert ?

Christiane commençait à assumer ses responsabilités, mais elle sortait toujours autant pour s'amuser dans les dancings. Elle avait décroché un travail de bureau proche de la maison. Elle prenait à bras le corps sa nouvelle vie. Un soir de week-end, elle eut envie de sortir avec Patrick, notre frère qui était un complice de jeu et de délassement. C'était en 1980, Fanny n'avait pas encore un an.

Patrick était très efféminé. Il était ambigu, on ne savait pas si vraiment il était gay ou s'il jouait à l'être. Cette façon d'être plaisait à Christiane.

Un soir, alors que ma mère et son compagnon étaient partis en Espagne pour une quinzaine de jours. Patrick et Christiane, laissant Fanny entre les mains d'une connaissance, sont partis en direction du pont de Laeken qui se trouvait à quelques mètres de la maison pour aller dans une péniche qui arrimait aux abords du canal. Cette péniche faisait office de dancing. Elle y allait pour « s'éclater » selon les dires de Patrick.

Au retour de cette soirée bien arrosée, vers minuits, Christiane a voulu traverser le pont afin de gagner quelques mètres de marche, en évitant de faire le tour par le passage pour piétons. Patrick l'en dissuada vu le danger mais elle n'écouta pas et Patrick resta en retrait. Au moment où Christiane emprunta ce pont, un taxi roulant à vive allure apparut à la vue de Patrick qui cria à Christiane du danger mais ce fut trop tard. Le taxi n'a pas eu le temps de freiner et percuta Christiane de plein fouet. Il était extrêmement difficile de voir arriver une voiture à cause de la forme bombée du pont et à cause de la pénombre de la nuit. Christiane a été projetée à quelques mètres de l'impact. Sa tête se fracassa sur le sol.

Rapidement, les secours sont arrivés et l'ont immédiatement conduite à l'hôpital Jules Bordet. Cet hôpital était réputé pour ses connaissances sur le cancer et tout ce qui touche au cerveau. Christiane était dans un très mauvais état. Elle était dans le coma, entre la vie et la mort.

Elle subit plusieurs opérations. C'est seulement trois semaines après l'accident qu'elle sortit du coma.

Patrick m'expliqua que ce soir-là il n'a pas été pris en charge par l'ambulance ni par la police qui arriva sur les lieux. Une fois l'ambulance parti, il resta sur le pont choqué comme pétrifié de ce qu'il venait de vivre. Il téléphona quelques temps après à un éducateur de la Chataigneraie pour venir le chercher.

Je suis allé à l'hôpital de Bordet dès que j'ai appris cet accident. Je fus très choqué de voir dans quel état Christiane se trouvait. Son visage était recouvert de bandages et sa tête avait doublé de volume. Ma mère est revenue rapidement de son voyage d'Espagne.

© Fh.2015   « Pont de Laeken où Christiane fut accidentée en 1980 »

Patrick vivait mal cet accident. Il devait culpabiliser, mais n'en disait rien. C'est lui qui a raconté les faits à la police et nous l'a raconté en détail par la suite. Il était choqué et je le comprends.

À ce jour, avec le recul, je me pose la question de son alcoolisme. Est-ce lié à ce qu'il a vécu avec Christiane, à sa culpabilité d'être présent au moment des faits et de ne pas avoir empêché Christiane de commettre l'irréparable ?

À cause de ce drame, Christiane a changé du tout au tout. Elle n'était plus capable de s'assumer et son humeur était tantôt cohérente, tantôt divagante. Elle souffrait d'un désordre psychique lié aux conséquences de ce terrible accident. Elle avait perdu son nouveau travail et ma mère n'a pas entamé de démarches pour qu'elle soit indemnisée éventuellement par l'assurance du taxi, ou pour qu'elle puisse bénéficier d'une aide de l'État comme handicapée.

J'avais introduit un dossier à la Vierge Noire, organisme de l'État qui subventionne les personnes atteintes de maladies graves, pour la faire reconnaitre comme handicapée, mais Christiane ne voulut pas coopérer, car elle disait qu'elle n'était pas folle. Les médecins n'ont pas pu l'examiner et le dossier a été classé sans suite.

Ma mère a supporté ce handicap sans vraiment exprimer une quelconque souffrance ou désespoir. Elle avait la garde de Fanny, mais elle ne travaillait plus à cause d'Éric, notre frère, car elle avait été reconnue responsable des méfaits commis par lui dans le quartier de Rhode-Saint-Genèse.

Éric avait commis plusieurs larcins dans des villas, proches du home. La police en profita pour lui mettre sur le dos tous les vols perpétrés dans le quartier depuis plus de deux ans. Ma mère, qui avait eu l'obligation de nous placer dans les homes, n'avait pas perdu pour autant ses droits civiques. Elle était, de ce fait, responsable de nos agissements bien que nous fussions dans les homes de l'État. Elle devait ainsi près d'un million de francs belges pour rembourser les victimes et les assurances. Elle avait pris la décision d'arrêter de travailler et de ne toucher que le minimum vital afin de ne pas rembourser les erreurs de mon frère qui était sous la tutelle de la justice. Elle avait donc un nouvel objectif dans sa vie : celui d'éduquer Fanny et de soutenir Christiane.

Ma mère avait rencontré auparavant un homme retraité, Charles, devenu veuf. Il cherchait une femme de compagnie par le biais d'une agence matrimoniale. Ils se sont mariés quelques années après. Ma mère semblait heureuse de recommencer une nouvelle vie avec lui. Charles était grand et velu, noir de cheveux et mince. Il semblait doux et attentionné. Il ne parlait pas beaucoup, mais semblait accepter la situation. Il était assez craintif, me semble-t-il, et ma mère avait vite fait de prendre le dessus. C'est elle qui prenait les décisions dans le couple. Il avait une petite maison dans le faubourg de Bruxelles, à Anderlecht, dans le quartier du Bon Air. C'est là que Christiane et Fanny ont continué de vivre.

Deux à trois ans après l'accident de Christiane, les choses reprenaient un cours normal jusqu'au jour où Christiane a rencontré un homme qui travaillait pour la voirie : Jacques G. Ils fréquentaient le même bistrot du quartier du bon Air. Ils se sont plu. Ma mère a accepté que Christiane se marie avec Jacques, mais je ne trouvais pas normale une telle union... Ils se sont mariés à la commune d'Anderlecht le même jour que ma mère avec Charles. Je m'en souviens bien, car je suis allé à la commune le même jour sans savoir que ma mère se mariait et que ma sœur en faisait autant. J'étais allé à la mairie pour un autre couple qui se mariait. Ils fréquentaient tous les deux les mêmes cours que moi à l'E.O.S. (Ecole Ouvrière Socialiste) au moment où je suivais mes études d'assistant social. Quelle surprise de voir et ma mère et ma sœur se marier au même moment ! Toute la famille était présente, la grand-mère maternelle, mon frère Eddy et sa femme.

Jacques G. était assez simplet et son apparence ne l'avantageait pas du tout. Il ressemblait à un vieux garçon mal habillé qui manifestement n'avait aucune personnalité. Je ne comprenais pas pourquoi ma mère avait accepté ce mariage. Était-ce pour se débarrasser de Christiane qui devenait trop lourde à supporter et à contrôler ? Je ne sais pas. Le fait est que peu de temps après leur union, le garçon d'apparence inoffensif commença à battre ma sœur et à la laisser dans la rue quand il travaillait. Quelquefois, il l'enfermait sur le balcon.

Christiane venait se plaindre tous les jours chez notre mère. Elle était manifestement malheureuse. Elle a commencé à boire du Martini. Ma mère ne l'a pas découragée. C'est même elle qui lui fournissait la boisson, car Jacques G. ne le faisait pas. Il la laissait sans manger et sans argent. Christiane devait se débrouiller seule, pourtant elle était incapable de se gérer sans une aide extérieure à cause de ses pertes de mémoire et son cerveau qui ne répondait pas toujours. Elle était sujette à des crises de colère. Jacques G. le savait, mais il semblait lui-même handicapé et incapable de s'assumer. Comment pouvait-il soutenir Christiane dans une telle situation ? C'était impossible.

Ma mère était dans le désarroi, mais se pliait aux désidératas de ma sœur en lui fournissant tous les jours une bouteille de Martini. Christiane ne voulait plus se nourrir. Un jour ma mère m'appela à la rescousse pour dissuader ma sœur de continuer sur cette voie. J'essayais de lui faire avaler quelque chose de solide, mais son estomac était atrophié. Elle ne savait plus manger. Quelques mois après, elle a été hospitalisée dans une clinique proche de la chaussée de Ninove. Je suis allé la voir, mais elle devenait méconnaissable tellement son visage avait fondu ; sa peau comme ses yeux viraient vers le jaune. Elle avait vieilli de 50 ans en peu de temps. Je ne m'attendais pas à une métamorphose aussi rapide. Peu de temps après son hospitalisation, elle mourut.

C'est donc par un coup de fil de ma mère à mon travail que j'ai appris la mort de ma sœur Christiane. J'ai pleuré au point que le chef de service m'a raccompagné chez moi en voiture pour que je puisse me remettre de mes émotions. La tristesse m'envahissait au plus profond de moi. Il m'a fallu quelques jours pour me remettre de tout cela et aller la voir au cimetière.

Peu après, ma mère me rappela par téléphone, car elle n'arrivait pas à faire comprendre à Fanny qu'elle ne verrait plus sa maman. Fanny demandait toujours où était sa maman. Je lui ai expliqué en me mettant à sa hauteur et en la regardant dans les yeux avec tendresse qu'elle ne reverrait plus jamais sa maman et qu'elle nous avait quittés définitivement. Elle avait 5 ans. Je ne sais plus ce que je lui ai dit par la suite, mais elle semblait comprendre la situation et elle a accepté. Elle n'a jamais pleuré la perte de sa maman comme si c'était une évidence. En tout cas elle n'a plus jamais demandé après elle.

Avec le temps, les choses ont repris leur cours. Fanny a grandi normalement, et cela grâce à Charles qui était très attentionné et la suivait dans sa scolarité. C'est le seul beau-père pour qui j'ai eu de l'affection. Je reconnaissais sa gentillesse et son amour pour Fanny. On n'avait pas de discussions, car il était assez simple, il aimait le cyclisme et le football. Moi je n'ai jamais aimé le sport. Nous n'avions donc pas les mêmes centres d'intérêt, mais je le respectais et il faisait de même envers moi. Il n'a jamais pris une place qui ne lui appartenait pas.

Charles est mort quelques années après Christiane.

Ma mère maintenant vit seule avec, je suppose, la visite régulière de Fanny.

La dernière fois où j'ai vu Fanny, c'était à l'enterrement d'Eddy. Ma mère n'y est pas venue par peur de nous revoir ou par manque d'intérêt, car nous étions Patrick, Édouard et moi présents à cet enterrement. J'ai demandé des nouvelles d'elle, mais Fanny était assez discrète sur la question. Elle avait reçu, il me semble, des instructions de ma mère ; tout allait bien pour elle apparemment.

J'attends le jour où un coup de fil me sera donné pour me dire que ma maman est décédée. J'y pense souvent. C'est le lot de toute vie que de disparaître un jour.

Pour reprendre la suite de ma vie, j'ai quitté mon emploi, car je voulais vivre autre chose qu'une vie de bureau. J'ai entamé des études d'éducateur à Namur, dans une école de promotion sociale pour « travailleurs en fonction ». J'avais deux jours de cours, le lundi et le samedi. J'avais trouvé un endroit pour faire mon stage dans un home où mes frères Éric, Édouard, Daniel et Patrick avaient été auparavant : La Chataigneraie.

« Christiane en Espagne, 1979 »

© Fh. 2015   « L'innocence »

Mes études d'éducateur,

« La Chataigneraie à La Hulpe »

Pour entamer des études d'« éducateur en fonction » à l'école de Namur, je devais faire un examen d'entrée, car je n'avais pas mes humanités, équivalent au baccalauréat pour la France. Il s'agissait de connaître mon niveau de maturité, mes aptitudes écrites et orales. Je devais faire un résumé d'un texte qu'un professeur en psychiatrie avait écrit et synthétiser cet écrit en quelques phrases sans y ajouter de propos personnels. Il y avait des calculs et des exercices en français. J'ai passé un entretien avec un professeur pour connaître mes motivations à poursuivre cette formation.

Paul Wittebols entamait en même temps que moi cette formation. C'était une aubaine, car il pouvait me prendre en voiture chaque lundi et samedi. Paul n'avait pas de diplôme d'éducateur et souhaitait évoluer dans son travail en acquérant un diplôme supérieur qui lui permettrait de devenir chef éducateur ou directeur. Il occupait déjà le rôle de chef éducateur, mais sans le salaire afférent.

L'école proposait deux formations, l'une d'éducateur spécialisé qui durait trois ans et une autre qui orientait les éducateurs vers un travail de rue ou externe au système institutionnel classique. Cette formation s'appelait « éducateur spécialisé en milieu de la vie associative. » Cette formation était au même niveau de compétence que celui des éducateurs spécialisés. Elle était axée sur une gestion du secteur socioculturel pour pallier la crise qui touchait tout le secteur associatif. Il était temps de sauver le secteur associatif de la crise économique sans précédent que vivait la Belgique.

J'ai choisi cette formation pour ne pas me trouver avec Paul qui aurait certainement posé un frein dans mon évolution affective et psychologique. J'avais besoin de me trouver un palliatif entre ce que je connaissais de ce métier par mon expérience d'enfant placé et mon devenir professionnel. J'avais déjà entamé à deux reprises des études d'assistant social et j'excellais dans les lois et la sécurité sociale. Grâce à Le Hung, j'avais découvert en moi un côté matheux. J'aimais tout ce qui touchait à l'intelligence abstraite et logique. Le guide du droit social était mon livre de chevet. J'aimais découvrir le droit du travail et ses rouages.

C'est donc tout naturellement que j'ai choisi de suivre cette formation d'éducateur spécialisé dans le milieu associatif. Il y avait en plus de la comptabilité, du droit, du marketing. L'aspect psychologique était moindre et notre formation se basait sur une expérience professionnelle dans le milieu associatif. La plupart des professeurs venaient du secteur associatif de Wallonie. J'ai découvert comment apprendre à mettre sur pied un projet associatif et le vendre au même titre qu'une entreprise commerciale. Cette formation m'ouvrait des portes pour mon avenir professionnel et était un bon compromis entre mes expériences personnelles et mes aptitudes.

J'ai dévoré ces trois années d'études. Je n'ai pas vu le temps passer et je prenais très au sérieux cette formation. Je vivais depuis des années une frustration dans ma scolarité parce qu'elle ne correspondait pas à mes capacités intellectuelles. Je devais toujours me battre pour trouver un emploi intéressant et pour ne pas être relégué dans des boulots subalternes.

Paul n'a pas terminé ses études la même année que moi mais l'année suivante, à cause de ses problèmes familiaux. Il vivait depuis longtemps une vie de famille très frustrante et humiliante. Sa compagne, Françoise de L. qui était assistante sociale à la Chapelle de Bourgogne, était certes éprise de lui, mais ses parents ne voyaient pas cette union d'un bon œil. Paul n'était pas nanti et n'avait pas de statut social comme la famille de Françoise, qui était « de la haute ». Le petit « de » accolé à son patronyme a toujours été une entrave dans leurs rapports conjugaux.

Paul était très souvent humilié par sa belle-famille et Françoise qui ne connaissait que la bourgeoisie ne voyait pas vraiment où le bât blessait. Paul essayait de s'adapter, mais cela lui était difficile. On voyait par son habillement, une volonté de répondre favorablement aux attentes de la belle famille. Paul mettait des foulards et des chemises. Il lui a fallu un certain temps pour comprendre qu'il était nécessaire d'acheter des chemises avec un col plus large pour ne pas se sentir serré au port d'une cravate.

Peu de temps après son mariage, Paul réussit son permis de conduire et la belle-famille lui permit de conduire une voiture qui lui avait été achetée au nom de Françoise.

Paul trouvait difficilement sa place et cela lui rappelait également son origine modeste.

Lors du mariage, les parents de Françoise avaient exigé un contrat de mariage pour distinguer les biens de l'un et de l'autre. Paul n'avait rien comme biens tandis que Françoise avait reçu comme cadeau de noce une belle maison à Rhodes-St-Genèse, commune huppée du faubourg de Bruxelles.

Ce sont toutes ces maladresses qui mirent leur union en péril.

Faut-il en conclure qu'un contrat de mariage est nuisible à l'union de deux êtres qui s'aiment ? Vu le nombre extraordinaire de divorces et des mariages gris, c'est une bonne chose, mais c'est un frein à l'harmonie du couple.

La plupart des mariages que j'ai connus et observés et qui se sont soldés par un échec ont des caractéristiques communes, la différence de classe sociale, culturelle, professionnelle, religieuse et raciale. Ces cinq points, pris individuellement ou collectivement, peuvent être une bombe à retardement dans le couple, car là où il n'y a pas harmonie et cohésion, il y a divergence et dissonance ! C'est triste de constater que pour les spécialistes de la relation conjugale, la cause principale du divorce soit l'infidélité ! L'infidélité n'est pas une cause mais une résultante d'un problème dans le couple. C'est une fuite implicite. C'est un signe d'insatisfaction non verbalisé comme pour l'alcoolisme, la violence conjugale et l'absence ou la fuite dans le couple. Je suis triste de constater que bien souvent les soucis de notre société sont mal compris ou mal cernés par les spécialistes. Souvent on attribue une cause à une attitude qui découle d'une cause. Par exemple, actuellement, nous vivons des insécurités répétées au sein de nos villes, à « cause de l'intégrisme religieux ». Ce n'est pas l'intégrisme religieux qui est la cause de l'insécurité mais bien l'insécurité elle-même qui est une des causes de l'intégrisme. Combien de personnes souffrent d'insécurité ? Ce sont ces phénomènes de peur qui engendrent l'intégrisme religieux ou politique. C'est d'ailleurs souvent un des points qu'utilisent les mouvements sectaires ou à dérive sectaire pour enrôler les petites gens.

La boucle est bouclée : La montée des mouvements extrêmes et sectaires alimente à son tour le sentiment d'insécurité qui est l'expression d'une peur, d'une insatisfaction ou d'une injustice. Le terrorisme est le résultat d'une injustice et d'un dysfonctionnement de notre société démocratique, comme aimait le dire Léo Ferré.

Je regrette de ne pas avoir connu à l'époque, l'expérience que j'ai acquise à ce jour car inévitablement, par amour, j'aurais pu répondre aux appels de Paul qui souvent se confiait implicitement en m'exprimant ces frustrations répétées.

Souvent, j'étais appelé pour servir lors de banquets politiques ou familiaux. J'aimais beaucoup leur être utile. Je découvris ce milieu social. J'aimais bien observer les gens et apprendre sur eux. Paul et Françoise me demandaient aussi très souvent de faire du babysitting. Ils avaient eu trois enfants ; le premier était un garçon, Romain, suivi de deux filles, Joanne et Nathalie. Ces enfants étaient adorables et bien éduqués. C'était un plaisir de m'occuper d'eux. J'aimais beaucoup ce couple. Il représentait un idéal familial.

Pourtant, un jour est arrivé ce qui devait arriver quand une personne ne se sent pas à sa place. Paul a rencontré une éducatrice à la Chapelle de Bourgogne qui souffrait d'une maladie inconnue à l'époque qui est la fibromyalgie. Paul avait été sensible à cette maladie et à la souffrance de cette éducatrice, nommée Nathalie. Elle était simple et très naturelle. Elle était de classe modeste. Je l'avais à peine rencontrée lorsqu'elle était venue à la Chapelle. Elle s'occupait du groupe des petits alors que je quittais la Chapelle pour aller au home des jeunes travailleurs.

Un jour de week-end, Paul et Françoise m'avaient demandé de les aider à repeindre la cuisine. J'avais passé toute la journée à peindre alors que Paul avait eu un empêchement qui justifiait son absence du foyer. Françoise me soutenait dans ce travail, mais je voyais qu'il y avait un problème. Paul qui devait venir, n'arrivait toujours pas. J'ai terminé seul la peinture de la cuisine. Il était près de 22 heures. Paul est arrivé juste au moment où je comptais partir. L'inquiétude de Françoise était palpable. J'ai décidé de rentrer à pied parce que je voyais bien que Paul cachait quelque chose à Françoise. Ses yeux brillaient. Je ressentais en lui une relation amoureuse à peine éveillée. Je voyais dans ses yeux qu'il l'avait trompée. La situation était très embarrassante.

Peu de temps après, j'ai appris qu'ils se séparaient. J'étais très triste de cette rupture, car je voyais en Paul et Françoise une famille solide sans fioriture, un modèle à suivre.

Je ne m'en suis pas mêlé. J'ai gardé jusqu'à peu des relations privilégiées avec Françoise et avec Paul même si la vie a fait que nous nous rencontrions moins souvent qu'à l'époque. J'ai juste dit à Paul que le chemin qu'il prenait était une route sinueuse et difficile pour lui et sa famille.

Françoise, Romain, Joanne et Nathalie sont devenus à leur tour des blessés de la vie. Il faut souvent beaucoup de temps pour sortir de cette blessure affective qu'est l'abandon ou le rejet.

Paul souffrait très régulièrement de maux d'estomac. Plusieurs ulcères l'ont alité durant des mois. Paul m'expliqua que ces ulcères étaient une expression d'un mal-être dans le couple. Peu après son divorce, Paul n'a plus souffert d'ulcère à l'estomac mais a pris plusieurs kilos. Certains justifient sa prise de poids par sa guérison mais permettez-moi d'en douter. Selon les caractéristiques de Lise Bourbeau, dans son livre intitulé « Les 5 Blessures qui empêchent d'être soi-même », Paul aurait souffert de la blessure de l'humiliation. Sa nouvelle morphologie serait l'expression de cette nouvelle blessure.

J'ai revu Paul à trois reprises depuis mon départ de la Chapelle. L'une fut en 2011, à la Chapelle quand mes enfants ont voulu connaitre le lieu de ma jeunesse. Nous avons discuté de spiritualité et j'ai découvert un homme très croyant alors qu'à l'époque de mon placement, nous n'avions jamais aborder cet aspect de la vie. La suivante fut lors de nos retrouvailles avec les anciens de la Chapelle, en 2012. J'avais organisé les retrouvailles avec les jeunes que j'avais connus à la Chapelle et les éducateurs avec qui j'avais encore des contacts. Nous avions convenu de nous revoir dans un resto non loin de la Chapelle pour y manger des spaghettis. Nous étions une vingtaine de personnes. C'est toujours un moment d'émotion que de se retrouver après tant d'années. La dernière fois fut à l'hôpital Molière quand Paul a été atteint d'une pneumonie fulgurante. Il a été mis dans un coma artificiel pour soigner sa pneumonie. J'ai assisté à ses derniers moments de vies avec ses enfants et Nathalie, sa compagne. Beaucoup de personnes sont venues le voir quand il était à l'hôpital dont Françoise, la maman de ses enfants et des éducateurs de la Chapelle de Bourgogne.

C'est très douloureux de connaitre ces instants où un être aimé nous quitte, alité dans un hôpital, branché à des machines pour l'aider à respirer. Paul ne s'est jamais plus réveillé et une fois les machines débranchées, il nous a quittés pour de bon.

Paul nous a quittés le 20 janvier 2015. Françoise a pris une retraite anticipée et vit toujours à Rhodes-St-Genèse dans la maison qui a vu naître leur union.

J'ai été convié à l'enterrement pour soutenir la famille et surtout pour saluer Paul une dernière fois. J'ai pris la parole, à l'église St-Pierre, au parvis d'Uccle, lors de son enterrement pour témoigner de sa dévotion à l'égard des enfants des homes et aussi pour ses trois enfants qui ne comprenaient pas pourquoi Paul consacrait plus de temps aux enfants des homes que pour eux.

Paul était croyant pratiquant, il allait régulièrement à la messe de son quartier, à Uccle.

« La lumière ne se fait que sur les tombes », disait Léo Ferré dans sa Préface. Cette expression se rapporte bien à Paul qui révéla, à sa mort, cet amour inconditionnel à sa profession de cœur. Il nous a quittés à quelques jours de sa retraite, à croire qu'il ne voulut pas connaitre autre chose. Il *ressemble étrangement à un capitaine de navire qui ne voulut pas quitter son bateau alors qu'il était sur le point de sombrer.*

Je remercie ses trois enfants pour cette acceptation du partage que Paul fit pour nous aider à sortir de ce manque d'amour dont lui-même souffrit dans sa petite enfance. Paul a partagé ce que peu de personnes feraient. Il a consacré toute sa vie à soutenir, aider et orienter des centaines d'enfants en perdition. Je suis de ceux-là. Rien ne pourra remplacer un tel amour à notre égard. Il me manque. Je garde au fond de moi cette dévotion comme un engagement et un cadeau de la providence. Paul bien que parti reste en mon cœur comme un être toujours bien vivant.

J'espère que l'exemple de Paul sera un témoignage pour d'autres personnes qui vivent ou vivront une situation similaire.

J'espère aussi que ses trois enfants comprendront ce partage d'amour et ses maladresses affectives. Paul laisse néanmoins derrière lui un héritage, une voie à suivre qu'est l'amour inconditionnel.

J'espère également laisser une trace, au travers de ce livre, d'un homme, bien que commun, qui pourrait-être monsieur tout le monde mais qui fut celui qui me permit de poursuivre mon chemin dans la vie, Paul Wittebols !

J'ai terminé ma dernière année d'étude avec difficulté, car il fallait écrire un mémoire de fin d'année. Je n'avais pas de projet concret à réaliser. Je ne travaillais plus à la Chataigneraie. J'avais passé une bonne année dans cette maison unifamiliale de 25 enfants. Il y avait des garçons et des filles de tous âges. Il manquait manifestement une structure. Les enfants étaient souvent livrés à eux-mêmes. Il n'y avait pas de différences entre les adolescents et les petits. Tous vivaient ensemble tant bien que mal. Mais c'est surtout les petits qui subissaient ce manque de structure. Pour donner un exemple caractéristique, il y avait une seule pièce qui servait de salon. Un seul grand fauteuil de quatre places et une seule télévision. Le soir les grands éjectaient les petits du fauteuil pour y prendre place.

Les petits ne pouvaient pas s'épanouir pleinement à cause de l'attitude des grands. Il y avait toujours des bagarres pour savoir qui allait utiliser le fauteuil. Les plus faibles devaient se mettre devant, assis par terre et subissaient le programme choisi par les plus forts. Nous devions constamment nous interposer et cela créait une tension chez les enfants comme chez les adolescents. En discutant avec l'un des grands de la maison, je lui demandais pourquoi tant de haine envers les petits. Il me répondit que quand il était petit, il subissait la fureur des plus grands et qu'il trouvait tout à fait normal, maintenant que lui devenait grand, qu'il en fasse de même avec les plus petits. Je devais donc me battre non seulement contre l'attitude des adolescents envers les petits, mais aussi contre une mentalité bien ancrée dans la maison et qui retraçait son histoire.

Une des premières choses que j'ai mise en place avec un collègue qui s'appelait François V., était une séparation des groupes afin de mieux les canaliser. Nous avions, lors de nos réunions éducatives, demandé de spécifier les pièces d'accès et de privilégier l'épanouissement des enfants en séparant physiquement la maison en deux groupes distincts : les petits d'un côté et les grands de l'autre. Il était possible que chaque groupe puisse avoir un salon, un réfectoire et des chambres sans devoir constamment être confronté l'un à l'autre. Il y avait des pièces communes et il leur était possible de se voir s'ils le désiraient. Mais l'idée de permettre aux enfants de pouvoir faire leurs devoirs, de manger calmement et de vivre une vie plus sereine, devait primer. Nous avons également divisé l'équipe éducative par groupes. Le repas se faisait par l'éducateur de service pour l'ensemble de la maison. Il n'y avait pas de cuisinier. L'intendance était effectuée par le « Papy » et la gestion de la maison par la « Mamy » qui jadis était la directrice et la fondatrice de cette maison.

Mes frères qui vécurent jadis en cette demeure me parlaient souvent de Mamy et de Papy. Cette structure était bon enfant et se basait sur un cadre de vie de famille nombreuse. Mais il y avait des anomalies structurelles et pédagogiques. Un groupe de bénévoles venait souvent participer aux activités extrascolaires pour soulager les éducateurs. Dans ce groupe, il y avait un psychiatre qui avait de bons contacts avec la directrice de l'époque. C'est par cette entremise que les choses ont petit à petit fait évoluer les habitudes de la maison vers une structure de plus en plus adaptée au bien-être des enfants.

Les grands ne voyaient pas d'un bon œil la restructuration de la demeure. Nous avions également mis en place un moyen de communication pour que les éducateurs et les enfants puissent partager ce qu'ils avaient vécu durant la semaine. Chaque semaine, il était prévu un moment, une réunion où les jeunes pouvaient s'exprimer. C'était l'occasion de communiquer et d'orienter la vie du groupe vers un mieux-être. Le but était de permettre aux jeunes de s'exprimer et de structurer leur vie par la communication verbale et non par la violence. À la Châtaigneraie, c'était la loi du plus fort qui primait. Il fallait changer tout cela et ce travail n'était pas une mince affaire.

Pendant les six premiers mois, nous avons réussi à établir cette nouvelle structure, mais pas sans difficultés. Les jeunes étaient révoltés au départ et ne comprenaient pas pourquoi nous changions la structure de la maison. Il a fallu user de stratégie pour faire accepter ces changements. J'avais compris par ma formation que pour imposer un point qui ne pouvait pas être discuté ou remis en question, il fallait en contrepartie proposer un point qui lui pouvait être ou refusé ou boycotté. C'était une façon d'orienter la révolte vers des choses de moindre importance. Nous avions imposé les pièces de vie et les interdictions, mais en même temps, nous leur proposions le choix de la décoration des pièces de vie. Nous savions qu'ils refuseraient de participer, mais le but était de faire passer la pilule, comme on dit, sur le choix des pièces et les limites d'accès aux pièces prévues pour le groupe des petits. Nous avions terminé notre première réunion dans un chahut et un capharnaüm indescriptible, mais le but était atteint.

François V. et moi-même avons passé le week-end à peindre les pièces. Nous avions commencé seuls, mais après un moment quelques jeunes nous ont rejoints pour l'embellissement des pièces nouvellement attribuées. Nous avions reçu une grande télévision et des fauteuils. La table et les chaises étaient déjà sur place. Nous avions également mis des règles de vie de groupe comme un programme bien établi pour l'utilisation de la télévision. Il fallait, dès le retour de l'école, faire les devoirs. Nous étions disponibles pour les aider. Le soir, la télévision était à l'honneur, mais aussi les jeux de société. La plupart des enfants passaient leur temps dans leurs chambres à écouter de la musique ou à étudier. Il y avait une meilleure ambiance et les petits pouvaient enfin avoir une vie plus sereine. Nous pouvions enfin vivre comme si nous étions dans une grande famille.

Mamy devait se retirer petit à petit pour laisser place à un professionnel de la petite enfance. Elle s'occupait de plus en plus de l'administration. Elle vivait moins avec les enfants. Quelques années auparavant, elle habitait à la Chataigneraie avec ses enfants et son mari. Ses enfants étaient mélangés avec les enfants institutionnalisés. Cela n'était pas bon, car il y avait des abus de pouvoir entre les jeunes. Un des garçons abusait des filles de la maison et vice versa avec leur grande fille. Il n'y avait rien pour éduquer les enfants sur la sexualité. Les jeunes étaient confrontés à leur sexualité librement, ce qui posait des gros problèmes. Des éducatrices sortaient avec des jeunes adultes qui étaient encore sous le toit de la maison sans que cela soit jugé inapproprié. Je fus moi-même confronté à ce problème avec une jeune fille qui s'appelait Muriel S. Elle avait 15 ans. Elle était attirée par moi. J'avais de la peine à repousser ses avances, car elle était très attirante et manquait cruellement d'affection. Elle avait vécu la mort de sa mère, que son père avait tuée à coups de hache devant elle alors qu'elle n'avait que neuf ans. Pas facile pour moi qui étais sensible à tout cela. J'ai pu l'aider à grandir, mais avec beaucoup de difficultés, car j'étais englué dans cette relation qui devenait de plus en plus fusionnelle. Muriel mettait facilement une mauvaise ambiance au sein de la maison. Elle était le leader du groupe des grands. Il devenait difficile de la maîtriser, mais comme elle était attirée par moi, je bénéficiais de son aide auprès des autres jeunes du groupe. Il était difficile de travailler dans ce contexte, mélangé d'attirance et d'objectivité. J'ai tenu bon malgré des tiraillements extraordinaires en moi. Nous avions une certaine complicité que d'autres jalousaient.

Après mûre réflexion, nous avions trouvé bon de déplacer Muriel vers une maison pour jeunes filles qui était plus structurée et qui se situait à Uccle. Muriel vécut mal cette séparation qu'elle ressentit comme une trahison. Le directeur et l'assistante sociale l'avaient accompagnée dans son nouveau foyer. Le soir même, Muriel me téléphona en pleurs pour me dire qu'elle voulait revenir à la Chataigneraie. Nous ne pouvions pas lui accorder ce retour, mais peu de temps après, elle était réapparue après avoir fugué.

Le home de jeunes filles d'Uccle renonça à la reprendre, ce qu'elle considéra comme une victoire inespérée. Nous avions dû la garder le temps de lui trouver un nouveau foyer. Je l'ai accueillie lors de son retour. Je me souviens lui avoir parlé de ce qu'elle venait de vivre et que cela ne devait pas être facile à supporter. Elle savait que j'avais vécu dans des homes et que mes frères avaient vécu à la Chataigneraie avant mon arrivée. Je lui parlais de mon vécu. Les émotions étaient intenses et sa souffrance très grande. Nous avions trouvé un terrain d'entente. Elle savait qu'elle devait partir sous peu, mais elle désirait profiter pleinement de ce répit. Elle n'a plus posé de problème par la suite et l'assistante sociale lui a trouvé une place dans un home qui se situait dans les Ardennes loin de sa famille destructrice. Cette famille, qui appartenait à la Mafia italienne vivait, semble-t-il, en partie de la prostitution enfantine. Un oncle de Muriel me téléphonait très régulièrement pour nous avertir de ce que devaient subir Muriel et son frère jumeau lors de ses retours en week-end. Je ne savais pas si cet oncle disait vrai, mais l'assistante sociale qui s'appelait Cécile P. me confirma le danger d'un tel retour dans sa famille et de sa promiscuité.

Muriel a donc quitté la Chataigneraie une petite semaine après son retour. Elle a mieux vécu son départ et nous a régulièrement rendu visite quand elle le pouvait par la suite. L'ambiance de la maison n'était plus la même sans elle, mais nous respirions un peu plus.

Elle m'a recontacté par la suite via Facebook. Elle désirait me revoir, car elle avait ressenti notre séparation comme un abandon affectif qui a laissé en elle un déchirement émotionnel. Nous nous sommes donc revus en 2007 avec d'autres jeunes de la Chataigneraie et une ancienne collègue, Adeline.

C'est extraordinaire de voir avec le recul tout ce que nous avons pu apporter à ces jeunes comme réconfort affectif. Ils en sont reconnaissants une fois adulte. Les retrouver après tant d'années nous a réconfortés. Nous avons échangé beaucoup d'anecdotes et de souvenirs. Ce n'est pas pour autant que leur vie soit toujours rose, mais on sent la volonté de s'en sortir et de fonder un foyer stable avec des enfants et de ne pas vouloir reproduire les mêmes erreurs que les parents. Muriel avait cinq enfants, pas du même père, mais elle semblait vivre une vie stable et épanouie. Nous nous sommes quittés après un bon bol de souvenirs.

Je suis resté un an à la Chataigneraie. Mon départ fut précipité à cause d'un conflit avec Mamy qui ne voyait pas d'un bon œil les changements qui s'opéraient au sein de sa maison. Elle se sentait de plus en plus exclue de la vie des jeunes. La direction devait marcher sur des œufs la concernant. Je subis sa mauvaise humeur. La direction n'a pas renouvelé mon contrat. Le psychiatre qui prenait de plus en plus position dans la vie du home m'avait dit d'attendre le départ de Mamy, car il savait qu'elle ne pourrait plus s'occuper de la maison. Effectivement après quelques mois, elle a fait une tentative de suicide et elle s'est retirée de la Chataigneraie. C'est le groupe de bénévoles qui a constitué le conseil d'administration par la suite. Je n'ai pas demandé à être repris ayant d'autres projets avec ma formation d'éducateur. Les jeunes passaient très souvent chez moi pour me donner de leurs nouvelles.

Je dois dire que ce travail m'a beaucoup appris et m'a montré que c'est un travail qui demande beaucoup d'investissement tant émotionnellement qu'intellectuellement.

Je me souviens de ce débat lors de ma première année d'étude sur la vocation du métier. Je suis persuadé qu'il s'agit d'un travail qui demande plus que simplement faire acte de présence. Ce travail demande une véritable implication tant émotionnelle et intellectuelle que physique. Le temps ne compte pas quand il s'agit d'humains, qui plus est d'enfants, qui sont en carences affectives et structurelles.

Nous subissons depuis quelques années un revirement dans notre société. Elle reste dans son appellation « sociale », mais seulement de nom, car la vie se transforme en une machine de rentabilité et de profit tant sur le plan commercial que sur le plan social et culturel. Ma formation se situait au début de cette évolution qui voulait rendre les services culturels indépendants des subsides de l'État. Les caisses de l'État étaient mal gérées, il fallait trancher dans le budget de l'entraide. La société de services se transforme irrémédiablement en une société de consommation. Tout s'achète, tout se paie. Nous sommes loin de cette société jadis qui favorisait l'entraide avec un dévouement presque religieux. Notre système médical en est la preuve irréfutable. Jadis, toute famille avait un médecin attitré et quand un problème survenait, elle pouvait compter sur le dévouement du médecin pour venir, peu importe l'heure. Actuellement, si vous avez le malheur de tomber malade en dehors des heures de bureau, vous êtes automatiquement redirigés vers un service extérieur à votre médecin, le service SOS médecin. Ce service comprend de jeunes médecins, mais personne ne connait votre dossier médical. Il en est de même avec les autres corps de la médecine. Le sacrosaint à notre époque est le professionnalisme par outrance au détriment du bien-être ou de la plénitude de la collectivité. Tout cela, car on estime qu'il faut « rentabiliser » au point de « profiter » de l'aide élémentaire par une « vente » de soi ou de ses aptitudes. Il y a également un manque de reconnaissance du secteur de la santé et des abus des usagers qui engendrent aussi ce phénomène bureaucratique, caractéristique d'un besoin de protection.

J'ai donc quitté la Chataigneraie pour travailler bénévolement pour une petite ASBL (Association Sans But Lucratif) de quartier qui proposait des stages de théâtre. Elle se nommait « l'Art majeur ».

François V, mon collègue et Ophélie, sa petite amie, habitaient à Watermael-Boitsfort, au coin de la rue des Touristes où j'ai élu domicile trois mois en attente que la petite maison du 51 de cette même rue soit disponible. C'était une connaissance de François qui occupait cette maison unifamiliale. Cet ami avait acheté une maison en province et désirait s'y installer avec sa nouvelle compagne. Je devais donc attendre trois mois. En attendant, j'avais quitté mon ancienne demeure, rue des Vignes pour soutenir Christian qui avait été expulsé par le syndic véreux qui travaillait pour la police et convoitait l'ensemble de la maison. Or, je devais trouver une demeure proche de la Châtaigneraie.

© Fh. 2015   « 51, rue des Touristes 1170 Bxl »

Ophélie avait créé sa propre Association pour proposer des cours de théâtre improvisé par la méthode de l'Art dramatique à des populations défavorisées. Elle se faisait appeler « Ophélie », car elle n'aimait pas le nom de « Marie » que sa maman lui avait donné.

Je m'étais proposé de faire un stage au sein de son Association et de l'aider pour les démarches administratives en m'occupant de l'aspect comptable. Elle voyait en cela une bénédiction et nous avons pendant près de deux ans accompli nos activités à merveille. Il est vrai que chaque année était source de problèmes sur le plan financier, mais chacun trouvait une sorte d'épanouissement dans ce projet. J'entretenais avec Ophélie et François V. une très bonne amitié. Peu de temps après ma formation, ils ont décidé de déménager vers Mouscron. L'ASBL fut dissoute après leur départ.

J'avais fait mon mémoire sur cette Association dont le titre était « L'association de petites Associations, une solution pour certains Centres d'Expression et de Créativité (CEC) ». Je revendiquais une solution pour pallier les problèmes que vivaient les petites structures socioculturelles à cause de la crise qui ne permettait plus de subventionner convenablement les initiatives de quartiers destinées à répondre à la violence et à l'isolement de plus en plus grand des classes sociales défavorisées et des étrangers au sein de notre société. Une solution envisageable était d'associer ces petites structures à travers une administration qui prendrait en charge les tâches financières ou organisationnelles. Il devenait de plus en plus difficile de répondre aux exigences de l'État qui demandait de plus en plus de paperasse avant d'attribuer des subsides.

À l'époque, une Association de quartier recevait une enveloppe de 50.000 francs belges par année, équivalent de 1400 euros. C'est l'équivalent d'un mois de salaire pour un employé de bureau. Cette somme devait servir à couvrir l'entretien, la location, le chauffage, le téléphone et le personnel pour gérer l'Association. Il n'était pas possible de vivre décemment avec cette somme, car elle ne couvrait pas les frais de l'ASBL et mettait les artistes ou les artisans dans une situation de précarité. Ils dépendaient du chômage pour pouvoir exercer leur « Art ». C'était difficile de demander à une population défavorisée de prendre en charge le salaire d'un artiste. Le prix réel du stage aurait empêché les petites gens d'y participer et de s'épanouir. Encore une fois, la culture était pour les riches.

Nous nous battions pour la rendre plus démocratique en recherchant des fonds et des sponsors, mais cela demandait beaucoup de temps, ce que ne pouvaient pas faire les professionnels du métier de l'Art. De plus, les moyens financiers ne permettaient même pas de couvrir les permanences téléphoniques, les frais du secrétariat, de publicité et de gestion d'une ASBL. La solution se trouvait dans une association de petites structures. Si chacune injectait une partie des subsides, il était possible d'engager un employé de bureau qui aurait pris en charge la gestion, la permanence et l'administratif pour un ensemble d'Associations de quartier. Cela aurait permis de diminuer les frais de publicité, d'augmenter le temps de permanence et de permettre aux artistes de s'occuper essentiellement de ce en quoi ils excellaient : « l'Art ».

Peu de temps après le dépôt de mon mémoire, le secteur médical appliquait ce genre d'association en créant des permanences téléphoniques et administratives avec un seul bureau pour un ensemble de médecins de quartier. Cela permettait au corps médical de diminuer fortement leurs charges administratives et de pouvoir s'occuper essentiellement des malades.

Mon mémoire est resté au stade de projet, car l'ASBL l'Art Majeur fermait ses portes. Je partis donc pour un nouveau travail dans une institution pour enfant du juge qui se situe à Etterbeek, et qui s'appelle le Condor.

Je venais de terminer avec succès ma formation, non sans difficultés. J'avais bâclé mon mémoire afin d'éviter de perdre une année scolaire. Si je ne remettais pas mon mémoire avant la date fatidique du 5 septembre 1989, je devais le représenter l'année suivante. Ce mémoire pourtant fort intéressant ne me motivait plus à cause de la démotivation d'Ophélie qui voulait arrêter son activité par manque de moyens financiers.

J'avais terminé ma formation à plus de 80%, mais il me fallait encore remettre ce mémoire de fin d'études. À la défense de celui-ci, devant un jury, j'ai été confronté à des personnes qui doutaient de mes écrits. Certains pensaient que j'avais fait du plagiat, et d'autres pensaient que je n'avais pas écrit moi-même le contenu. Je fus confronté à des questions de pure mémoire. On me posait des questions sur le contenu et pas sur le fond. Je les invitais tout naturellement à relire la partie concernée, en leur précisant la page où le sujet avait été traité, car je n'avais pas compris qu'ils voulaient que je leur confirme de vive voix les propos de mon mémoire. Dans le doute, j'ai réussi, mais à la délibération, ils ont descendu mes points de fin d'année pour que je ne reçoive pas la distinction. J'ai eu 69,5% au total.

Je ne le regrettais pas, car je l'avais bâclé. Je n'avais pas eu le temps de corriger ni de relire ce que j'avais écrit. Ce mémoire, je l'ai jeté dès que je fus rentré à la maison. C'était pour moi un simple moyen d'arriver à devenir éducateur et de confirmer ce statut en terminant ma formation. Ce que je fis en cette année 1989. C'est ainsi qu'au lieu de devenir boulanger ou pâtissier, je suis devenu éducateur en milieu associatif.

Entretemps, j'avais emménagé au 51, rue des Touristes. François V. qui habitait au coin de la même rue m'avait directement mis en contact avec le propriétaire. Ce propriétaire habitait à Uccle. C'était un ancien officier militaire retraité à l'âge de 48 ans. Rapidement, nous avons convenu du prix et de la durée de notre engagement. J'étais parti pour une location de 3 ans et d'un prix modeste de 7000 francs belges. La maison était petite et vétuste. Elle comprenait deux pièces au rez-de-chaussée et deux pièces au premier étage.

Les toilettes se situaient au sous-sol à l'extérieur. L'endroit était moche et n'inspirait pas l'envie de passer un moment ne fusse que pour y vider ses entrailles. J'avais une sainte horreur des araignées et cet endroit en grouillait. Il y avait un petit jardin et une vieille terrasse recouverte par un toit en verre dont les vitres étaient pour la plupart brisées et rafistolées avec du papier adhésif. Le jardin était entouré de hauts murs sur la partie droite et au-devant. La partie de gauche jouxtait le jardin du 49 de la rue, dont il n'était séparé que par un grillage. Les voisins étaient Italiens et le mari était violent. J'entendais régulièrement des disputes le soir. Un jour, j'ai appelé la police tellement il y avait de bruits de fracas. Les meubles étaient renversés. Il y avait des cris de rage. J'avais peur qu'il y ait des blessés.

Le rez-de-chaussée comprenait une petite cuisine et une pièce de séjour imprégnée de nicotine. Le plafond était jaune de nicotine au point qu'il me fallut plus de trois couches dont une de fond, pour m'en séparer. Le sol était un vieux plancher qui sentait la pisse de chat ; il était recouvert d'un vieux tapis. J'ai dû poncer et m'y prendre à plusieurs reprises pour me séparer de cette odeur nauséabonde. La pisse de chat avait coulé entre les planches.

Les seules pièces convenables étaient les deux pièces du premier étage. L'une servait de salle de bain et l'autre de chambre. Il y avait un grenier, non habitable. L'accès à la cave se faisait par la cage d'escalier, la porte se situait derrière les escaliers qui allaient à l'étage. J'y avais mis la machine à laver et le gros congélateur en forme de bahut.

C'est également à cette époque que j'ai rencontré les témoins de Jéhovah.

Je préparais un barbecue pour accueillir mes frères, Édouard, Daniel et Patrick, lorsqu'un homme grand et d'un certain âge sonna à ma porte. Il s'est présenté comme Témoin de Jéhovah. Je connaissais les Témoins de Jéhovah parce qu'à l'époque où je fréquentais Claudine, un jeune était venu chez moi, rue des Vignes, pour me parler de la Bible. Je l'avais fait rentrer et nous avions discuté longuement sur les principes de la Bible que je ne connaissais pas si ce n'est quelques préceptes de base comme : il n'est pas bon de tuer, de voler, de mentir et de tromper.

J'appris que les relations sexuelles avant le mariage étaient proscrites et comme je vivais en concubinage avec Claudine, je me sentais en infraction à la parole de Dieu. J'expliquais que d'avoir des rapports avant de s'engager est une bonne chose. Je faisais aussi de l'astrologie et du spiritisme en utilisant le tarot. Nous avions parlé du diable. Il me disait que l'astrologie était de la vaste blague. Je ne crus pas en ces paroles, car j'avais constaté la véracité de cette pratique en faisant des prédictions qui se réalisaient presque toujours. J'ai donc déduit que ce jeune ne connaissait pas grand-chose de la vie et j'ai coupé les ponts peu de temps après nos rencontres en ne confirmant plus de rendez-vous.

Et voici que de nouveau, je me retrouvais avec un témoin de Jéhovah devant ma porte. Je n'ai pas trouvé mieux que de lui dire que le moment était mal choisi pour venir me parler de la Bible parce que je me préparais à recevoir de la famille. Il me proposa tout naturellement un autre moment pour passer, ce que j'acceptai sans vraiment y réfléchir. C'est au moment où ce rendez-vous pris à la hâte se concrétisa par un coup de sonnette à la porte que je me rendis compte de cela. Je me suis dit : « Flûte, j'ai pris un rendez-vous avec un témoin de Jéhovah ! » Ma conscience me travailla et je me confirmai en mon for intérieur que j'avais bien pris un rendez-vous et qu'il ne serait pas correct de laisser ce vieil homme à la porte alors qu'il s'était déplacé pour me parler de la Bible.

J'ouvris donc la porte et fis entrer ce bon monsieur.

Une fois entré, je lui proposai une tasse de café et une cigarette. Il accepta la tasse de café, mais pas la cigarette. Je n'y fis pas trop attention sur le moment, car je m'empressais d'allumer la mienne et de lui servir une tasse de café. Nous nous installions sur une chaise de la table à manger, car je n'avais pas de salon.

Je commençais à l'écouter, mais sans vraiment comprendre ce qu'il me disait. C'était un monsieur grand de taille, proche du 1,90m et d'une assez bonne corpulence. Il avait les cheveux grisonnants et une belle allure. Il avait un langage posé et semblait venir d'une bonne famille. Il me paraissait assez attentionné et courtois. Nous avons donc échangé quelques propos puis nous nous sommes quittés quelques minutes après. Comme il me paraissait gentil et serviable, nous avions convenu d'un autre moment pour parler de la Bible. J'ai toujours été intrigué par le contenu de la Parole de Dieu. J'en avais beaucoup entendu parler, mais peu lu. Je le conviai donc à en reparler la prochaine fois.

Le temps passa et mon installation prenait forme en cette demeure. Cela faisait plus d'un an que j'avais quitté la Chataigneraie et je terminais ma dernière année d'études d'éducateur à Namur. Je n'avais plus vraiment d'objectifs dans ma vie. J'avais abouti à celui que je m'étais fixé lors de mes 14 ans, celui de devenir éducateur. J'avais de bonnes conditions pour me lancer vers d'autres horizons.

Je connaissais par le biais de Pascal W. un groupe de jeunes qui travaillaient tous à la médiathèque du passage 44, près de la rue Haute, au centre de Bruxelles. Pascal aimait beaucoup la musique classique, mais également le jazz. Il jouait lui-même un peu de jazz au piano. Nous étions devenus inséparables l'un pour l'autre. Je l'accompagnais partout y compris à la médiathèque. Je commençais à connaître également ce groupe de jeunes. Pascal aimait découvrir la vie. Il était penseur et philosophe dans l'âme. J'aimais beaucoup parler avec lui des choses de la vie. Je découvrais Jean-Paul

Sartre, Blaise Pascal, Jean-Jacques Rousseau et quelques penseurs.

Par le biais de Léo Ferré, j'approchais les grands de la poésie comme Verlaine, Rimbaud, Guillaume Apollinaire, Louis Aragon, Baudelaire et Jean-Roger Caussimon. Par l'entremise de Serge Reggiani, qui a bercé une bonne partie de mon adolescence, je découvris Jacques Prévert.

Nous passions presque toutes nos soirées à la découverte des trésors de la vie intellectuelle et musicale. Nous échangions des moments très spirituels. Nous étions à la recherche d'une vie meilleure et nous idéalisions notre vie. Pascal et moi passions donc beaucoup de temps ensemble. Nos soirées se terminaient souvent tard ; je dormais chez lui presque tous les jours. Notre relation amicale était par à-coups interrompue lors de ses courtes conquêtes féminines. Je me faisais plus discret et reprenais le courant de ma vie jusqu'au moment où Pascal me recontactait. J'avais moi-même rencontré Claudine à cette époque.

C'est par ce petit groupe d'amis que j'ai rencontré Maharaji Prem Rawat.

PROVINCE DE NAMUR · **CARTE ETUDIANT**

COURS POUR EDUCATEURS EN FONCTION
22, Avenue Reine Astrid
5000 - NAMUR

NOM : HOEBEECK

PRENOM : Frédéric

DATE DE NAISSANCE : 27-03-62

NIVEAU : SS PS TC

ANNEE SCOLAIRE : 1988-1989

SIGNATURE

Cachet de l'établissement

PROVINCE DE NAMUR
Cours pour éducateurs
en fonction
Avenue Reine Astrid, 22
5000 NAMUR
N° Mat. : 9.236.08

Ma rencontre avec Maharaji, appelé Prem Rawat

Ambassadeur de la paix pour l'ONU,
il reçut plusieurs clés des villes dans le monde.

Après avoir déménagé pour pouvoir me rendre plus facilement à la Chataigneraie par le train de la gare de Watermael-
Boitsfort, mes relations avec Pascal ont été plus espacées.
J'habitais de l'autre côté de la ville, petite commune de
Bruxelles, côté sud-est de la capitale. Cette commune est
souvent considérée comme la commune des artistes ou des
bien-pensants de gauche. Elle a son charme grâce à ses petites rues et sa place piétonnière commerçante, la Place
Keym.

Toutefois, je fréquentais très souvent le groupe de jeunes
de la médiathèque. Un soir, l'un d'eux m'invita à assister à
une conférence à l'hôtel Hilton près de la place Rogier. Il y
avait un gourou venu des États-Unis qui donnait une conférence. Il s'appelait Maharaji ; c'était un homme originaire
d'Inde, immigré aux États-Unis. Il était entouré de quelques
disciples acquis à sa cause. Nous étions dans l'écoute de son

message de bonheur intérieur. Il devait, à travers quelques techniques de méditation, nous faire parvenir au nirvana. Le contact était étrange et soulevait en moi des émotions dès que nos regards se croisaient. L'émotion était très forte au point où je détournais le regard. Je ne comprenais pas ce qui m'arrivait. J'étais apparemment très réceptif à ce contact visuel. Ne dit-on pas que les yeux sont les portes du cœur ?

J'en ai parlé avec Ophélie et d'autres amis qui me confirmaient ressentir cette impression, mais de manière plus confuse. J'ai renouvelé cette expérience à plusieurs reprises lorsque des réunions étaient organisées. Quelquefois ces réunions se déroulaient chez des particuliers, où il y avait moins de monde.

À cette époque, j'avais rencontré une fille qui s'appelait Bernadette. Elle était l'ex-femme du frère de Pascal, Anthony. Elle souffrait beaucoup avec lui alors qu'ils étaient mariés depuis une dizaine d'années. Ils avaient eu une fille et un garçon qui était assez difficile et en faisait voir de toutes les couleurs à sa maman. Elle était assez déprimée. Nous nous rencontrions souvent en compagnie de Pascal. Je l'aimais bien, elle était assez frêle et petite, mais sa minceur lui donnait l'impression d'être plus grande. Elle avait de longs cheveux blonds, ondulés et épais. Elle semblait sensible et douce. Elle souffrait de l'indifférence de son mari qui la trompait très souvent avec des filles de passage. Il aimait les femmes provocantes et très ouvertes sur le plan sexuel. Bernadette était plutôt sensible et pas du tout extravertie. Cela ne devait pas être facile de vivre avec un tel homme. Peu de choses en fait les rassemblaient si ce n'est un amour de jeunesse et la naïveté d'une jeune femme belle en apparence et fragile au-dedans. Sa sensibilité la rendait belle et pourtant c'est cette particularité qui la faisait souffrir. Peu à peu, je me joignais à un groupe restreint pour apprendre à maîtriser les quatre techniques qui me permettraient d'accéder au nirvana. Nous assistions de plus en plus souvent à des conférences organisées en dehors de la Belgique. J'allais souvent à Paris ou à Montreux en Suisse. Lors d'un de mes voyages à Paris, j'étais en compagnie de Bernadette. Nous avons dormi dans le même hôtel, dans la même chambre, dans le même lit. La tentation était grande, mais rien ne s'est passé entre nous malgré mes avances. Elle n'était pas prête à revivre une union comme moi je le souhaitais. Elle me demandait si je voulais faire l'amour avec elle, mais en tant qu'ami sans plus. Je ne pouvais pas, car je suis quelqu'un d'entier et une relation de passage m'aurait fait plus de mal que de bien. J'en ai été très affecté. Notre relation est toujours restée amicale malgré un moment où elle a semblé revenir sur sa décision. Mais c'était quelques mois après cette expérience spirituelle commune. Je venais de me positionner pour suivre les principes de la Bible sur l'importance des engagements conjugaux et la dévotion à Dieu plutôt qu'aux désirs de la chair.

Nous avons reçu les quatre techniques par un maître qui nous apprenait comment les pratiquer dans notre quotidien. J'ai pleinement profité de cette approche du bonheur. Pendant des mois, j'ai pratiqué ces techniques qui faisaient le vide de l'esprit et qui emplissaient le cœur. Maharaji pensait que le mal de nos âmes provenait de la domination de l'intellect sur le cœur. Nous souffrions de ne pas être en harmonie avec nous-mêmes. J'étais dérouté par les sensations profondes que ces techniques, qui pénètrent dans le cœur par les moyens sensoriels, me procuraient. J'étais comme euphorique, mais sans l'expression niaise qui va avec. Je dégageais un bien-être par mon regard sur les gens qui m'entouraient. Mais je recevais aussi le mal-être de ces personnes et cela me faisait vivre une grosse déception et remettait en question la nécessité d'être heureux si les autres qui me sont proches ne le sont pas. Je ne pouvais pas accepter de vivre ce bonheur pleinement si je ne pouvais pas le partager. Cette frustration m'amena à me poser des questions sur l'opportunité de connaître un bonheur véritable.

Bernadette, qui avait reçu « la connaissance », comme aime le dire Maharaji, n'était que très rarement au même diapason que moi, ce qui faisait qu'on n'arrivait pas à être en extase en même temps. C'était frustrant. Je me rendis vite compte de l'inefficacité de ces techniques à long terme. J'avais décidé d'abandonner ces pratiques.

Pour certains adeptes, j'étais un inconscient et ils pensaient que j'avais reçu « la Connaissance » trop tôt et que je manquais de maturité. Cela ne m'a pas empêché de fréquenter le groupe et de continuer de voir Bernadette et Pascal W. qui était intrigué par ça. Il voulait connaître les techniques, mais on les lui refusait systématiquement quand il les demandait.

Peu après Pascal est passé à autre chose et nous avons continué notre route vers d'autres destinées. Je ne revis plus Pascal ni Bernadette par la suite.

© Fh. 2016   « Le regard »

© Fh. 2015   « 64, bd Saint-Michel 1040 Etterbeek »

Ma formation terminée, j'ai été appelé par la directrice du Condor. Pour ma part, j'étais réticent à reprendre un travail en institution à cause de mon expérience à la Chataigneraie qui m'avait assez ébranlé. Sur son insistance, j'ai accepté de tenter une nouvelle expérience, mais cette fois-ci mieux armé. J'avais pu me remettre en question par rapport à mon expérience passée à la Chataigneraie. Je me suis présenté à l'équipe éducative, qui m'a directement accepté. J'ai commencé mon travail peu de temps après. C'était en septembre 1989.

L'équipe souffrait apparemment d'un manque de personnel masculin. Il y avait bien un homme, mais il était orienté vers les philosophies bouddhistes. Il était toujours zen. Les autres éducateurs étaient des femmes. Il y avait une chef éducatrice, une directrice adjointe, une directrice, et trois éducatrices. La maison ressemblait à une grande maison de maître, située à Etterbeek, boulevard St Michel. Il y avait près de 20 enfants de tous âges. En général, les filles restaient plus longtemps dans l'institution que les garçons pour éviter le problème de la sexualité. Il y avait donc une dominance de filles adolescentes alors que les garçons ne dépassaient guère les 14 ans.

Contrairement à la Chataigneraie, il y avait une cuisinière qui venait tous les jours faire le repas, sauf le week-end où nous devions mettre la main à la pâte. Nous devions également nous occuper de la buanderie chaque jour.

Dès le départ, je devais suivre quelques jeunes qu'on m'avait assignés. Ce suivi consistait à avoir une vision globale de la vie du jeune mis sous mon aile : l'école, le médical, la famille et le suivi psychologique de l'enfant. La méthode systémique consistait à voir plus globalement une problématique en ne se bornant pas à une vision restreinte du patient. Le référant centralisait les informations et prenait les décisions appropriées pour aider le jeune. Il suivait tout de A à Z.

Je me suis occupé entre autres d'une jeune fille de 11 ans qui venait de rentrer au Condor pour des raisons purement familiales. Elle s'appelait Sandra. Sa maman était une prostituée de la rue d'Aarschot à Schaerbeek. Les instances sociales lui en avaient enlevé la garde, car elle était une menace psychologique pour l'épanouissement de son enfant. Elle prenait très souvent Sandra sur son lieu de travail. Cette enfant était très charmante et très polie. Sa scolarité était excellente et ses contacts avec les autres enfants de l'institut étaient joviaux. Elle était, un chouia, introvertie mais ne donnait pas de signes de dépression. Sur le plan médical, Sandra était un peu bouboule, mais sans gravité. Je devais garder un contact avec sa mère et lui rendre visite régulièrement pour donner suite au placement. Le juge qui avait pris l'affaire en main avait dit par le biais de l'assistante sociale qu'une fois les choses en ordre, elle pourrait reprendre sa fille à la maison. Elle devait avoir un toit et une chambre adaptée pour sa fille et se reconvertir sur le plan professionnel. Je devais veiller à ce que sa maman fasse son possible pour sa reconversion et rétablir les liens momentanément interrompus. Ce que je fis avec entrain. Je la voyais très régulièrement et également son instituteur de l'école communale d'Etterbeek.

Tout allait pour le mieux. Je fis donc des rapports dans un sens favorable pour un retour un week-end sur deux pour ensuite autoriser un retour chaque week-end si les choses allaient bien. La fille était aux anges et heureuse de revoir sa maman. Celle-ci s'était reconvertie en ouvrant un petit café de quartier non loin de son ancien travail. Son bistrot ne donnait aucun signe de proxénétisme. Elle faisait tout pour récupérer sa fille. Elle était très communicative et collaborait avec les injonctions demandées par le juge. J'avais noué un très bon contact avec elle. Comme les week-ends se passaient très bien, un retour définitif était envisagé. Une fois la période d'observation terminée (un an), j'ai établi un excellent rapport pour le juge afin que cette enfant puisse revivre avec sa maman définitivement avec un suivi sur le terrain pour être sûr qu'il n'y ait pas un revirement de situation.

À partir de là, les choses ont commencé à mal tourner au Condor. Il m'incombait de faire le rapport trimestriel pour le juge pour chaque enfant dont j'étais le référent. Mon dernier rapport sur Sandra avait été modifié sans mon consentement et envoyé au juge avec pourtant ma signature au bas. La cheffe éducatrice et la directrice adjointe voyaient d'un mauvais œil le départ définitif de cette jeune adolescente. Nous en avions brièvement parlé lors d'une de nos réunions hebdomadaires et je ne comprenais pas pourquoi on ne pouvait pas autoriser le retour de cette fille dans son foyer. J'insistais pour en connaître la raison. J'ai eu comme réponse qu'on ne pouvait pas se permettre de perdre une si gentille fille, car on ne savait pas par qui elle serait remplacée par la justice. Apparemment, les deux acolytes souhaitaient vivre un travail pépère au Condor et cela au détriment de la vie des enfants mis sous notre responsabilité.

J'ai appris par la suite que la cheffe éducatrice et la directrice adjointe étaient lesbiennes et vivaient ensemble. Toute la maison le savait sauf moi naïf et innocent. Elles étaient toujours de connivence. Je me suis bien vite rendu compte que ce n'était pas d'un éducateur de sexe masculin dont ces bonnes dames éducatrices avaient besoin, mais bien d'une éducatrice, car toute l'équipe ressemblait étrangement à des femmes masculinisées.

La seule éducatrice qui jouait son rôle féminin était une maman de deux enfants qui était très douce et sensible et qui se vouait corps et âme aux enfants de l'institution. Elle se faisait rouer de coups psychologiquement par les autres collègues. Mais malgré son côté fragile et sensible, elle tenait bon dans ses choix d'activités au sein du Condor et elle ne se laissait pas démonter par les ragots des autres. Elle tenait cette force extraordinaire de sa condition de maman. Elle aimait vraiment son travail. On sentait bien son amour à travers son intérêt pour le bien des enfants.

Elle était très maman avec les enfants et sa sensibilité, sa douceur leur permettaient de se sentir aimés. Les enfants le lui rendaient avec de la tendresse et du respect. C'était là qu'elle puisait son courage pour affronter ce panier de crabes chaque jour, et surtout lors des réunions hebdomadaires. Elle ne rencontrait jamais de problèmes avec les enfants quand elle était de veille la nuit ou de week-end, car les enfants la respectaient.

Ce ne fut pas mon cas, car je vivais des tiraillements institutionnels. Il y avait parmi les enfants un qui était handicapé mental léger, peut-être autiste et qui était le chouchou de la chef éducatrice. À chaque week-end presté qui était de 48 heures sans interruption, je devais subir le comportement de ce garçon de 10 ans qui semblait répondre aux stimuli de sa protectrice. Il m'est arrivé une fois de lui donner une bonne fessée alors qu'il avait saccagé sans raison la salle de bains le dimanche soir juste avant d'aller dormir. La fessée lui a laissé, le jour qui suivit, les traces de mes cinq doigts. La chef éducatrice a bien évidemment soulevé le problème à la réunion des éducateurs. J'ai dû m'excuser auprès de tous avec un avertissement de maltraitance sur enfant. Ce qui était le plus rageant, c'est que cet enfant ne posait pas de soucis avec les autres éducateurs. Ce n'était que quand j'étais seul dans la maison que son comportement changeait. Était-il le révélateur des conflits internes ou le jouet de certains qui l'utilisaient comme moyen de pression ?

Je commençais à souffrir de cette façon de faire de l'équipe. Par la suite, j'ai demandé à la direction de résilier mon contrat d'un commun accord pour voir si l'herbe n'était pas plus verte ailleurs. La réponse fut d'attendre que la direction puisse se retourner pour engager un autre éducateur, ce que j'acceptai. Il avait convenu d'un délai de deux mois avant de me donner mon C4, formulaire obligatoire pour bénéficier du chômage à la condition que la fin du contrat ne soit pas volontaire.

Le temps passant, je rencontrais d'autres problèmes de taille. Il y avait une stagiaire éducatrice qui s'appelait Claudine. Elle ressemblait assez bien à la Claudine que j'avais aimée auparavant. Nous avions une attirance l'un pour l'autre, mais elle manquait de stabilité affective. Elle ne savait pas trop comment s'y prendre avec les hommes. Elle jouait avec moi, mais d'une manière perverse. Elle aimait me mettre dans des situations ambiguës. Les éducatrices étaient de mèche avec elle et aimaient profiter de cette situation pour me mettre mal à l'aise. Je n'aimais pas du tout cette ambiance sordide.

Claudine m'invitait souvent chez elle, mais sans vraiment s'engager vis-à-vis de moi. Elle donnait envie puis se rétractait. J'ai appris par la suite qu'elle voyait un psychologue avec qui elle jouait également de séduction, un piège dans lequel il était tombé. Je ne voyais pas d'un bon œil son avenir avec les garçons, car elle semblait vraiment en avoir peur tout en étant attirée. Cette ambiguïté ne nous aidait pas dans notre relation. Après un temps, j'ai pris mes distances afin de ne pas tomber dans son jeu destructeur. Mais j'étais tiraillé, car mes émotions étaient palpables envers elle.

Peu de temps après son départ, une jeune fille de 17 ans est entrée en urgence au home, car elle avait fui sa famille. Elle avait demandé assistance à la justice pour séquestration. Elle venait d'une famille marocaine qui pratiquait la religion musulmane. Elle vivait mal les obligations de sa religion, car elle ne pouvait pas sortir avec des garçons. Ses frères la séquestraient pour l'empêcher de sortir en boite avec des copines de classe. Suite à plusieurs tentatives de fugues infructueuses, elle parvint à s'échapper de la garde de ses grands frères pour rejoindre « la porte rouge », maison de protection pour tout mineur en danger. Elle avait expliqué les sévices qu'elle vivait dans sa famille.

Le juge l'a donc placée avec interdiction de retourner ou de recevoir des visites de sa famille. Nous l'avions donc accueillie en urgence. Elle s'appelait Fatima. Sa venue ne plaisait pas à tout le monde, car elle fumait.

Dans la maison, il y avait des règles de conduite et l'une en particulier était que personne ne pouvait fumer avant 16 ans. Comme il n'y avait personne qui avait 16 ans l'équipe éducative n'avait pas à gérer ce problème qui on le sait se répand comme la gangrène par imitation et incitation. Malheureusement, cette fille fumait près d'un paquet par jour. Cela ne plaisait pas du tout à la chef éducatrice. Elle s'est rapidement arrangée pour motiver la nouvelle venue à arrêter de fumer et celle-ci exprima son souhait d'arrêter, mais la volonté n'y était pas. Du coup, l'équipe devait lui interdire de fumer parce qu'elle l'avait murmuré comme un désir.

Peu de temps après, en faisant l'inspection des chambres des grands, nous avions trouvé un cendrier rempli de mégots de cigarettes en dessous de son lit. Fatima fumait en cachette dans sa chambre. Lors de notre réunion hebdomadaire, nous devions la punir pour avoir désobéi au règlement qui interdisait formellement de fumer en dehors du salon. Chaque mégot trouvé lui a été facturé sur son argent de poche afin de l'inciter à ne plus acheter des cigarettes par la suite. Mais c'était sans compter sur l'aide de ses camarades d'école, qui lui fournissaient la marchandise souhaitée. Elle continuait de plus belle, mais elle n'écrasait plus ses mégots préférant les jeter par la fenêtre du troisième étage. Ce qu'elle ne savait pas c'est qu'au premier il y avait un petit toit qui surplombait la fenêtre de la chambre des éducateurs et qui servait de toiture pour la cuisine. A un moment donné en regardant par la fenêtre nous avions trouvé un cimetière de mégots ce qui n'était pas pour plaire à la chef éducatrice. Celle-ci s'est fâchée sur la fille qui a fini par fuguer. Nous n'avions plus de traces d'elle ; c'était un vendredi après sa sortie de l'école. Nous étions bien embêtés de devoir avertir la police de sa disparition, mais son signalement fut donné. Je devais travailler le week-end et je la vis revenir le samedi soir comme si de rien n'était. J'avais reçu des instructions de la part de l'équipe au cas où elle reviendrait. Je devais l'interroger sur son emploi du temps et connaître les moindres détails concernant ses faits et gestes des jours précédents. Je l'accueillis donc dans le bureau des éducateurs et l'interrogeai. Elle me confia après plusieurs silences qu'elle avait été dans une soirée dansante et qu'elle avait rencontré un jeune garçon. Elle avait passé la nuit du vendredi au samedi chez lui. Je devais lui demander des précisions quant à leur rapport intime. Avait-elle couché avec lui ? Elle nia en me disant qu'elle avait passé la nuit à lire des bandes dessinées. Je me doutais bien du contraire, mais je me trouvais bien mal à l'aise de parler de choses intimes avec elle. Je n'avais pas le droit moral de m'immiscer dans sa vie intime et je m'empressai de lui dire de prendre ses dispositions en cas de grossesse non désirée et d'éventuelles maladies sexuellement transmissibles. Je lui ai expliqué surtout que je comprenais sa situation et qu'elle devait user d'autres stratégies que de s'opposer ouvertement à la chef éducatrice qui l'avait prise en grippe et voulait la mater afin d'en faire un exemple pour tous.

Par la suite, le conflit devint moins violent et Fatima arriva à s'adapter à son nouveau foyer. Elle avait fui sa famille parce que ses parents ne voulaient pas qu'elle succombe à la tentation charnelle que propose ce mode de vie occidentale, et voilà que nous lui donnions tout le loisir de faire ce qui lui était interdit dans sa religion sous l'égide de démocratie et de libre consentement.

Je ne sais pas si notre façon plus laxiste d'éduquer nos enfants est la meilleure, mais ce qui est certain c'est que de sortir un enfant d'un contexte culturel et religieux engendre toujours des problèmes dans la suite de sa vie. Il y a le choc des cultures et des religions. Il faut savoir que si des règles sont mises dans une culture, elles ne le sont jamais pour rien. C'est qu'il y a des raisons liées à leur passé ou leur condition humaine qui justifient cette prise de décision.

Je me rappelle d'avoir rencontré des Japonais. Ils ne donnaient pas la main, mais faisaient un signe respectueux de la tête. Se toucher pour eux est un signe sensuel et peut être mal interprété. Nous avons l'habitude de nous embrasser pour nous saluer. Les Japonais interprètent ce signe comme une invitation à aller plus loin dans les relations intimes. Une autre culture est celle des Russes qui s'embrassent sur la bouche pour se dire bonjour. Chez nous ce signe est intime et ne se fait qu'avec notre conjoint(e) ou notre petit(e) ami(e).

Il n'est pas facile de communiquer sans buter sur nos différences culturelles et religieuses. Les connaître nous permet de mieux communiquer et d'éviter bien des blessures communicationnelles qui peuvent aller jusqu'à l'irréparable.

Le temps passant, j'attendais avec impatience le moment de quitter cette maison. Je m'enquérais auprès de la directrice pour demander où en était ma demande du C4. Elle m'informa que le moment était mal choisi et qu'il était préférable de reporter cette demande après les vacances scolaires. Nous étions au début du mois de juin 1990. J'étais rentré au Condor fin septembre 1989. J'ai mal pris cette décision, mais j'étais coincé.

Lors d'une des dernières réunions d'éducateurs, avant les congés scolaires d'été, nous avions parlé de l'organisation des vacances. Les jeunes avaient l'habitude de partir chaque année en France à la pointe du Midi. Il y avait un camping avec tout le confort pour les enfants. J'ai appris lors de cette réunion que c'était toujours la chef éducatrice et la directrice adjointe qui partaient en vacances avec les enfants. Elles avaient une caravane personnelle qu'elles prenaient avec elles chaque année. C'était une coutume que je trouvais discriminatoire vis-à-vis des autres éducateurs qui auraient bien aimé passer un temps plus agréable avec les jeunes et les petits. Les autres éducateurs devaient prendre les autres périodes de vacances, qui se passaient elles à la maison du Condor, où l'ambiance était plus stressante et moins intéressante.

Pendant les vacances en France, les enfants étaient souvent livrés à eux-mêmes et si un enfant avait le malheur de broncher, il passait un mauvais quart d'heure. Fatima était énurétique et pour pallier ce problème, les deux acolytes n'ont pas trouvé mieux que de lui mettre des langes pour adultes devant tout le monde. Il était aisé de comprendre à qui profitaient les vacances en France...

J'appris qu'on me réservait le week-end du retour des vacances de France. C'était le week-end le plus appréhendé, car les enfants revenaient excités et avec tous les vêtements et tout le matériel à remettre en place, l'intendance était lourde à gérer. Il fallait également préparer le retour à l'école, car c'était le dernier week-end de congé scolaire. La cheffe éducatrice et sa compagne se contentaient de déposer les enfants et de partir après deux mois en vacances pour récupérer leurs heures prestées en France à la pointe du Midi. Je trouvais cela inadmissible, mais comme personne ne disait rien dans l'équipe (si ce n'est du bavardage en coulisses), je me tus également, mais sans rester passif pour autant.

Le moment venu du fatidique week-end, j'ai téléphoné pour signaler que j'étais malade pour une période de quinze jours. Comme j'avais averti juste la veille du retour des vacances, la directrice, qui semblait être une complice tacite de ces énergumènes, n'avait pas trouvé de remplaçant. Ce sont les deux acolytes qui ont dû se farcir leur saleté durant tout le week-end. Elles étaient furieuses contre moi. J'ai donc prolongé mon certificat de maladie de quinze jours.

J'ai reçu au début plusieurs menaces de la part de la directrice adjointe me sommant par téléphone de revenir sans quoi j'allais avoir la visite d'un médecin contrôle. Ces menaces ne m'ont pas fait peur, car j'avais pallié cette éventualité en prenant un certificat chez un psychiatre qui m'était conseillé par mon médecin pour éviter tout risque de faute grave. J'avais expliqué que je ne pouvais pas continuer dans cette ambiance de travail au risque de tomber en dépression. Le psychiatre me conseilla un bon mois de repos. J'avais donc renouvelé mon certificat de quinze jours. Je devais revenir un mois plus tard au Condor.

Après ce renouvellement de certificat, je ne reçus plus aucune menace de la directrice adjointe, mais des encouragements. Ce revirement de situation m'interpellait et je m'attendais au pire à mon retour. Mais comme dit un adage biblique : « A chaque jour suffit sa peine ! ».

Lorsque je repris mon travail, un lundi de septembre 1990 (soit juste un an après mon début de contrat), l'ambiance fut électrique, mais rien ne se disait. Les enfants n'étaient pas encore revenus de l'école. La cuisinière m'avertit que quelque chose se tramait, mais elle ne savait pas exactement quoi. Elle avait entendu des rumeurs et voulait, par sympathie, m'avertir du danger. Je la remerciai, mais je me doutais bien que la direction n'allait pas passer à la trappe ce mois de maladie en réaction des injustices causées par ces deux bonnes dames et consorts.

Au moment où les enfants sont arrivés de l'école, je les ai accueillis comme de coutume, mais ils manifestèrent un grand étonnement. Les éducateurs leur avaient dit qu'ils ne me reverraient pas, car j'avais été renvoyé du Condor. Ils ne comprenaient plus rien en me revoyant là à les accueillir.

Une heure après, la directrice adjointe vint me signaler que j'étais mis dehors sur-le-champ comme un malpropre. Je demandai donc un document qui confirmait cette décision, mais elle n'avait rien à me proposer. Je connaissais bien mes droits pour les avoir étudiés lors de ma formation d'éducateur. Elle s'est empressée de prévenir la directrice de me faire un document provisoire en attendant le C4 stipulant cette mise à pied. Il leur a fallu une bonne heure avant de me donner ce document fait à la main et à la hâte. Pendant ce moment d'attente, je me suis occupé des jeunes et leur ai dit que je quittais le Condor aujourd'hui. J'ai passé le goûter avec eux et suis ensuite parti chez moi. J'étais heureux de cette décision, car je ne me voyais plus continuer dans cette ambiance malsaine.

Par la suite, j'ai eu beaucoup de problèmes, mais pas insurmontables grâce à mes connaissances juridiques. Le home ne voulait pas me payer les trois mois de préavis stipulés dans la rupture de contrat, car il prétextait être une société économique en difficultés financières. Je leur rappelai par courrier que l'Etat n'était en rien une société économique en difficulté et qu'il était contraint par la loi de payer en une fois et à la sortie de l'employé les trois mois qui couvraient la période de préavis légal. Les éducateurs sont payés par la Communauté française de Belgique. Le C4 ne mentionnait pas de faute grave, mais il y avait une phrase qui prêtait à confusion, car il était écrit pour justifier cette rupture : « perturbe le bon fonctionnement de l'équipe ». Sous la contrainte, le Condor m'a finalement versé les trois mois d'indemnités de rupture quelques jours après mon renvoi.

J'ai par la suite rencontré des difficultés avec l'ONEM (Organisme national pour l'Emploi). J'avais reçu une convocation afin d'expliquer pourquoi j'avais été renvoyé du Condor. Pendant les trois mois qui suivirent les trois mois de rupture, je n'avais pas été payé du chômage à cause de cette fameuse phrase qui se trouvait dans le C4. J'avais pris mon dossier avec moi au moment de la convocation et l'inspecteur me posa cette question :

- « Qu'avez-vous fait pour perturber la bonne organisation de l'équipe ? »

Je lui ai répondu :

- « J'ai été malade un mois juste avant mon C4... je ne vois pas en quoi ma maladie puisse être une cause de rupture de contrat ? »

Il sursauta et me demanda :

- « Avez-vous la preuve de votre incapacité ? »

Je lui sortis la copie des deux certificats. Il en fit une copie et s'excusa de ce désagrément et me dit ensuite :

- « La maladie n'est pas retranscrite dans le C4 ce qui est une faute majeure de la part du Condor ».

Tout fut en ordre par la suite et je ne sais pas si le Condor a été pénalisé, mais je me trouvais bien heureux d'être sorti de ce bourbier. J'aurais pu par la suite porter plainte et exiger une indemnité pour licenciement abusif, mais je n'en fis rien. J'avais moi-même des choses à me reprocher. Je me suis juré de ne plus jamais signer de contrat pour une institution d'enfants du juge.

© Fh. 2011   « La plénitude »   Monestier, France

© Fh. 2015   « Les TJ en ballade »   proche de l'hôpital St Pierre
Mouvement religieux qui peine à se faire reconnaitre par les autorités.

C'est en cette période que je rencontrai Francis C. Il était déjà venu auparavant me parler du contenu de la Bible et de la fin du monde. J'étais en recherche de compréhension concernant la vie et les souffrances qui y sont attachées. Je cherchais des réponses à des questions fondamentales. Francis C. semblait les connaître, ce qui me poussa à m'entretenir avec lui très régulièrement. Nous nous revîmes une fois par semaine.

Dès le commencement, nous avions parlé du responsable des malheurs de la terre : Satan, le Diable, représenté par un serpent en Éden. Je compris vite que l'astrologie et le spiritisme étaient une arme de Satan. Je me suis très rapidement débarrassé des livres et des ustensiles pour ne pas avoir part avec Satan. Je revendis mes livres dans un magasin de seconde main, près de la gare du Luxembourg. Les autres objets, je les avais jetés dans la poubelle. J'avais pris la décision de ne plus jamais faire de thèmes astraux ni de tirer les cartes du Tarot de Marseille.

J'expliquai à Francis C. que je connaissais Maharaji. Je lui montrai une vidéo qui expliquait comment atteindre le bonheur véritable avec seulement quatre techniques de méditation. Il m'a écouté et vu avec moi une cassette vidéo venant de Maharaji. Cette cassette vidéo montrait les bienfaits de la méditation. Il semblait mitigé en me montrant que la Bible mettait en garde contre le cœur, car il était traître et que de cet organe viennent mauvaises pensées et mauvaises actions. Il fallait maîtriser son cœur par une conscience éduquée, acquise par la parole de Dieu. Cela demandait une connaissance exacte de sa Parole.

Je compris assez vite les dangers de suivre un homme qui se représentait comme un dieu parmi nous. Même si Maharaji ne le disait pas ouvertement, il aimait être adulé. Jésus disait qu'on pouvait être libéré de tout esclavage de ce monde et que son joug est plus léger que le nôtre. Je compris également que le bonheur n'était pas de ressentir un bien-être en soi, mais qu'il se vivait en réjouissant le cœur de Dieu, et en faisant le bien par des actions et des œuvres autour de soi.

Très rapidement, je commençais à fréquenter les témoins de Jéhovah à la salle du royaume qui se trouvait au 215, rue de la Vignette à Auderghem. C'était à vingt minutes à pied de chez moi. Je commençai par aller aux réunions du dimanche. Il y avait une conférence d'une heure sur des thèmes divers tels que : c'est quoi l'Enfer, comment identifier la vraie religion ou Armageddon c'est pour bientôt, etc.... Ensuite, nous analysions un article d'une revue qui se nomme la *Tour de Garde*. Les participants pouvaient répondre aux différentes questions qui se trouvaient en fin de pages et qui correspondaient à chaque paragraphe de l'article. Les réponses devaient être brèves, se rapporter au sujet traité et ne pas contenir des questions qui auraient pu embarrasser le conducteur de la réunion théologique. S'il y avait des questions qu'on n'avait pas comprises, il fallait les poser en dehors de la réunion. J'aimais bien l'ambiance chaleureuse qui émanait de ces réunions. Il semblait y avoir une chaleur humaine qu'on ne retrouvait pas dans les églises. Les personnes se connaissaient très bien et étaient très attentionnées les unes envers les autres. J'avais très vite été accepté. Je commençai à venir plus souvent aux réunions et mes progrès étaient manifestes aux yeux des autres. J'apprenais et appliquais les principes de Dieu dans ma vie.

Au fur et à mesure, je commençais à fréquenter les témoins de Jéhovah en dehors des réunions. Un groupe de jeunes avaient l'habitude de se fréquenter le vendredi soir et allaient au cinéma, au bowling ou jouer au mini-foot. Lors de leurs sorties, ils allaient souvent dans un bar ou manger un paquet de frites place Jourdan. Je me faisais une image stéréotypée de leurs comportements. Je les imaginais parfaits. Après plusieurs sorties avec eux, je me suis rendu compte qu'ils étaient comme tous les jeunes que je connaissais, mais avec moins de problèmes affectifs. Ils semblaient plus équilibrés et plus matures que les autres jeunes de leur âge. Ils étaient imparfaits et cela me rassurait, car je ne me trouvais pas à la hauteur de l'image que je me faisais d'eux.

La première fois que je suis venu à la salle du Royaume, on m'avait volé dans mon portefeuille le reste de mon argent qui devait me servir pour terminer mon mois. J'avais acheté à la salle, une Bible de luxe qui revenait à 125 francs belges. J'avais donné un billet de 500 francs et la personne qui s'occupait des publications me rendit 375 francs. J'avais glissé cet argent dans mon portefeuille. J'avais remis mon portefeuille dans ma veste. Au moment où je comptais mettre ma veste au portemanteau, hésitant un instant, mais rassuré d'être dans une salle de Dieu où les personnes sont éduquées à ne point voler, je posais celle-ci sur la tringle. Une fois parti de la salle pour rentrer chez moi, je m'étais arrêté pour acheter un paquet de tabac chez le libraire. C'est là que je me rendis compte qu'on m'avait volé. Je venais de la salle du Royaume, il n'y avait qu'à cet endroit que cet argent pouvait disparaitre. Je suis rentré chez moi médusé.

Il y a quelquefois des signes avant-coureurs qui nous avertissent du danger mais notre état d'âme n'est pas toujours en état de les comprendre... Notre être profond nous crie mais nous ne l'entendons pas... Nous favorisons ce qui est incomplet par notre raison qui prend le dessus et obstrue le reste de notre être. Combien de signes apparaissent dans ma vie et pourtant je ne les vois pas, je ne les perçois trop souvent que quand il est trop tard ?

Quelques jours après cet incident, je recevais la visite de Francis C. comme de coutume. J'avais hésité à lui en parler, mais après tout me disais-je, ce n'est pas normal qu'on m'ait volé de l'argent dans mon portefeuille dans une salle du Royaume où les principes sont soi-disant respectés. Je lui en fis part et de suite, il semblait embêté de cette mésaventure. Il me demanda d'en parler avec deux autres responsables de la congrégation, en l'occurrence des anciens.

Lors d'une réunion ultérieure, le responsable fit part à l'assemblée de ce problème en disant dans son introduction qu'il y avait un Judas parmi nous. Cette affirmation avait provoqué un tollé dans l'assemblée. Le responsable affirmait qu'il connaissait le voleur et le sommait de venir se dénoncer. Le but était semble-t-il d'aider cette personne à changer d'attitude et de se repentir. J'ai appris par la suite que c'était un intéressé qui avait l'habitude de faire le tronc et les poches des frères. Il ne revint plus jamais à la salle après cet incident.

Les responsables m'avaient demandé à combien se montait la somme dérobée. Je leur dis à 375 francs belges. Après la réunion, je reçus une enveloppe avec 375 francs. Je les remis directement dans le tronc de la salle, car je savais bien que ce n'était pas le voleur qui les avait remis, mais la caisse. Je ne voulais pas que cet incident soit à leur détriment même si cela s'était passé dans leur salle.

Je doutais de l'affirmation du responsable quand il disait qu'il connaissait le coupable. Je croyais que c'était du bluff pour le coincer. Mais il connaissait bien le voleur, car ce n'était pas la première fois que de l'argent disparaissait. Un jeune frère avait placé dans le faux plafond du vestiaire une caméra dirigée vers les boites à offrandes pour coincer le coupable. Il avait été filmé en flagrant délit. Il profitait de la réunion pour aller soi-disant aux toilettes et faire son larcin. J'avais été victime de ce bonhomme. Si je m'étais arrêté à ce vol sans en parler, je n'aurais plus mis les pieds à la salle en pensant que les témoins de Jéhovah étaient de beaux parleurs, mais n'appliquaient pas ce qu'ils disaient. Je me trompais donc sur leur compte et repris confiance en eux.

Cette expérience avait renforcé ma confiance en l'organisation des Témoins de Jéhovah. Je continuais donc à recevoir de la visite et à étudier la Bible. J'avais demandé de n'étudier que la Bible pour ne pas être influencé par des écrits parallèles et qui souvent sont une interprétation humaine de la parole de Dieu et peuvent la tronquer à des fins intéressées. Je ne connaissais rien de la Bible.

Au départ, Francis accepta le deal, mais après quelques semaines il s'est focalisé sur un livre de couleur rouge dont le titre était : « Vous pouvez hériter de la vie éternelle ». Je compris que ce n'était pas possible d'étudier la parole de Dieu de la première page à la dernière sans passer par une personne qui en connaît l'interprétation et son maniement. J'acceptai donc d'étudier ce livre qui avait pour but de me faire découvrir la Bible par un fil conducteur qu'est : « la vie éternelle ».

Quelques mois passant, mes progrès étaient manifestes et je me demandais ce qui pouvait m'empêcher de me faire baptiser. J'avais trouvé la vérité sur les conditions de vie et le responsable des malheurs de ce monde. J'en arrivais même à pardonner à ma mère de m'avoir abandonné. Je compris à ce moment-là que la cigarette était une entrave à mes progrès spirituels. Je ne m'étais pas rendu compte que la cigarette était interdite dans la Bible, mais le verset de 2 Corinthiens 7:2 appuyait le principe de respecter le corps offert par Dieu en ne fumant pas. J'étais déçu, car j'avais essayé auparavant de m'arrêter, mais sans succès. Plus je tentais d'arrêter, et plus vite je reprenais la cigarette. J'avais peur de ne pas arriver, d'être devant un nouvel échec. Je priais donc Dieu de m'aider s'il voulait de moi. Après ma prière, je pris cette décision d'arrêter de nouveau de fumer. J'ai jeté mon paquet de tabac, ma bague à tabac en cuir véritable qui me tenait à cœur, car c'était un cadeau de Paul.

Le moment était favorable, car je venais d'être renvoyé du Condor. Au Condor tout le monde fumait sauf l'éducatrice qui aimait les enfants comme les siens. Il aurait été difficile d'arrêter alors que tout le monde fumait autour de soi. Le moment était donc propice.

Je crois qu'il est préférable de changer certaines choses dans notre vie quand il y a déjà un changement qui s'opère volontairement ou non. Cette façon englobe une plus grande facilité d'adaptation. C'est comme partir pour faire une course et en chemin profiter de son déplacement pour en faire une autre à proximité qui nous aurait demandé un double déplacement si on ne l'avait pas associé au premier.

On gagne du temps et de l'énergie. Ce fut le cas pour moi qui venait de perdre mon emploi d'éducateur au Condor et mes habitudes journalières.

Après une semaine sans fumer, Francis me téléphona pour remettre le rendez-vous fixé à la semaine suivante. J'en profitai pour lui dire que je n'avais plus touché à la cigarette depuis notre dernière visite. Il était ravi, car il pensait que ce point serait une entrave à mes progrès et que je risquais d'abandonner l'étude spirituelle.

Au départ, il ne voulait pas me dire que la cigarette était une entrave entre Dieu et moi. C'est en lui soutirant les vers du nez qu'il me confia ce problème. Je fumais à toutes les études à mon domicile, mais pas à la salle du Royaume. Je pensais qu'il ne fumait pas par dégoût, mais pas par conviction religieuse. Effectivement, il m'expliqua qu'avant les Témoins de Jéhovah fumaient et que c'est après une meilleure compréhension de la parole de Dieu que l'organisation avait demandé à tous les disciples d'arrêter de fumer. Ils avaient un délai de six mois pour arrêter. Francis avait vécu ce moment très difficile, mais il avait réussi à vaincre ce vice pour Jéhovah.

Je n'ai plus jamais fumé depuis lors. Ma foi en Dieu m'aida à vaincre à mon tour ce vice. J'ai pris rapidement 13 kilos que je n'ai plus jamais perdus. Il me restait les habitudes à vaincre. Avant d'arrêter, dès que je me levais le matin, je prenais directement une cigarette et une tasse de café. Cette habitude m'a poursuivi durant de longues années. À chaque réveil, cette envie de fumer, par habitude, me revenait à l'esprit. Mais heureusement mon envie s'estompait après quelques secondes. Ce qui m'a le plus marqué c'est cette culpabilité d'avoir repris la cigarette dans mes rêves. Je rêvais souvent que j'avais repris la cigarette et me réveillais avec une grande culpabilité en moi. Mais très vite la raison prenait le dessus et cela me déculpabilisait d'avoir vu que ce n'était qu'un cauchemar. Cela a duré près de trois ans.

J'étais dans une situation précaire sur le plan profession-nel. Je cherchais un travail à mi-temps pour pouvoir consacrer une partie de mon temps pour Jéhovah. Je désirais suivre les jeunes de la congrégation qui servaient Jéhovah en tant que pionnier permanent. Ce service consistait, à l'époque, à faire 90 heures par mois pour aller faire des dis-ciples de maison en maison en proposant des études de la Bible. J'avais demandé de me faire baptiser et comme j'avais arrêté de fumer et que je venais très régulièrement à la salle, cette demande fut acceptée.

Juste avant mon baptême, j'ai dû déménager. Mes trois ans de bail prenaient fin. Bruxelles devenant alors la capitale de l'Europe, les prix des loyers flambaient. C'était en 1991. Mon propriétaire en profita pour me proposer le loyer à 14.000 francs belges, soit le double de ce que je payais avant, mais le contrat n'était pas tout à fait terminé : il me restait encore 6 mois. Je lui demandais un délai de réflexion afin de voir s'il n'y avait pas d'autres appartements moins chers dans le quartier. Mais les prix augmentaient de jour en jour et il devenait très difficile de trouver un appartement à un prix décent.

Peu avant la fin du bail, je lui confirmais par écrit que j'acceptais les nouvelles conditions de location. Mais il n'était plus d'accord sur le prix : il en voulait 21.000 ! Cette somme dépassait la moitié de mon revenu du chômage. Je ne pouvais pas honorer un tel loyer. J'ai dû quitter en urgence la rue du Touriste, par expulsion du juge de paix. Le revirement du propriétaire m'avait mis dans une situation embarrassante. Le délai pour trouver une autre demeure devenait court et ne me permettait pas de trouver un appartement correspondant à mes moyens financiers. J'avais averti le propriétaire que nous irions obligatoirement devant le juge de paix pour que je puisse en attendant la décision du juge trouver un autre appartement. Je bénéficiais d'un revenu qui était proche de 28.000 francs, équivalent à 700 euros.

Peu de temps après, le juge me convoqua et donna raison au propriétaire en disant que le propriétaire peut, tant que le nouveau bail n'est pas signé, augmenter le loyer au prix qu'il estime. Je savais que je ne gagnerais pas ce litige, mais ce qui m'importait c'était de gagner du temps pour trouver un autre endroit de vie. Je priais Dieu de m'aider à trouver un appartement qui correspondait à mes moyens financiers et peu de temps après, je trouvais un appartement à Schaarbeek, près de la place qu'on appelle « la cage aux ours ».

© Fh. 2014   « 14, Rue Portaels 1030 Schaerbeek »

Les prix avaient tellement flambé que les habitations de Watermael-Boitsfort étaient hors de prix. J'ai dû me résigner à quitter ce beau quartier pour prospecter vers les habitations moins chères. Schaerbeek, jadis une commune de riches, devenait, à cause de la crise de l'énergie des années 70, une commune pour les plus démunis. Le quartier devenait sale, les maisons de maître n'étaient plus à la mode à cause de leurs plafonds hauts de plus de 3 mètres qui demandaient plus d'énergie à chauffer. Seuls les pauvres ou les étrangers pouvaient habiter dans ces anciennes demeures bourgeoises. Les plus nantis quittaient la capitale pour se loger dans la banlieue. Les communes comme Rhode-Saint-Genèse, Waterloo, Braine-L'Alleud, Uccle, devenaient des quartiers luxueux avec de belles demeures, mais plus économiques en énergie.

Dire que ces loyers étaient de moins de 5.000 francs avant la crise du logement ! En moins d'un an, les loyers avaient plus que triplé de prix à certains endroits de la capitale. Le fait que la communauté européenne avait élu domicile dans la capitale justifiait cette flambée. Je trouvais cela terrible pour les moins nantis. Je subissais cette décision d'implanter les bureaux de la CEE dans le quartier du Luxembourg à Bruxelles. L'État, après que le montant des loyers ait bien grimpé, décida de geler les prix. Il était bien trop tard pour agir, car le mal avait été fait. À qui profitait le crime ?

J'avais trouvé un petit rez-de-chaussée au 14, rue Portaels, près d'une église polonaise. C'était un monsieur de nationalité marocaine qui en était le propriétaire. Il habitait avec sa grande famille dans les autres étages de la maison. Il venait d'aménager le rez-de-chaussée en y annexant une nouvelle pièce de séjour qui servait de cuisine et de salle de douche. Je commençais à désespérer, car je ne trouvais rien à moins de 14.000 francs.

Mon nouveau propriétaire me proposa un loyer à 12.000 francs. C'était le moins cher et à trois jours d'être expulsé de mon ancien logement, je voyais cela comme une bénédiction venant de Dieu. J'acceptai directement de signer un contrat de bail de trois ans. J'avais cependant exprimé mon souhait de ne pas m'attacher aux trois ans obligatoires et de pouvoir déménager si je trouvais un autre appartement vers Watermael-Boitsfort ou à proximité de la salle des Témoins de Jéhovah. Le propriétaire accepta cette demande. Il ne parlait pas bien le français, mais il était d'une extrême gentillesse. Le courant passa très bien entre nous. Je n'ai jamais eu un propriétaire aussi gentil et respectable.

Après avoir déménagé avec l'aide de quelques jeunes de la Congrégation, je m'installais donc dans ce quartier peu sécurisant. Il y avait à tout moment de la journée et de la nuit des bandes de jeunes qui rôdaient dans le quartier. Il y avait du trafic de drogue. Je compris après que les dealers du quartier étaient les deux grands fils de mon propriétaire. Cela me fut compté comme une bénédiction, car tout le monde savait que j'étais le locataire du père de ces deux vendeurs de drogues. Personne ne m'embêtait. J'étais connu et reconnu de tous.

L'appartement était simple. Il y avait deux pièces en enfilade avec de hauts plafonds difficiles à chauffer, mais c'était ça ou la rue. Je m'accommodais de cette situation et m'installais donc avec le peu de meubles que j'avais à la rue des Touristes.

Dans la première pièce, celle qui donnait sur la rue, j'avais mis une télévision et un grand fauteuil que j'avais acheté dans un magasin de seconde main. La pièce qui était séparée par une grande porte à deux battants servait de chambre. Elle donnait sur une toute petite cour, d'ailleurs inaccessible faute de porte. Pour y aller, il me fallait sortir dans le couloir commun et longer le mur de la chambre pour arriver dans une annexe qui venait d'être finie.

Cette petite pièce de 2 mètres sur 3 me servait de cuisine et de salle à manger. J'y avais mis une petite table et deux chaises. Un renfoncement avait été aménagé en salle de douche. Il s'y trouvait une porte qui permettait d'accéder à la cour, d'environ 4 mètres sur 3 mètres de large. Elle était entourée de hauts murs et la lumière du soleil n'y passait pas. Ces murs étaient souvent recouverts de mousse.

Je me souviens, un des premiers soirs, avoir été réveillé par quelque chose qui me frôlait le visage durant la nuit. En allumant, je vis sur le contour de mon lit et sur mon édredon, de petites bestioles noires en grand nombre. C'étaient des cafards qui sortaient de je ne sais où. Heureusement que j'avais dans mes placards une bombe pour bêtes rampantes que j'avais achetée jadis pour les toilettes de la rue des Touristes, qui grouillait d'araignées. Je l'utilisai directement sur les petites bêtes, mais je n'ai plus dormi le restant de la nuit. J'ai trouvé par la suite d'où provenaient ces cafards, des fissures entre le plancher de la chambre et du mur. J'ai aspergé ces fissures de la bombe pour insectes rampants et mis du plâtre pour couvrir ces fissures. J'avais compris que ces bestioles venaient de la cave. Après l'avoir inspectée, je compris que chaque année, le propriétaire tuait le mouton pour fêter la fin du ramadan. Il y avait des petites particules d'os éparpillées dans la pièce juste en dessous de la chambre. Après avoir aspergé d'insecticide la cave et la chambre, je n'ai plus jamais vu de bêtes rampantes. Chaque fois, j'épiais mon lit avant de m'endormir pour être certain qu'aucune bête n'apparaissait.

C'est peu après mon installation dans ce nouvel endroit que je fus baptisé.

Mon baptême eut lieu à Bioul le 9 novembre 1991. Bioul est un village proche de Dinant dans la province de Namur. Pour y accéder, il faut obligatoirement posséder une voiture. Comme je n'avais pas mon permis, j'étais contraint d'y aller avec une personne qui était disposée à me prendre. Le baptême était simple : il fallait se plonger dans une petite piscine afin de faire l'offrande de soi à Dieu, comme l'avait fait Jésus dans le Jourdain. On appelle ce baptême, le baptême d'eau, car il y a une grande différence entre le baptême de la religion catholique et celui des Témoins de Jéhovah.

Pendant la réunion du baptême, les intéressés sont mis à part et un discours leur est adressé personnellement. Deux questions, lues à voix haute, sont posées aux futurs baptisés, qui doivent y répondre par l'affirmative. La première consiste à confirmer notre attachement au Dieu de la Bible et la seconde à son organisation. Subtilement la deuxième question ne mentionne pas une « organisation terrestre », telle que « l'Esclave Fidèle et Avisé », le canal sur terre de Dieu (représenté par le « Collège central » des Témoins de Jéhovah à Brooklyn) le préconise, mais à une organisation qui se trouve au ciel : la « Jérusalem céleste ». Cela fut capital pour moi lors de mon entretien avec deux anciens, dont Francis C., au moment de mon renvoi ultérieur de cette organisation. Francis C., celui qui m'avait « missionné », voulait m'évincer pour apostasie. Il me rappela mon engagement envers l'organisation des Témoins de Jéhovah, engagement pris lors de mon baptême par la réponse affirmative à cette deuxième question. Je répondis que cette organisation terrestre dépassait de loin son rôle d'enseignement en se substituant à Jésus, le véritable canal entre Dieu et les hommes. J'affirmais que mon engagement était resté intact et que je n'avais pas renié mon baptême comme voulait le faire croire ce frère. Ayant été remis à sa place, il s'y prit autrement pour m'évincer, affirmant : « Bon hé bien on va s'y prendre autrement... »

Pour en revenir à l'assemblée du baptême, elle durait en général toute la journée et quelquefois le lendemain également. Il y avait chaque année deux rencontres, l'une d'un jour qu'on appelait « l'assemblée d'un jour » et l'autre de deux jours qu'on nommait « l'assemblée de circonscription ». Lors de ces rassemblements, plusieurs congrégations de Belgique se réunissaient pour ne former qu'une seule congrégation. C'était l'occasion de rencontrer d'autres frères et sœurs qu'on ne connaissait pas. Nous mangions sur place. Des stands de nourriture étaient installés. Il y avait des frites, des sandwichs, des desserts et des boissons qui étaient proposés moyennant une participation aux frais.

Peu de temps après, ces stands ont été supprimés, car le ministère des Finances considérait cela comme un moyen de gains pour l'organisation des Témoins de Jéhovah et exigea l'acquittement de la taxe. Nous devions apporter notre nourriture avec nous. Ces assemblées étaient le moment propice de rencontrer des personnes de l'autre sexe et faire connaissance en toute chasteté. Il y avait de très belles filles. Ce qui était extraordinaire c'est qu'elles avaient toutes le même désir, celui de servir Dieu.

Je me rendais bien compte que je n'avais pas les qualités spirituelles d'une personne qui était née, comme on dit, dans la vérité. Je m'étais résigné en mon cœur de fonder un foyer, car j'allais atteindre mes trente ans. Mais c'est mal connaître Dieu de dire que je ne pourrais pas fonder un foyer.

Le lundi qui suivit mon baptême, Francis me confia, lors de mon étude spirituelle, qu'une jeune sœur désirait me fréquenter. Il m'indiqua qui elle était. Je l'avais brièvement vue auparavant, mais elle n'avait pas marqué mon esprit. Il me proposa de la rencontrer avec sa meilleure amie, qui était justement sa fille ainée. Je refusai au départ, car elle ne m'attirait pas, mais Francis me conseilla de ne pas cracher dans la soupe que Jéhovah me proposait. Par respect pour Dieu, j'acceptai donc cette rencontre en sachant par avance que notre relation serait vouée à l'échec. Peu après, je rencontrai cette jeune femme qui s'appelait Patricia D. Ce nom me rappelait un mauvais souvenir et ne me mettait pas dans de bonnes conditions pour la fréquenter. On a beau dire, mais une corrélation comme un prénom peut avoir des conséquences fâcheuses dans une relation intime.

Après six mois d'efforts, je renonçais à cette fréquentation. Il n'y avait rien qui nous rapprochait. Patricia D. était assez simple et sa vie monotone. Elle travaillait comme gardienne d'enfants dans les écoles de la commune de Watermael-Boitsfort. Nos conversations n'étaient pas profondes ni animées par un désir magique qui fait que deux êtres se sentent attirés l'un envers l'autre. J'avais cette impression d'être un bon parti en apparence, mais elle ne me connaissait pas et ne semblait pas vouloir me connaître davantage. Ce n'est pas une faute de sa part, mais la chimie de l'amour ne prenait pas entre nous.

Très vite, je pris le service de pionnier permanent en faisant 90 heures par mois pour Jéhovah. Je venais de décrocher en même temps un boulot pour le CPAS d'Uccle, qui cherchait un éducateur de rue à mi-temps. Cet emploi consistait à aider des jeunes enfants en difficultés scolaires dans un quartier défavorisé, chaussée de Neerstalle, à Uccle près de la commune de Forest. Cet emploi me convenait très bien, car je pouvais continuer mon service de pionnier pour Jéhovah.

L'ASBL : « Animer », Animation Merlo

© Fh. 2015   « Kot à Vélo transformé en école de devoir »
Chaussée de Neerstalle 1180 Uccle

Ce quartier de Neerstalle était mal fréquenté à cause des deux grands immeubles appartenant au logement social de la commune d'Uccle. Il y avait près de 300 appartements dont la majorité des occupants étaient des étrangers. Il y régnait une ambiance d'insécurité et la drogue circulait dans les deux immeubles.

Un couple de Belges avait décidé de mettre sur pied une ASBL de quartier pour aider ces jeunes qui erraient dans les rues, à ne rien faire. Ce couple avait reçu le local à vélo qui était désaffecté pour en faire un lieu d'étude pour les enfants. Ce local se situait juste à l'entrée du parking souterrain. Ces gens se sont battus pour bénéficier d'une aide de la Communauté française et de la commune qui voyait en cela une bonne opération d'assainissement de l'insécurité du quartier. Mais très vite des conflits ont terni cette collaboration, car la Commune souhaitait y mettre son grain de sel et accaparer le projet à des fins électorales.

Le couple ne voyait pas d'un bon œil que leur initiative soit détournée à des fins politiques et s'opposa à toute ingérence dans leur association. La guerre était déclarée entre ce couple et l'échevin de la jeunesse, Madame D. Pour ma part, je ne me suis jamais impliqué dans la politique. J'avais mes préférences comme tout le monde, mais sans vraiment me prendre au jeu. Je connaissais Léo Ferré et son aversion envers les politiques me fut transmise. J'étais plus anarchiste de cœur que révolutionnaire. Mais j'étais assez révolté quand il y avait des injustices sociales.

Lors d'une enquête de quartier par les médias, les journalistes avaient interrogé ce couple sur les moyens mis en œuvre pour éradiquer l'insécurité. Charlotte et son mari avaient exprimé l'insouciance de la commune dans l'aide qu'elle apportait pour soutenir ce projet. Suite à cette interview, une pression politique fut faite sur la Commune pour soutenir concrètement ce couple dans leur projet. Le CPAS a investi dans un éducateur de quartier en finançant le salaire de cet animateur. Il avait engagé un éducateur de rue à mi-temps. Malheureusement, cet éducateur profita de sa notoriété pour abuser de jeunes garçons qui fréquentaient ce local à vélo aménagé en école de devoir. Il vivait seul sur une péniche qui était amarrée au canal d'Anderlecht. Il y invitait souvent de jeunes garçons et des rumeurs circulaient sur son compte. Je ne sais pas si les rumeurs étaient fondées, mais peu de temps après son engagement, il dut démissionner.

Le poste étant libre, le CPAS cherchait un animateur de rue pour le remplacer. Je pris contact avec le secrétaire du CPAS et postulai pour ce poste. Je fus le seul homme à postuler pour cette place. On m'engagea donc. Comme je n'avais pas la stature avec mon mètre soixante-deux et les muscles du précédent, les responsables en conclurent intérieurement que je ne resterais pas plus de trois mois à ce poste difficile. La tension du couple envers les instances politiques s'ajoutait à la difficulté relationnelle avec les jeunes qui étaient révoltés à cause du renvoi de leur éducateur. La place était minée.

Avant de postuler, j'avais examiné les lieux et pris contact avec quelques jeunes qui erraient là et jouaient au football. Le contact était rapidement passé. Je trouvais en ces jeunes des enfants normaux qui s'embêtaient certes, mais qui ne faisaient rien d'anormal pour leur âge.

Mon approche ne consiste pas à en mettre plein la vue sur l'apparence physique, j'en serais bien incapable, mais je joue sur le relationnel. C'est ma force. Je cherche directement à établir une relation amicale. J'essaye de m'impliquer dans la relation sans vouloir dominer, mais en cherchant le respect et le contact amical. Je suis de nature sympathique et inspire une confiance. Je ne donne pas l'impression d'être une menace ou un rival, mais bien une complicité relationnelle. Je trouve d'ailleurs qu'en tant qu'éducateur, la relation ne peut se faire que si l'autre le désire. On ne peut pas venir comme ça dans la vie des autres sous prétexte qu'on est éducateur et imposer des choses sans qu'une relation de confiance soit établie. C'est la première chose à construire si on veut aider le jeune. Il doit sentir qu'on lui veut du bien et rapidement le contact peut passer. Il pourra accepter l'autorité s'il sait qu'elle vient de quelqu'un qui le respectera.

Très vite, je pris mes fonctions au sein de cette association de quartier, mais la relation avec le couple fut dès le départ très tendue. Il y avait de la suspicion. Le couple qui avait besoin d'aide pour les devoirs, était contraint d'accepter cette aide du CPAS, mais vivait en permanence dans l'angoisse. Ils pensaient que j'étais un espion et que mon rôle premier était de les surveiller et de rapporter les informations aux instances politiques de la commune, et de faire capoter leur projet afin que la commune puisse mettre le grappin dessus.

Il m'a fallu près d'une année pour apaiser cette tension. Il y avait un interphone branché en permanence entre le local et leur logement privé, qui se situait à une vingtaine de mètres de l'ex-local à vélo. Cet interphone était soi-disant branché pour l'assurance, mais j'avais très vite compris que j'étais en permanence surveillé lorsque j'étais seul avec les enfants. J'acceptais cela, car je n'avais rien à me reprocher. Je comprenais ce que vivait ce couple. Il me fallait les rassurer et gagner leur confiance.

Nous étions trois animateurs et animatrices, l'une de la Communauté française, l'autre, un étudiant en informatique qui s'appelait Karim et qui venait le vendredi soir pour l'activité ludique où il y avait des consoles de jeux, et moi comme animateur à mi-temps pour soutenir l'école des devoirs.

J'aimais participer à l'atelier informatique le vendredi soir. C'était un moment plus détendu. Les jeunes, essentiellement des garçons, aimaient cette activité. Il y avait des consoles de jeux et quelques ordinateurs de bureau. J'aimais bien cette activité, car l'animateur était un féru d'informatique. Il suivait ses cours à l'ULB et m'apprenait des trucs utiles. Il m'a initié au langage Basic du « Dos » et à l'utilisation de Windows 3.11 et par la suite Windows 95.

Charlotte, la responsable de l'ASBL venait très régulièrement nous soutenir, mais elle manquait de connaissances suffisantes pour aider les enfants. Elle s'emportait vite une fois qu'elle n'arrivait pas à répondre à leurs attentes, mais elle était de bonne composition. Son apparence était particulière, car elle ressemblait à une sorcière. Les jeunes en riaient, mais ne s'en moquaient pas vraiment.

Très rapidement, la Communauté française ne subventionna plus le projet qui finançait l'animatrice. Je me retrouvais seul avec plus de quarante enfants à aider. Heureusement que les jeunes ne venaient pas tous en même temps. J'avais divisé l'école des devoirs en deux parties. Le local était fréquenté par les enfants du niveau primaire et les autres arrivaient par la suite au compte-gouttes dès leur sortie de l'école. J'avais plusieurs écoles primaires dans les environs et plusieurs écoles secondaires.

L'école des devoirs n'était pas un luxe. Les enfants manquaient cruellement de structure et d'encadrement. Tous étaient de familles étrangères. La majorité d'entre eux étaient d'origine marocaine, turque, perse et même bédouine. Les enfants erraient souvent dans les rues avoisinantes ou dans les couloirs des bâtiments. Les parents les mettaient toujours dehors.

Au départ, étrangement, je n'avais que des filles. Je posai la question à la responsable qui m'affirma que l'ancien animateur avait fait un boycottage sur l'ASBL. Je pris contact avec l'assistante sociale qui me chapeautait pour lui en faire part. Elle était au courant de cette affaire et en était même complice. Il semble que la relation entre elle et l'ancien animateur était au beau fixe. Elle avait mal accepté sa démission et voyait en moi un imposteur. Je compris cela dès nos premiers rendez-vous obligatoires où le contact fut électrique. Elle donnait cette impression de tout savoir et elle me regardait avec un air dédaigneux. Cette assistante sociale travaillait au home pour personnes âgées du CPAS d'Uccle. Chaque mois, je devais lui faire un compte rendu de mes activités. Chaque trimestre, je devais faire un rapport détaillé par enfant pour justifier mon travail. Je n'aimais pas du tout cela. Le contact était toujours tendu lors de nos entretiens. Le courant ne passait pas du tout, mais je m'en accommodais.

Elle me demanda comment j'allais m'y prendre pour ramener les garçons au local. Je soupçonnais, à son attitude particulière, à l'expression de son visage ainsi qu'au ton de sa voix, une ironie dissimulée. Je lui dis que la solution ne pouvait venir que de cet ancien animateur et comme je savais qu'elle le fréquentait, je lui proposai un entretien avec lui dans son bureau. Elle accepta, contrainte de le faire pour la bonne marche de mon travail.

Quelques jours plus tard, je rencontrais cet animateur et lui expliquais que c'était dans l'intérêt de tous que ces jeunes soient soutenus dans leur activité scolaire et qu'il fallait tourner la page sur les raisons qui motivaient ce boycott. Le lendemain de cette entrevue, tous les garçons sont revenus comme si de rien n'était. Nous étions submergés, mais heureux de pouvoir aider à nouveau cette population défavorisée.

Très vite, j'avais expliqué que j'étais devenu Témoin de Jéhovah et que je respectais la foi de chacun. Nous échangions très souvent des propos sur nos convictions religieuses. Les jeunes qui suivaient des cours en secondaires et qui venaient au local des devoirs étaient essentiellement des filles. Apparemment, les filles musulmanes prenaient à cœur leur scolarité contrairement aux garçons qui une fois en humanité (lycée) ne venaient plus à l'école des devoirs. Les filles venaient surtout pour le français. Elles rencontraient des difficultés dans leurs dissertations ou pour les résumés de livres qu'elles devaient lire. Nous aimions passer un moment à converser et parlions beaucoup de nos convictions religieuses et de leur devenir dans la société. Cela rassurait les parents sachant que ma croyance rejoignait la leur sur beaucoup de points. J'avais acquis leur confiance.

Ce n'est qu'après cinq années que j'ai renoncé à cet emploi. J'avais passé haut la main cette épreuve des trois mois en démontrant l'efficacité de mon travail par la réussite scolaire de plus de 90% des enfants qui fréquentaient l'école des devoirs. Le couple allait déménager dans un appartement en province. Il n'y avait plus de raison que je continue cette activité. Je renonçai donc à cet emploi en mars 1996, d'un commun accord avec le CPAS d'Uccle.

J'allais souvent sur le campus de l'ULB (Université Libre de Bruxelles), car la Médiathèque y avait une succursale. J'ai eu l'occasion de revoir quelques filles à l'ULB, de Bruxelles. Elles semblaient bien épanouies et contentes de me revoir. Elles se souvenaient de moi avec émoi. La plupart ont terminé plusieurs cycles d'études universitaires à défaut d'avoir du travail. C'était une satisfaction personnelle pour moi de savoir que ma présence leur avait été utile.

C'est durant cette période de ma vie - 1996 - que j'appris l'emprisonnement de mon frère Éric pour meurtre.

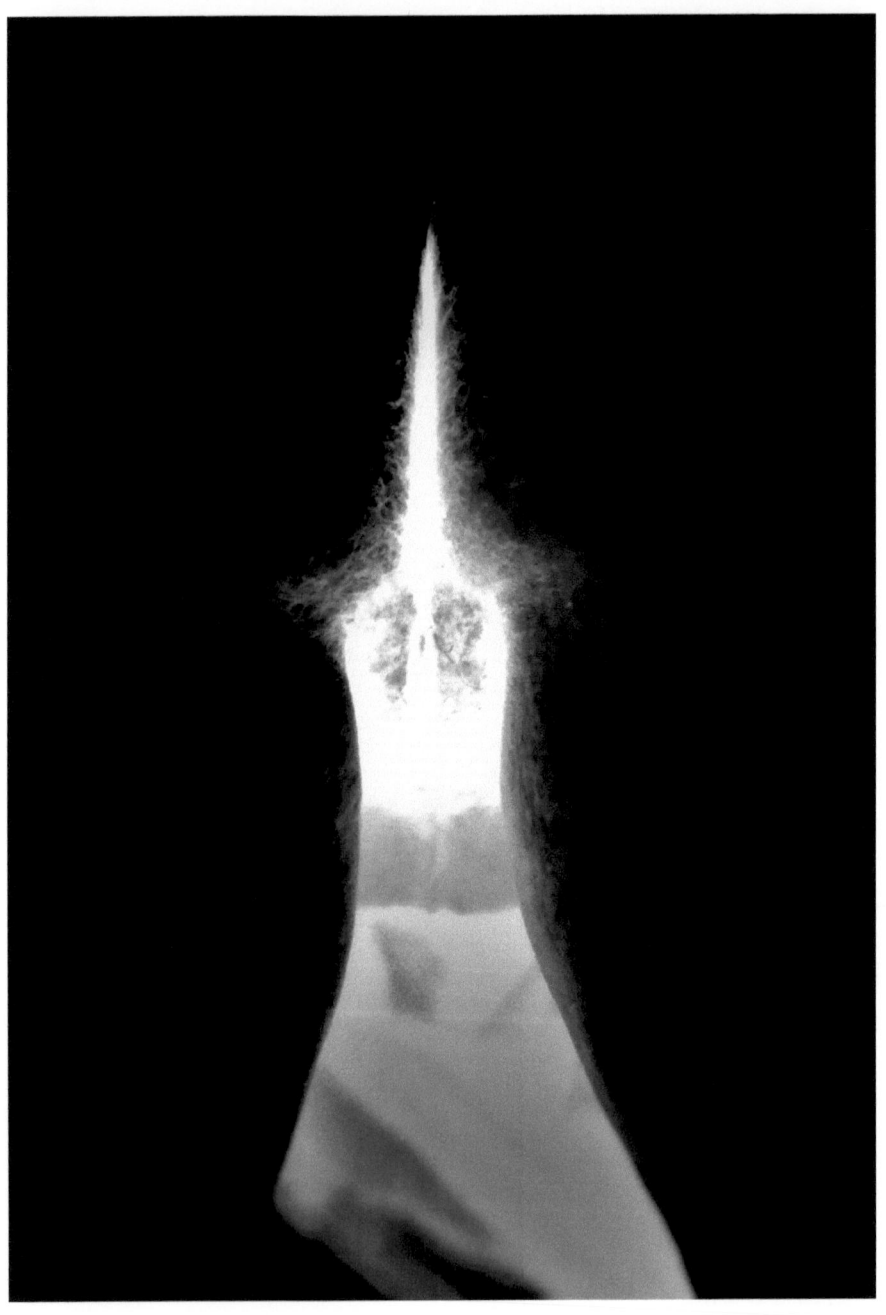

© Fh. 2017   « L'ouverture »

Éric, mon frère

Éric était l'un de mes petits frères. Il avait un an de plus qu'Édouard, mais un an de moins que Patrick.

Nous avions appris, mes frères et moi qu'avant son arrestation, il avait tué un homme, chanteur de surcroît et homosexuel. Nous avions appris les détails de cette affaire, car nous avions assisté toute la semaine à son jugement devant la cour d'assises de Namur. J'avais pris congé pour suivre cette affaire qui avait remué toute la famille. Auparavant, j'avais revu Éric, mais sans vraiment lier d'amitié. Nous avions beau avoir le même père et la même mère, nous étions comme des étrangers l'un pour l'autre. Je l'avais revu alors qu'il était chez notre mère. Nous avions appris qu'il était venu juste après avoir tué cet homme, mais la police ne le soupçonnait pas encore. Il était donc libre d'aller où il voulait et il avait choisi de renouer des liens avec sa famille.

Cherchait-il une aide auprès de nous, je ne sais ? En tout cas, son attitude était normale. Il ne nous a rien dit sur ce qui s'était passé quelques jours auparavant.

Après avoir appris son arrestation par les journaux en 1996, nous avons décidé, avec mes frères Édouard et Patrick, d'assister à ce procès à Namur qui était ouvert au public. Nous nous étions mis à la première rangée. La salle d'audience était assez vétuste. Elle était faite de vieux bois qui recouvraient toute la pièce, y compris les bancs et le pupitre du juge également. Éric était présent pendant l'audience et ses deux avocats proches de lui. Souvent ils se concertaient pour convenir de la plaidoirie. Éric était sérieux. Il exprimait peu de ressentis et donnait même l'impression d'être au-dessus de tout. Nous avions l'impression que ce jugement était pour lui une façon de se glorifier et de se mettre en avant. Tout tournait autour de lui ; normal, il était le coupable.

Il y avait également avec lui deux autres hommes qui avaient été ses complices. Éric avait tué avec un coup de couteau un homme parce que celui-ci lui avait promis de l'aider à faire un disque s'il couchait avec lui. Il s'exécuta, mais son amant lui tourna les talons une fois l'acte accompli. Cet homme avait une double vie. Les week-ends, il fréquentait le milieu homosexuel de la ville de Charleroi où vivait mon frère. Il avait d'une part une vie ordinaire, avec une femme et une maison pas loin de Charleroi. D'autre part, il possédait une autre petite maison qui lui servait d'alcôve et pour son travail. Il y avait un studio d'enregistrement. C'est à cet endroit qu'Éric le tua d'un coup de couteau. Il s'était introduit chez lui en voulant au départ régler ses comptes en le menaçant avec un révolver. Il était accompagné de deux personnes. L'un l'attendait dans la voiture et l'autre l'avait accompagné jusqu'au studio. Éric avait forcé la porte. Il y eut ensuite une interpellation violente puis une bagarre. Éric prit un couteau, car le revolver n'avait pas de cartouches. Poignardé, l'homme tomba à terre, mais il n'était pas mort. Son complice retourna à la voiture, bientôt rejoint par Éric. Éric ne voulait pas laisser de preuve de son passage, car l'homme le connaissait. Il décida donc de le tuer en le poignardant à plusieurs reprises. La victime succomba rapidement à ses blessures.

Le voisinage avait été interrogé et une voiture de la marque Volkswagen, modèle Coccinelle, avait été repérée au moment des faits. C'est cet indice qui a permis à la police de trouver les coupables. Éric, ayant appris par les journaux locaux que sa voiture avait été repérée sur les lieux du crime, alla à la police pour signaler qu'il était passé rendre visite à son amant le soir du meurtre, mais bien avant le délit. Il pensait se disculper du meurtre avec un faux alibi pour l'heure du crime. La police prit son témoignage et personne ne l'arrêta. Éric savait être convainquant. Il semblait hors d'affaire.

Pourtant, peu de temps après, un policier se demanda pourquoi Éric était venu au bureau de police pour expliquer sa présence sur les lieux du meurtre. En creusant son emploi du temps, il se rendit compte que son alibi ne tenait pas et que sa voiture était bien présente au moment du crime. Éric fut donc arrêté et très vite avoua le meurtre et dénonça ses complices. C'est donc en voulant se disculper qu'Éric fut reconnu comme meurtrier de cet homme.

Le tribunal était comme un théâtre. Les avocats s'animaient comme s'ils jouaient une pièce de Shakespeare. Ils parlaient haut et fort avec une désinvolture qui caractérise les acteurs de théâtre. Je n'aimais pas du tout la façon dont ces avocats parlaient. C'était un manque de respect évident. Ils donnaient cette impression que ce qui se joue était une farce.

Je ne voudrais jamais que ma vie dépende d'hommes qui prennent ma défense comme s'ils jouaient dans une pièce de théâtre, fût-elle de bon goût.

Lors de son procès, l'un des avocats essaya de démontrer qu'Éric avait des circonstances atténuantes à cause de son passé. Il avait été abandonné dès sa naissance par sa mère. Il vivait de ce fait une déstructuration mentale qui provoquait des troubles du comportement. Une bonne partie de ses anciens éducateurs passaient à la barre. Ma mère avait été convoquée également, ainsi que la mère supérieure de la crèche Marie-Henriette. Nous assistions à un déballage de sa vie depuis sa toute petite enfance jusqu'au meurtre.

Cela me rappela « L'Étranger », un livre d'Albert Camus que j'avais lu jadis. Il s'agissait d'un homme qui avait été condamné pour meurtre parce qu'il avait eu des attitudes contraires à la norme en vigueur à son époque. Il n'avait, entre autres choses, pas pleuré sur la tombe de sa mère. Il donnait l'impression d'être un homme insensible et froid. Cette attitude justifia une condamnation du public. Je compris par ce tribunal que ce qu'on a fait dans le passé peut nous revenir comme un boomerang à la figure et vous faire du tort.

Je ne trouve pas judicieux de s'en servir pour justifier ou condamner un acte présent comme si tout acte passé était étroitement lié à l'attitude présente ou à venir. Il y a une corrélation, mais pas une justification systématique. Si je devais ramener à la surface tout ce que j'ai fait comme bêtises depuis ma toute petite enfance, je serais directement condamné au bûcher (je fais allusion aux directives religieuses qui condamnent des actes impurs) et je pourrais du coup justifier un quelconque meurtre à venir sur la cause d'une enfance difficile et injuste.

Je vous rassure, je n'ai pas commis de meurtre même si souvent j'ai eu des cauchemars qui me condamnaient à cet acte odieux. J'ai lu un livre qui m'a fortement marqué : « Crime et Châtiment » de Dostoïevski. Ce livre a engendré en moi un mal-être profond. Je vivais souvent dans mes nuits ces tiraillements que peut sentir celui qui a commis un crime. Le livre était tellement puissant dans le mécanisme de la culpabilisation qu'il me prenait les tripes. J'avais souvent cette conviction que j'avais tué quelqu'un. Il m'a fallu des années pour me débarrasser de ces cauchemars. Ce n'est qu'après bien des années, ayant fait l'association de mes cauchemars avec la lecture inachevée de ce bouquin que j'ai compris qu'il me fallait terminer ce livre pour me défaire de ces nuits nocturnes angoissantes. Une fois la lecture achevée, mes cauchemars ont cessé aussitôt.

En général, quand je lis un livre, je m'imprègne fortement du contenu. Je ressens les choses et les vis en moi. Il me faut souvent du temps quand je lis, car je dois digérer ce que j'apprends et voir en quoi ce que je découvre dans cette lecture peut avoir une implication dans ma vie. Je ne comprends pas trop les personnes qui avalent un livre en un rien de temps. Comment peuvent-elles en tirer une expérience profonde et intéressante pour leur vie ? C'est dommage de perdre une telle expérience par une lecture rapide et souvent superficielle.

Naturellement, je ne lis jamais un livre d'une traite. J'ai besoin de digérer ce que je lis et c'est seulement après un certain temps que l'envie de continuer la lecture me vient. Il y a un appel en moi qui suscite le désir de reprendre le livre là où je l'ai laissé. Je termine toujours ma lecture, mais des fois il me faut des mois voire des années pour m'y replonger. C'était le cas de ce livre très troublant de Dostoïevski.

Mes nuits sont souvent porteuses de sentiments troublants. Des fois, de façons récurrentes, je vis des émotions intenses qui me laissent un goût particulier d'une solitude profonde. Ce sont des rêves presque éveillés qui se situent proches du matin. Même réveillé, ce sentiment ne part pas de suite, il s'éloigne doucement, petit à petit, de mon corps, de mon âme. Je reporte cela à ma petite enfance quand j'ai connu le rejet des miens. C'est comme si vous étiez dans un vaisseau dans l'espace et que d'un coup vous vous trouviez projeté dans le vide absolu sans avoir l'espoir d'être secouru. Vous pourriez crier, personne ne peut vous entendre, car il n'y a personne, seulement vous avec vous-même. Ainsi en est-il de ma vie.

Éric changeait souvent sa version des faits, ce qui lui fut préjudiciable pour la suite de son procès.

Je ne comprends pas pourquoi des personnes qui se disent innocentes en arrivent à mentir. Cela ne donne pas une bonne image de la personne et laisse entendre qu'elle n'est pas de confiance et qu'elle manipule !

Pour avoir assisté à quelques procès, je comprends la perplexité des juges et des jurés pour dénouer une affaire délicate. En fait, rien n'est blanc ou noir. Tout est dans la nuance, car chacun détient une partie de la vérité, mais rarement une personne est innocente. Les choses sont perçues d'une façon par l'un et d'une autre par l'autre. C'est très difficile de juger dans ces circonstances sans se tromper ou appliquer la justice de façon parfaite ou trancher avec netteté. La justice n'est que de nom, car dans les faits elle tente de rendre la vérité, mais n'y arrive jamais. Seul celui qui détient les clés de la lecture du cœur peut être le véritable juge : Dieu. En attendant, il faut faire avec les imperfections de ce monde.

Éric fut condamné à trente ans de prison, mais évita de justesse la perpétuité. Le juge lui conseilla de se faire soigner une fois en prison, car il avait effectivement de graves problèmes de violence et il donnait des signes de schizophrénie.

J'avais repris contact avec lui alors qu'il était en prison. Nous nous échangions des pensées au travers de lettres. Je lui parlais de ma foi chrétienne et par courrier je lui appris certains principes de Dieu et l'amour qu'il témoigne à celui qui est repentant. Il n'était pas très réceptif, mais cherchait, il est vrai, une relation plus profonde que ce que nous avions vécu dans le passé.

Je savais qu'il fréquentait des hommes d'Église. Dans son milieu homosexuel, il y avait un curé qui le soutenait dans cette activité. On le soupçonnait d'être un de ces amants. Au tribunal, il fût appelé à la barre, car il avait en sa possession l'arme qui servit à rentrer dans la maison du défunt. Éric avait confessé son crime au curé et lui avait remis le revolver.

Le juge sermonna le curé en lui rappelant qu'il pouvait être arrêté pour complicité de meurtre dans cette affaire, car il détenait une information importante et une preuve évidente. Le curé se rangea sous le couvert du secret professionnel : le secret de la confession. Je compris que la justice n'était pas la même pour tout le monde. Le clergé est condamnable par un code de Loi qui lui est propre. La Constitution lui confère l'immunité comme pour un chef d'État.

J'ai été le voir à plusieurs reprises en prison, mais nos contacts étaient sommaires. Il y avait comme une gêne entre nous. Mon frère Patrick m'accompagnait lorsque j'allais le voir. Les prisons ne sont pas accueillantes ni intimes. Il y avait des prisonniers qui voyaient leurs femmes et leurs enfants dans un réfectoire qui comprenait de petites tables. Il n'y avait pas beaucoup d'espace entre les tables. Certains faisaient l'amour avec leurs petites amies comme si de rien n'était. C'était très dérangeant de voir cela. Normalement, ils ne pouvaient pas, mais les autres prisonniers faisaient barrage pour que les gardiens ne voient rien. La femme montait sur son amant comme si elle s'asseyait simplement sur ces genoux.

En l'an 1998, Éric est mort étranglé avec le lacet de sa chaussure passé autour du radiateur de sa chambre. Tout donnait l'impression d'un suicide. C'est ce qui fut annoncé officiellement. Pour ma part, connaissant Éric, je savais qu'il était mêlé à du trafic entre prisonniers. Il demandait souvent son transfert de prison à prison. Il lui arrivait donc de changer de prison et de profiter de cette occasion pour établir des liens avec les gardiens. Il était dans des combines louches. Sa mort ne m'a pas surprise. Il est évident que sa mort était liée à un contrat mafieux et résultait des conséquences de son sale caractère et de ses magouilles. La pendaison par lacet au radiateur est une signature caractéristique d'un contrat sur la tête d'une personne.

Ma mère est la première de la famille à avoir été avertie du décès de mon frère. Nous avons été à son enterrement à

Verviers, proche de la prison de Lantin. Au moment de son enterrement, un curé était venu pour faire une petite prière d'adieu à Éric. Il demanda si l'assistance n'y voyait pas d'inconvénient. Je mis mon veto, mais pour ne pas m'imposer à l'ensemble des personnes, je préférais me retirer le temps de sa prière. Mes frères Eddy, Edouard et Patrick savaient que j'étais Témoin de Jéhovah. Mon attitude troubla Eddy. Il ria jaune, mais on n'en a jamais parlé par la suite. Ma mère était venue avec nous jusqu'à Verviers, mais elle n'a pas voulu descendre de la voiture pour aller au cimetière.

Ce sont là, mes derniers souvenirs de mon frère Éric.

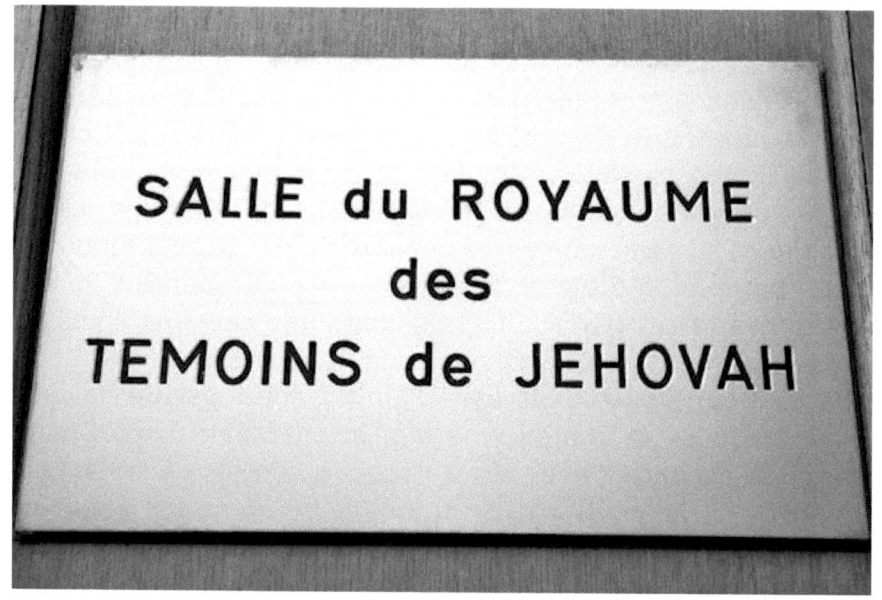

© Fh. 2015   « 215, rue de la Vignette 1160 Auderghem »

C'est après cinq années passées auprès des Témoins de Jéhovah que j'ai rencontré l'âme sœur, en 1996. Je quittais mon emploi du CPAS d'Uccle et cherchais avec entrain un autre emploi. La Communauté française recrutait un coordinateur pour gérer l'ensemble des 12 animateurs répartis dans plusieurs ASBL de quartier. J'avais postulé pour le poste. L'entretien d'embauche s'était très bien déroulé. J'étais persuadé d'accéder au poste vacant rapidement vu le peu de candidats. Malheureusement contre toute attente, je reçus un avis défavorable. Je compris par la suite qu'une animatrice qui avait soutenu l'ASBL « AniMer » auparavant avait rapporté que j'étais Témoin de Jéhovah à l'ensemble de l'équipe. Cela me fut préjudiciable.

Je pris donc la décision de partir en vacances dans les hautes Alpes, en France, avec un couple de pionniers permanents. Ils partaient toujours à la mi-juin de chaque année afin d'éviter les juilletistes et les aoûtiens. Un jeune témoin de Jéhovah nous accompagnait : Olivier G. Ce jeune frère religieux était célibataire et avait vécu une vie similaire à la mienne dans son enfance, car il avait été abandonné par ses parents lors d'une guerre dans son pays d'origine, la Corée. Il avait connu plusieurs familles d'accueil et chaque fois ses parents adoptifs mouraient de vieillesse ou de maladie. Livré à lui-même, il avait rencontré comme moi un frère à sa porte qui lui parla de la Bible et des promesses d'un paradis imminent sur la terre. Il y avait entre nous une certaine rivalité, un peu comme celle que j'avais connue avec Éric V. à la Chapelle de Bourgogne, mais sans l'amitié qui nous unissait. Il devait toujours se comparer à moi et cherchait à m'évincer dans mes échanges avec les autres. Je sentais sa présence comme un fardeau. Il arrivait toujours à s'immiscer dans les rapports que j'avais avec les autres frères et sœurs. À chaque fois que j'étais invité à passer un moment de détente, il arrivait à se faire inviter également. Il était usant à la longue à un tel point que mon inimitié envers lui se sentait à dix kilomètres à la ronde. Je devais le supporter et faire d'immenses efforts pour surmonter mon rejet envers lui. Je me forçais à chaque contact à penser comment Jésus aurait fait devant une telle situation. Je faisais donc l'effort de l'aimer malgré mon aversion pour sa personne.

Il est des personnes pour qui une aversion se manifeste presque au début de la rencontre et on ne sait pas expliquer pour quelle raison cela se produit. Mais il faut accepter que cela soit une réalité. C'était son cas, je ne le supportais que très difficilement !

Nous sommes partis en voiture. Nous avons pris la route du soleil en direction de Grenoble pour ensuite grimper le col du Lautaret jusqu'à Briançon. Philippe V., le mari de Fabienne V., tous deux pionniers permanents comme moi, louaient une petite maison dans les montagnes. Elle était très rudimentaire, car il n'y avait pas d'eau, pas de chauffage, pas d'électricité et encore moins de toilettes. Nous étions à plus de 1.500 mètre d'altitude, en contact direct avec la nature et personne n'habitait proche de la maisonnette. Lors de notre trajet vers ce lieu idyllique, Philippe et Olivier G. parlaient d'une Céline qu'ils avaient rencontrée l'année précédente. Je demandai qui était cette Céline dont Olivier ne m'avait jamais parlé durant l'année écoulée ? Je compris qu'Olivier avait des attentes envers elle et je lui dis aussitôt qu'il devait faire attention que je ne lui prenne pas cet amour secret, cela sur un ton moqueur, mais enfantin.

© Fh. 2010   « Les naufragés du temps »   Bretagne

© Fh. 2018   « Portrait de Céline »

Une fois arrivés à Briançon avant de monter vers la maison de vacances, nous nous étions arrêtés là où habitait cette fameuse Céline. Nous n'étions pas attendus, mais elle était là avec ses parents. Nous étions fatigués de ce long voyage de plus de mille kilomètres et heureux de nous détendre enfin. Le contact fut très simple. Céline devait justement partir pour prêcher avec une famille dans le Queyras. Elle allait sortir pour rejoindre ce groupe de prédicateurs. Elle était petite de taille, environ 1,50 m ; les cheveux bruns ondulés mi longs, la peau basanée, de type méditerranéen. Elle semblait enjouée et assez jeune d'apparence.

Olivier ne dit mot et à peine arrivé une ambiance un peu tendue semblait s'installer entre Céline et Olivier. J'appris par la suite qu'Olivier n'était pas vraiment apprécié. Manifestement, Olivier draguait Céline, mais comme elle venait de vivre une rupture avec un homme de sa congrégation, elle ne voulait plus rien entendre d'un éventuel prétendant. En ce qui me concerne, je lui paraissais, d'après ses dires, comme un homme mature, mais sans plus. Elle me voyait comme un randonneur aux gros mollets et au short trop court. Effectivement, je m'étais mis à l'aise avec un vieux jeans que j'avais coupé court et des baskets de randonneur. Pour une fois que je me lâchais dans mon vestimentaire sans me sentir gêné par mon corps, voilà que je me présentais de cette façon peu glorieuse devant une fille. Je pensais que comme je ne connaissais personne je pouvais sans craindre d'être jugé, me laisser aller un peu durant ces vacances. Je me libérais de ce que mes proches pouvaient penser de moi en me négligeant puisque mille kilomètres nous séparaient. Je voulais être à l'aise et respirer un peu et voilà qu'une jeune femme faisait irruption dans ma vie et me jugeait de suite sur mon apparence.

J'ai toujours donné une très grande importance à ce que les autres pensent de moi. Cela était dû à la peur d'être rejeté.

Après son départ, nous sommes restés une bonne heure à discuter avec la maman de Céline et son beau-père. Comme je ne les connaissais pas, la conversation passait par Philippe et Bruno, le beau-père. Pendant ce temps, je me gavais de petits biscuits que Patricia, la maman de Céline, avait mis à notre disposition avec une tasse de thé. Cette famille semblait assez pauvre, mais hospitalière. Tous étaient Témoins de Jéhovah. Il était courant que nos relations se limitent à des frères et sœurs de la même confession. Ce qui était particulier, c'est que partout où que nous allions, nous nous sentions comme des amis de longue date. Il y avait une familiarité particulière, qui semblait naturelle entre nous, alors que nous ne nous connaissions pas du tout de prime abord. Je mettais cela sur le fait que nous avions les mêmes objectifs et la même foi en Dieu. Mais c'est surtout parce que nous avions le même endoctrinement spirituel. Il m'a fallu de longues années pour comprendre cela.

Nous avons revu, quelques jours après, Céline et ses parents, lors de la réunion qu'organisaient les Témoins de Jéhovah de Briançon. Même en vacances, nous ne permettions pas que les moments de détente nous séparent de nos frères et sœurs, même s'ils étaient des inconnus ; il ne tenait qu'à nous d'élargir nos tendres compassions en les fréquentant dans leur salle du Royaume. Céline nous avait accueillis et elle se proposa de nous rejoindre pour une randonnée dans les montagnes des alentours. Elle semblait souffrir de solitude et avait besoin de distraire son esprit des tracas journaliers. Nous avons accepté sa compagnie. Elle était jeune, mais assez mature sur le plan relationnel. J'appréciais sa compagnie, car il émanait d'elle une fraicheur et une soif de vivre. Olivier subissait les sarcasmes de Céline. Elle était constamment draguée par des frères, elle en avait ras le bol et Olivier était la goutte d'eau qui faisait déborder le vase. En ce qui me concerne, Céline semblait plus encline à me parler et une relation amicale s'était installée entre nous. Elle ne voyait pas en moi un prétendant, car j'avais le double de son âge, mais bien une personne avec qui elle pouvait s'épancher et s'exprimer sans devoir sentir un attrait physique et sentimental. Je ne cherchais pas à la draguer ni à voir en elle une éventuelle compagne. Céline avait surtout besoin d'une oreille attentive et de ne pas se sentir jugée ni draguée.

Après quelques jours, lors d'une randonnée, elle n'arrêta pas de me parler au point où je me posais des questions sur ses intentions à mon égard. N'était-elle pas en train de me séduire ouvertement devant Philippe, Fabienne et Olivier qui s'étaient mis en retrait pour ne pas nous gêner ? Fabienne et Olivier semblaient contrariés.

Après un temps d'écoute, je lui ai dit : « Tu ne serais pas une allumeuse ? » avec un petit sourire narquois. Elle devint toute rouge et sembla choquée par mes propos. Cela ne l'a pas empêchée de continuer la conversation qui ressemblait plus à un monologue qu'une véritable discussion. Peu après, nous nous sommes quittés, mais une situation nouvelle s'offrait à moi qui demandait un moment de méditation. J'avais compris que Céline se confiait à moi naturellement, car nous nous sentions déjà proches l'un de l'autre. Il avait suffi de quelques jours passés ensemble dans les montagnes de Briançon pour que notre amitié voie le jour naître.

Le temps était venu de nous séparer et de retourner à Bruxelles. Il me semblait que cette situation demandait un éclaircissement avant mon départ. Devais-je aller plus loin dans notre relation naissante ou tout simplement terminer celle-ci en rentrant chez moi à Bruxelles ? L'avant-dernier soir, j'ai demandé à Philippe son avis sur cette relation entre Céline et moi. Il m'avait dit d'attendre l'année prochaine pour voir si cette attente n'était pas du béguin, un amour de passage d'une adolescente. Je priai toute la nuit et demandai à Dieu de m'éclairer sur notre devenir. Je sentis qu'il ne fallait surtout pas la quitter sans aborder le sujet avec elle.

Le lendemain, nous devions nous revoir en randonnée et je profitai de cette dernière occasion pour aborder avec elle cette question épineuse. J'attendis le moment propice pour lui parler de nous deux. Je fermais la marche dans l'espoir de l'attirer hors du regard des autres, et très rapidement elle me suivit à l'arrière de la marche. Directement, je lui posai une question : « Veux-tu me fréquenter ? » Aucun mot ne sortit de sa bouche, mais son visage me répondit par l'affirmative en s'inclinant de haut en bas. Elle rougissait et derrière ses lunettes de soleil apparaissait une femme sensible et émue par ma demande. Rapidement, je lui expliquai les deux problèmes que nous allions rencontrer : celui de notre différence d'âge et les mille kilomètres qui nous séparaient. Elle ne semblait pas soucieuse de notre différence d'âge, car elle trouvait en moi un homme aux qualités qu'elle attendait. Elle trouvait qu'un homme ne pouvait être mature avant l'âge de raison, comme ce fut le cas de Jésus qui avait atteint ses 30 ans avant de se faire baptiser et être agréé par son père dans les cieux. Quant aux mille kilomètres, c'était un obstacle de courte durée et un moyen de mettre notre future union à l'épreuve du béguin.

Je fus comblé par son raisonnement et sa maturité affective. Il est vrai qu'elle avait seulement 17 ans. Je retrouvais en elle cet amour perdu jadis avec Claudine. Toutes deux avaient le même âge au moment de notre rencontre. Seul le temps avait passé sur ma vie, mais pas sur l'amour, car il ne se ternit jamais ; l'amour est éternel !

Je voyais en cela la main de Dieu et sa miséricorde à mon égard. Je me rappelais alors de mon vœu envers Dieu où je lui exprimais le sacrifice de ma personne affective et sentimentale pour le connaître et le vivre au plus profond de moi-même. Je pensais qu'en devenant témoin de sa personne, je devais abandonner mes désirs de fonder un foyer. Je me disais qu'après trente ans, on ne peut plus construire une union durable et une vie de famille, car il me fallait du temps pour développer les qualités d'un mari capable et le temps je ne l'avais plus. Je sacrifiais donc mon désir le plus précieux qu'est celui de construire une vie de famille durable, mais c'était compter sans la main de Dieu qui se manifestait devant moi, ce jour-là.

Je connaissais les principes théologiques relatifs aux fréquentations. Je devais d'abord en parler à sa maman et à son beau-père, car cela les concernait également. Je ne pouvais pas aller au-delà de cette autorité donnée par Dieu. Je lui demandai si ses parents étaient au courant de ses attentes à mon égard et elle me répondit par l'affirmative. Bruno et Patricia semblaient m'apprécier et voyaient en moi un bon gendre. Céline avait déjà préparé le terrain et ses parents aussi. Il ne me restait plus qu'à officialiser ma demande ce que je fis le soir même en raccompagnant Céline chez elle.

Comme le temps était court avant notre retour à Bruxelles, nous sommes montés dans l'appartement pour que je puisse m'entretenir avec Patricia et Bruno. Philippe a été convié auprès des parents pour qu'il puisse garantir ma bonne réputation. Il était de coutume de procéder ainsi pour éviter toute situation ambiguë par la suite. Il arrivait que des frères s'engagent auprès d'une sœur alors qu'ils en fréquentaient déjà une autre. Pour éviter ce genre de situation, il était demandé que les personnes concernées prennent contact avec un ancien de la Congrégation pour en parler et être certaines de la bonne réputation du frère ou de la sœur. Philippe me connaissait bien puisque nous étions dans la même congrégation et il était un ancien fort apprécié pour son dévouement à Dieu. Il était facile pour Bruno et Patricia de s'enquérir de ma réputation.

Par la suite, je me suis entretenu avec la maman et nous avons échangé quelques conseils pour réussir nos fréquentations. L'étape suivante consistait à se fiancer et par la suite à se marier. Les fréquentations servaient à mieux se connaître et à aborder des sujets intimes qui pourraient nuire à la bonne entente du couple. Elles sont un bon moyen de discerner qui est l'autre et de voir si ses défauts ne seront pas un obstacle à la vie à deux.

J'ai quitté Briançon peu après, car il était déjà tard et nous devions encore préparer notre retour pour Bruxelles. Mon cœur était en émoi et j'ai quitté Céline sans pouvoir lui dire un mot de plus. Je repartis le lendemain matin sans la revoir. Que d'émotions en peu de temps ! Au retour, dans la voiture, des larmes coulaient le long de mes joues. Un sentiment naissait et une tristesse profonde m'envahissait. J'ai perdu les jours qui suivirent près de 7 kilos. J'avais fondu comme neige au soleil tellement l'émotion était grande et en même temps douloureuse. Je m'éloignais de Céline. Je ressentais en mon cœur chaque kilomètre qui nous séparait et kilomètre après kilomètre, je finis par atteindre les mille kilomètres. Je ressentais ce déchirement qu'on peut avoir pour un être cher qui nous quitte, à la différence que c'était moi qui la quittais, mais pour mieux la retrouver par la suite.

Nous avions reçu comme instructions de ne pas nous téléphoner ni de nous voir durant les trois mois qui suivirent notre engagement. J'ai respecté cette volonté et nous nous sommes écrit chaque jour une lettre. Mes lettres étaient lues par la famille. Bruno aimait les lire à voix haute pour taquiner Céline.

La relation entre Céline et son beau-père était assez électrique. Au premier abord, cela ne se voyait pas. C'était assez courant chez les Témoins de Jéhovah de donner une bonne apparence. Il ne fallait surtout pas montrer les défauts ni les éventuels problèmes que pouvait rencontrer une famille. Cela faisait tache avec l'enseignement que nous prodiguions aux intéressés que nous rencontrions de maison en maison, comme l'exigeait l'organisation des Témoins de Jéhovah, la Watchtower. Céline souffrait de l'indifférence de Bruno qui la voyait comme une entrave entre lui et sa femme, la maman de Céline.

Patricia avait rencontré Bruno lors de la construction d'une salle d'assemblée à Lyon, à l'Actera pour le groupement des Témoins de Jéhovah de France. Bruno, qui vivait sur place, était attaché à l'intendance culinaire. Patricia avait eu Céline avant de devenir Témoin de Jéhovah. C'est vers la première année de la vie de Céline qu'elle avait rencontré des prédicateurs qui l'avaient convaincue que le paradis était pour bientôt. Et comme elle n'avait pas de père pour Céline, elle trouva cette espérance comme un présage radieux pour l'avenir de sa fille.

René, le vrai père de Céline était un homme marié qu'elle avait rencontré lorsqu'elle travaillait dans les écoles comme assistante maternelle. Il conduisait des cars scolaires. C'est par ce biais qu'ils se sont connus. René avait la mauvaise réputation d'être un coureur de filles. Patricia a succombé à son charme et peu de temps après elle a décidé d'avoir un enfant pour le garder et pour le pousser à divorcer de sa compagne, compagne avec laquelle il avait eu également un enfant sept ans auparavant : Gaëlle.

René ne savait pas que Patricia voulait un enfant de lui. Peu après la naissance de Céline, il divorça en effet de sa femme, mais il ne voulait pas couper les ponts, car il y avait Gaëlle. Patricia n'aimait pas que René puisse jouer sur deux tableaux en gardant des liens avec sa première épouse. Patricia n'a jamais aimé cette triangulation et pour faire souffrir René, elle a décidé de le tromper avec d'autres hommes. René l'a donc quittée peu après et s'est remarié par la suite avec son ex-femme, Éliane.

Éliane est une femme douce et très tolérante. Elle ne voyait pas Patricia comme une rivale, mais comme une complice, victime des faiblesses de son mari. Elle a très vite accepté Céline comme son enfant, mais Patricia n'aimait pas du tout cette relation ambigüe. C'est lors de sa rencontre avec Bruno, sept ans plus tard, que la relation entre René et Patricia s'est dégradée au point que René devenait un ennemi, un suppôt de Satan. Céline voyait malgré tout son père un week-end sur deux et pendant la moitié des vacances.

Bruno semblait atteint d'une maladie génétique qui touche les cils internes (les cils des poumons, du nez et des spermatozoïdes), la dyskinésie ciliaire primitive (DCP). Cette maladie provoque des obstructions dans les voies respiratoires et souvent il devait expectorer ses glaires manuellement, car les cils internes ne fonctionnaient pas convenablement. C'est suite à un incendie au-dessous de leur appartement de Grenoble que Bruno décida de quitter subitement et définitivement Grenoble pour aller à Briançon, ville moins polluée. C'était en 1988, Céline avait alors neuf ans. Ce déménagement l'avait éloignée de son papa et du reste de la famille qui habitait également Grenoble. Elle ne voyait plus son papa qu'une à deux fois par année au lieu d'une à deux fois par semaine. Ceci l'a beaucoup affectée. Par la suite, les relations se sont ternies entre René et Bruno au point où Céline a été contrainte d'abandonner son père pour trouver un semblant de paix avec Bruno et sa maman. Céline avait 14 ans à ce moment-là.

C'est dans ce contexte que j'ai rencontré Céline trois ans plus tard, mais je ne savais rien de tout cela. C'est au travers de nos rencontres que je compris que Céline était vue comme un boulet dans leur couple de témoins de Jéhovah. Je pressentais cela dès le départ, mais rien ne transpirait dans nos contacts.

Lors de notre fréquentation, nous nous écrivions donc tous les jours et nos écrits étaient spirituels et empreints de confidences. Nous aimions nous lire et l'arrivée du facteur était chaque jour une joie non dissimulée. J'écrivis même durant les deux premiers mois deux lettres par jour ; l'une pour Céline et l'autre pour Bruno qui exigeait que je lui écrive également. Bruno était un homme possessif et exclusif. Il était difficile à côtoyer. Ma relation avec lui était pourtant sereine, mais je n'ai jamais eu de conversation profonde même sur le plan spirituel. Il lui arrivait très souvent de partir dans sa chambre pour étudier la Bible, mais jamais rien ne sortait de ses recherches dans nos conversations. Je trouvais cela dommage.

Nous nous sommes mariés neuf mois après notre première rencontre, à Briançon, le 15 mars 1997. Ce fut un moment extraordinaire et inoubliable.

« Porte de la liberté, mais qui a la Clé ? »

'La déception'

Durant ces longues années de pérégrinations à me cher-cher une voie dans ma vie d'adulte, ma grand-tante était toujours présente, mais tapie dans l'ombre.

Je la voyais une fois par semaine pour faire le ménage. Elle suivait mon évolution professionnelle, ma formation d'éducateur et mes déboires amoureux.

Elle était assez discrète en ces périodes. Elle souffrait tou-jours de la perte de Fons et se réfugiait dans des manies de propreté.

Nous parlions souvent de ce qu'elle pouvait faire pour mon avenir, mais elle n'a pas apprécié mon ouverture spirituelle et mon engagement envers les Témoins de Jéhovah.

En 1991, elle avait rompu les liens avec moi. Elle me somma de ne plus venir chez elle. Elle avait peur du qu'en-dira-t-on. Elle me voyait déjà sonner aux portes dans tout le quartier de Laeken. Pourtant, je n'habitais pas du tout dans le même quartier.

Ma tante Françoise me téléphona un jour de cette même année pour me signaler la mort de son compagnon de vie. J'habitais rue Portaels à Schaerbeek. Je ne pouvais pas aller à l'enterrement, car il y avait le mémorial ce jour-là.

Le mémorial est le jour le plus important pour un témoin de Jéhovah, car il se passe une fois par an. Nous pensions que c'était ce jour que Dieu allait choisir pour détruire les impies de ce monde comme ce fut ce jour du mémorial que Jésus fut crucifié et que Dieu délivra le peuple du joug des Égyptiens en l'an 1513 avant notre ère. Nous ne savions pas l'année, mais ce jour était pour tout témoin de Jéhovah une certitude. Je ne pouvais absolument pas rater ce rendez-vous avec Dieu. Je devais faire preuve de foi devant l'épreuve qui se dessinait devant moi ce jour-là.

Dieu passait avant toute autre chose et la mort était pour moi un temps perdu et inutile puisque la personne décédée ne pouvait le savoir comme aimait le préciser ma grand-tante en me marmonnant à chaque fois quand elle vivait la perte d'une personne qu'elle connaissait : « Mieux vaut donner des fleurs quand la personne est en vie plutôt qu'à sa mort ! »

Nous avions convenu à cette époque qu'aucune fleur ne serait mise sur sa tombe. Du coup, je lui achetais régulièrement des fleurs quand je venais chez elle. Elle me grondait à chaque fois, mais je savais qu'elle appréciait ce geste même si aucun sentiment de joie ou de gaîté ne sortait de sa bouche. Elle me le rendait comme une obligation en augmentant mes étrennes à la fin de la journée.

Tante Françoise usait du prétexte de la mort de son ami pour que je renoue avec Léonie, mais en vain.

Quelques mois avaient passés et je reçus un appel de ma grand-tante me demandant de revenir chez elle. Ce que je fis avec empressement et soulagement pour elle, car elle était dans le désarroi le plus complet. Elle ne trouvait plus de chemin avec elle-même et avec son entourage qui devenait difficile à gérer. Elle devait mener de front ses locations et l'entretien régulier du commun et des garages. Je suis venu à la rescousse comme un sauveur.

Peu de temps après, elle me parla d'héritage. Elle comprenait que je ne pourrais rien avoir, car notre lien de parenté n'était pas officialisé. Mon père ne s'étant jamais marié avec ma mère, nous portions le nom de notre mère qui n'avait aucun lien de parenté avec notre grand-tante.

Nous décidâmes de mettre une somme d'argent de côté à la banque, plus précisément dans un coffre-fort. Il était de coutume de passer des fonds en toute légalité sans déclarer au fisc des sommes importantes par les moyens des coffres bancaires afin d'éviter les taxes sur l'héritage qui étaient exorbitantes, plus de 50 % pour un degré sans parenté.

Je trouve cela scandaleux, l'État vole des biens en toute légalité ! Je comprends la révolte grandissante qui anime les foyers. Il y a tellement d'injustices.

Un jour, Robespierre resurgira de sa tombe avec en ses mains la guillotine de la justice du peuple. Bientôt, la colère du peuple décapitera les entreprises et les états cupides et avides qui détruisent et la vie et la planète. Viendra ce jour de révolte où le système sera guillotiné ! Ce n'est qu'une question de temps mais inexorablement, il arrive à nos portes. Cette révolte a déjà commencé dans les pays arabes et la prise de conscience se réveille au sein des sociétés capitalistes occidentales. Nous rentrons dans une nouvelle ère.

Nous avions été à la banque proche de chez elle où Francis C., le monsieur qui était venu chez moi me parler de la Bible était directeur de l'agence. C'était un hasard qui semblait être une coïncidence fortuite. Ma grand-tante et moi avions ouvert un coffre à mon nom. Nous avions demandé que ce coffre se situe proche du sien. Quelques jours après, nous avions été transférer des bons de caisse d'État au porteur pour la somme de 1 million de francs. Cette somme était le début de son geste pour mon avenir. Toutefois, par peur que je n'aille dépenser cette somme, elle garda la clé du coffre. Je connaissais le code, mais je ne pouvais pas y pénétrer si je n'avais pas la clé. Elle me confia qu'une fois décédée, je pourrais transférer son avoir de son coffre à mon coffre. Elle fit de même avec Françoise, ma Tante.

Plusieurs années se sont écoulées, Léonie voulut m'offrir une maison proche de chez elle pour que je puisse mieux l'accompagner dans ses jours de vieillesse. Nous avons regardé aux alentours et une maison en face de chez elle nous semblait propice pour un achat, mais ma grand-tante avait toujours des craintes concernant ma croyance et se rétracta par la suite. Nous gardions néanmoins de très bons contacts et je continuais à venir chez elle régulièrement.

C'est en 1996 que j'ai rencontré Céline à Briançon, dans les Hautes-Alpes, en France. Cette rencontre était pour moi une réponse à mes prières. J'en parlais avec enthousiasme avec Léonie, mais elle ne voyait pas d'un bon œil cette union. Elle trouvait Céline fort jeune. Elle me rappela ma mauvaise expérience avec Claudine. J'avais beau lui dire que quand on suit les principes bibliques, les relations sont plus matures, mais elle ne voulut plus entendre mot sur cette éventualité d'un mariage. Elle pressentait ce mariage comme une rupture avec elle et non comme une bénédiction, une aide complémentaire.

Je décidai de prendre ma vie en main en épousant Céline neuf mois plus tard.

Mes préparations se faisaient sans son aide. Ma grand-tante ne voulut pas entendre quoi que ce soit sur ce mariage. Elle faisait l'autruche et évitait tous dialogues concernant Céline.

C'est peu après notre mariage que je pris l'initiative de venir avec Céline chez Léonie pour la présenter et tenter de la faire changer d'avis la concernant. Elle n'avait jamais vu Céline comment pouvait-elle la juger ?

Elle ne voulut rien entendre et somma Céline de quitter sa maison au plus vite. Je ne compris pas son attitude. Elle semblait révoltée et prise de colère que je crus un moment qu'elle allait passer de vie à trépas.

Je ne compris pas son rejet vis-à-vis de Céline. Que pouvait-elle bien lui reprocher ? Était-ce pour Léonie une infidélité de m'être marié ? Voyait-elle en cette union une rivale ?

Céline me confia plus tard que Léonie me considérait comme son objet, un majordome pour ses vieux jours sans vraiment accomplir ses promesses qui étaient comme une carotte que l'on tend au baudet pour le faire avancer. Cette union contrecarrait ses plans me concernant.

Elle nous mit dehors sur-le-champ en claquant la porte derrière nous.

Par la suite, j'ai décidé de protéger mon coffre à la banque pour empêcher ma grand-tante de retirer ce qu'elle m'avait donné en bons de caisse. L'employé de banque me conseilla de mettre un cadenas dessus pour l'empêcher de s'introduire dans mon coffre. Ce que je fis directement en déclarant la perte de ma clé.

Quelques jours après, ma grand-tante me donna un coup de fil pour me sommer de retirer le cadenas du coffre. Elle avait donc été à la banque dans le but de retirer son contenu. Je lui expliquai que je trouvais son attitude déplorable et je lui rappelai son cadeau en bons de caisse. Elle me menaça de crier haut et fort dans tout le quartier que les Témoins de Jéhovah lui avaient volé son argent. Je ne répondis pas à cette menace farfelue.

Par la suite, j'ai discuté de cette situation avec Francis C., directeur de l'agence et témoin de Jéhovah de surcroît. Il me conseilla d'enlever le cadenas et d'avertir ma grand-tante que je fermerais ce coffre définitivement la semaine qui suivrait le retrait du cadenas. Francis m'exhorta de chercher la paix et m'expliqua que Dieu pourvoit toujours à celui qui est dans le besoin. Je trouvais son conseil juste et spirituel.

Après recul de la situation, voyait-il son intérêt à ne pas envenimer une situation qui se serait retournée contre lui à l'agence ? Ma grand-tante aurait pu ou aurait fait un scandale à l'agence, ce qui aurait pu mettre à mal la bonne réputation de Francis C. et des Témoins de Jéhovah ???

J'ai fait comme il me le conseilla, j'ai retiré le cadenas et j'ai informé Léonie. Une semaine après, je suis venu fermer définitivement le coffre. Il n'y avait plus rien, Léonie avait soigneusement retiré les bons de caisse au porteur.

J'ai été très triste de cette rupture, car je considérais ma grand-tante comme une véritable maman. Ma tristesse est restée en mon cœur durant de longues années et même encore maintenant, je ressens toujours cette meurtrissure comme un coup de poignard en plein cœur.

Je n'eus plus de nouvelles de ma grand-tante, si ce n'est le jour de sa mort qui survint en 2002.

Céline et moi avons été conviés à son incinération à Drogenbos, commune située dans le faubourg de Bruxelles, au nord.

Nous étions venus avec un bouquet de fleurs blanches. Nous étions les seuls avec un bouquet. Pourtant, je me rappelais ces paroles en la circonstance, mais je ne voulus pas venir les mains vides à son enterrement.

Nous étions entourés de personnes que je connaissais, mais étrangement, je devenais un étranger parmi eux.

Ma grand-tante nous avait quittés et elle était le seul lien entre nous tous. Par son départ, tout le reste s'évanouissait.

Je n'eus plus jamais de contact avec ma tante Françoise et les autres personnes si ce n'est brièvement lors de la visite chez le notaire quelques jours après pour nous informer de l'existence de trois descendants légaux de mon père, neveux de Léonie. Ces trois garçons étaient nés d'une union bien avant celle avec ma mère.

J'ai été sommé de quitter les lieux car je n'avais pas ma place me disait Françoise. Ce furent ses dernières paroles. J'ai quitté les lieux et je n'ai plus jamais cherché à renouer les liens avec elle.

J'ai appris qu'elle est décédée depuis peu et que ce sont ses enfants qui ont empoché la majeure partie des biens de ma grand-tante, enfants qui n'ont jamais rien fait pour elle, si ce n'est lui rendre visite lors des fêtes de fin d'année pour les étrennes.

Depuis, je vis avec Céline, nous avons eu trois enfants, trois filles.

J'ai toujours pensé que Dieu m'avait donné ce que je n'ai pas eu depuis ma toute petite enfance en suscitant ma rencontre avec Céline et la naissance de trois filles adorables : l'affection des miens !

Nous sommes mariés maintenant depuis près de 20 ans. Nous avons connu des moments difficiles et des épreuves qui auraient pu mettre à mal notre union, mais nous avons acquis cette certitude que rien ne peut défaire ce que Dieu a uni.

Nous avons quitté l'organisation des témoins de Jéhovah en 2012 non sans douleur, mais nous avons enfanté un bien plus précieux que l'or : la véritable liberté.

« Notre mariage le 15-03-1997 »

Les Témoins de Jéhovah... notre sortie,

'La libération'

Les Témoins de Jéhovah utilisent la manipulation mentale pour formater votre cerveau et vous conditionner sur le plan spirituel.

Il m'a fallu vivre une situation professionnelle pénible pour comprendre que les Témoins de Jéhovah ne détiennent pas la Vérité.

Suite à différents conflits d'intérêt, j'ai été remercié à mon travail. Le magasin Carrefour d'Auderghem devait licencier du personnel. Il y avait trop de personnes âgées qui avaient un cumul d'ancienneté et qui coûtaient cher aux actionnaires. L'enveloppe salariale était trop élevée pour les actionnaires qui voyaient chaque année diminuer les bénéfices de leurs actions. Le directeur m'avait proposé de me licencier avec une convention de rupture sans perdre mes droits. C'était en 2010.

J'avais accepté car l'ambiance était tendue et les conditions de travail de plus en plus pénibles. Je ne pouvais plus gérer mes horaires en fonction de ma vie privée et les acquis précédents étaient retirés. Je ne pouvais plus reprendre mes enfants à la sortie de l'école. Ma femme étant malade et fragilisée par son dernier accouchement, elle ne pouvait plus se déplacer aussi facilement qu'auparavant. Nous étions contraints d'adapter nos horaires de travail à notre nouvelle situation.

Céline travaillait au Delhaize, un magasin d'alimentation et concurrent. Elle travaillait comme moi avec un horaire partiel ce qui nous permettait d'honorer nos engagements religieux et la vie de famille. Elle travaillait au rayon boulangerie. L'ambiance était tout aussi tendue que dans mon travail. Pourtant le directeur du Delhaize était un témoin de Jéhovah ce qui aurait pu faciliter les choses mais ce fut tout le contraire.

Ce frère[2] en mal de reconnaissance, se voyait refuser toute promotion dans l'organisation des Témoins de Jéhovah. Il compensa cette frustration en s'investissant dans son travail et accepta des promotions qui propulsèrent sa carrière professionnelle. Il devint directeur d'un magasin et fut muté dans celui de mon épouse, à Auderghem. Nous connaissions bien ce frère et son caractère arriviste. La relation était souvent tendue et les principes de Christ vite bafoués. Il y avait une grande différence entre son attitude à la salle du Royaume de Dieu[3] et son attitude au Delhaize. L'une était

---

[2] Frère, appellation donnée à celui qui embrasse le même culte.

[3] Salle du Royaume est comparable à un endroit pieux utilisé pour honorer Dieu. Dans d'autres cultes ce lieu est appelé : Eglise, Temple, Mosquée, etc...

d'une politesse et d'une servitude totale tandis que l'autre ressemblait étrangement à une tyrannie. Céline devait régulièrement subir sa mauvaise humeur et ses crises d'autorité.

Pour donner un exemple vécu au début : Le responsable du rayon boulangerie, Eric, avait fait des avances auprès de ma femme, Céline lui refusant toute éventualité, il lui fit la vie dure en lui refilant un travail pénible qui était normalement adressé aux hommes. Elle devait décharger des palettes de frais dans les frigos et porter des paquets de pains de plus de 15 kilos qui se trouvaient généralement en hauteur car il y avait un manque de place dans l'entrepôt du magasin. Les paquets étaient donc stockés dès qu'une nouvelle livraison arrivait. Il fallait en plus effectuer les rotations. Céline ne remarqua pas cette punition de son chef immédiatement mais après répétition de refus et menace de fin de contrat, Céline se rendit compte que son comportement était lié au refus de ces avances. Éric la menaçait donc de mettre fin au contrat à durée déterminée si elle refusait de coucher avec lui. Elle m'en fit part, j'ai immédiatement adressé une lettre d'harcèlement au directeur du magasin et à la direction centrale. Je ne savais pas à l'époque qu'une plainte d'harcèlement devait obligatoirement passer par le médecin du travail si on veut que la plainte aboutisse. Nous avons reçu aucun retour si ce n'est une convocation dans le bureau du directeur qui s'empressa de demander l'avis des deux concernés. Éric nia toute avance et Céline campa sur sa position. L'affaire fut terminée là. Céline eut son contrat à durée indéterminée et Éric calma ses ardeurs. Cela n'a pas empêché Éric de continuer son harcèlement en lui faisant la vie dure pour se venger. Eric avait la réputation de draguer toutes les jeunes filles du magasin. Certaines succombèrent à ses avances, particulièrement les jeunes filles en manque d'amour paternel.

Je suis donc descendu sur les lieux peu avant la fin de l'horaire de Céline pour m'entretenir avec Marcel V. que je connaissais en tant que Témoin de Jéhovah. Après une petite conversation, il me somma de sortir de son magasin en criant haut et fort qu'il était le directeur.

Je ne compris pas son attitude sur le moment mais après coup, j'ai compris qu'il jouait le matador. Cela exprimait bien sa frustration de ne pas être quelqu'un chez les témoins de Jéhovah. J'étais Assistant Ministériel[4] et très bien considéré, à l'époque, par le collège des Anciens de la congrégation. Cela devait somme doute l'agacer et le frustrer au plus haut point, lui qui brillait le poste d'Ancien d'où cette attitude démesurée lors de notre entrevue dans son fief. Depuis la relation fut toujours électrique entre nous.

Dans ces conditions, il n'était donc pas facile de gérer nos horaires entre son travail et le mien ; les conditions devenaient pénibles. Les horaires de travail du Carrefour étaient variables et changeaient tous les jours. Nous devions avoir une disponibilité de 7 heures du matin jusqu'à 22 heures, six jours sur sept. Nous ne pouvions plus changer nos horaires avec les collègues et les poses avaient été supprimées.

Quelques années auparavant, j'avais été nommé Assistant ministériel. J'avais des obligations théocratiques que ce travail au Carrefour ne me permettait plus d'accomplir. J'étais responsable des comptes financiers, des publications de la congrégation. Je faisais également des sujets et des conférences au podium. J'étais promu à devenir « Ancien »[5] dans la congrégation d'Auderghem.

J'avais quitté la congrégation de Watermael pour des raisons d'incompatibilité entre ma femme et le collège des anciens. Céline paraissait comme une femme dominatrice et insoumise à l'ordre théocratique. En fait, Céline voyait les incohérences des frères nommés et leur mode de vie ostentatoire. Il y avait un double langage et une double contrainte dans les exhortations. Elle était sensible à ces contrastes entre « le dire et le faire » chez certains frères qui devaient montrer l'exemple. Céline et moi-même avons

---

[4] Assistant Ministériel est celui qui entoure les anciens et exécute les taches de moindre importance pour soulager le rôle des anciens et leur permettre d'accomplir l'œuvre d'évangélisation au sein du troupeau de Dieu.

[5] Ancien, chez les Témoins de Jéhovah, s'apparente à un sage qui encourage et exhorte les autres vers le bien.

toujours vécu ces incohérences comme des injustices. Nous ne pouvions rester sans agir. Nous faisions des commentaires à la salle quand le moment s'y prêtait pour encourager nos frères vers la voie de Christ dans tous les aspects de leur vie. Nous étions catalogués comme « justes à l'excès » mais nous appliquions nos dires à notre mode de vie, ce qui n'était pas le cas de la plupart des responsables. Comme cela dérangeait, nous étions contraints de quitter cette congrégation. Nous nous sentions de plus en plus mis de côté et nos relations devenaient tendues. Nous avons donc pris l'initiative de quitter la congrégation de Watermael pour aller à celle d'Auderghem qui se situait au même endroit, à la même salle, mais dont les réunions étaient à des heures différentes. Nous croisions souvent nos frères de Watermael car notre réunion dominicale suivait la leur.

L'une des raisons qui nous poussa à quitter cette congrégation a été la nomination d'un frère au poste d'Ancien. Ce frère n'avait pas les qualités requises mais il était le beau-fils d'un Ancien. Nous suspicions de la simonie[6]. Cette nomination était pistonnée par le beau-Père. Plusieurs Assistants Ministériels ne voyaient pas de bon œil cette nomination. Nous n'étions pas les seuls à avoir des doutes sur la bonne foi du collège. Nous avons subi à plusieurs reprises des sarcasmes de ce frère. Il avait cette mauvaise habitude de se moquer de nous par de l'ironie et des propos blessants. Il était toujours sur notre dos, et au moindre écart, venait nous voir pour nous en faire le reproche. Pour ne citer qu'un exemple frappant : Quand je faisais des sujets au podium, j'utilisais une tablette professionnelle à écran tactile et avec stylet. Je trouvais cette méthode de travail bien pratique car cela me permettait de prendre des notes à la volée lors des réunions et en même temps accéder à la

---

[6] Le Larousse définit la simonie comme : Trafic des choses saintes ; vente ou achat de biens spirituels, de charges ecclésiastiques.

bibliothèque de la Watchtower[7]. Il me suffisait de faire un copier-coller sur OneNote[8]. Lors d'un de mes sujets sur le podium, j'ai utilisé le Tablet-Pc. Cela n'a pas plu au frère qui voyait en cette démarche un objet ostentatoire et provocateur. Je reçus une remontrance de la part de ce frère. Ayant une personnalité indépendante et franche, je lui exprimai que je ne voyais rien d'ostentatoire à utiliser un outil efficace pour un exposé théocratique. Pour lui la Bible devait être lu dans une bible et non sur un ordinateur. Il y voyait un sacrilège. Je lui rappelai que ce n'est pas le contenant qui est inspiré mais bien le contenu de la parole de Dieu et qu'il n'y avait pas à avoir d'inquiétude à ce sujet. Je compris par la suite que prendre un portable sur le podium pouvait être une ostentation pour le plus faible et que mon exemple pouvait empêcher les plus petits à manier plus efficacement la Bible. J'ai pris par la suite, la décision de ne plus prendre le Tablet-Pc sur le podium mais d'imprimer les feuilles et les utiliser comme support pour mes sujets au podium. Toutefois, j'utilisais toujours le Tablet-Pc pour le prise de note à la salle même si cela était mal vu par les Anciens.

J'ai appris pas la suite que les Témoins de Jéhovah utilisent tous des Ipad[9] ou une tablette informatique comme support à la salle. Comme quoi ce qui est considéré par la Watchtower comme un suppôt de Satan à un moment donné peut ne plus le devenir par la suite selon l'évolution des mœurs.

Peu après notre départ, ce frère a perdu ses privilèges. Effectivement, il ne supporta pas la charge et sa famille se disloqua. Sa femme l'a trompé avec un ami d'une de ces filles adolescentes. Ils divorcèrent et Luc W. perdit sa notoriété publique auprès de la congrégation. Nous savions qu'un Dieu ne voit pas d'un bon œil des

---

[7] La Watchtower est le nom de l'organisation mondiale des Témoins de Jéhovah. Elle se situait à Brooklyn et maintenant à New-York, aux Etats-Unis.

[8] Bloc-notes appartenant à Microsoft Office

[9] Marque déposée par Apple et désigne une Tablette informatique.

« Simon ». Son beau-père Gilbert R. a attrapé une maladie incurable et mourut peu de temps par après d'un cancer du sang. Ses enfants ont subi de plein fouet ce dramatique évènement et partirent à la dérive spirituelle. Il avait trois enfants ; un garçon de 8 ans et deux filles en pleine adolescence. Toutefois, cela ne veut pas dire que Dieu punit mais bien que ce qui est mal acquis apporte toujours des suites néfastes.

Nous avions remarqué à plusieurs reprises des signes de mal-être chez sa femme qui se mutilait les avant-bras et l'attitude du garçon qui manifestait ce mal-être familial à la salle du Royaume. Il avait les caractéristiques d'un enfant battu. Il recevait devant tout le monde des gifles. On voyait bien qu'il y avait quelque chose qui n'allait pas. Nous ne comprenions donc pas pourquoi le collège le nomma Ancien dans ces conditions difficiles que traversait sa famille. Pourtant, le collège avait des yeux comme nous et devait bien apercevoir ces signes ?

C'est en changeant de congrégation que je me suis rendu compte que les problèmes étaient partout identiques. Toujours des jalousies, des rivalités et des médisances. Au début, je croyais que cette attitude était propre à la congrégation de Watermael mais bien vite nous avions constaté que ces mêmes problèmes ressurgissaient dans les autres congrégations. Cela était dû à la politique du collège central des Témoins de Jéhovah[10] qui donnait des instructions inappropriées aux anciens. Ceux-ci doivent veiller à la bonne réputation de la Watchtower, ou collège central, et aplanir les conflits potentiels afin de garder la paix, même au détriment de la justice. Cette paix apparente se faisait souvent sur le dos des victimes qui devaient se taire.

---

[10] Le Collège central est pour la Watchtower le lieu où se réunit ceux qui ont l'espérance céleste et le devoir de diriger l'œuvre sur le plan mondial. C'est au travers des interprétations erronées de la parole de Dieu que la Watchtower imposa ce collège central et le plein pouvoir sur les autres témoins de Jéhovah. Selon leur dire, le collège central représente Jésus sur terre.

Pour prendre un exemple : Une sœur qui subit un harcèlement sexuel doit se faire violence en taisant l'abus et en ne le divulguant pas aux autres membres. Le collège des anciens traitera l'affaire en petit comité, en confrontant la victime et l'abuseur. Si une reconnaissance des faits est avérée, le frère sera suspendu s'il a des privilèges pour un temps et la victime sera de toute façon contrainte de ne rien dévoiler aux autres frères et sœurs. Elle devra garder pour elle cette violence et ne point dire mot sous peine d'être excommuniée et perdre tous contact avec sa famille s'ils sont Témoins de Jéhovah ainsi que tous les frères et sœurs qui la connaissent. Cette pratique se retourne contre elle, la victime ! Qui est capable de tenir une telle souffrance sans dire mot à un proche ou un ami ? Il en est de même s'il y a des abus sur un mineur.

Le collège des anciens n'est pas formé pour aider psychologiquement et affectivement les victimes. Il reçoit des instructions, souvent par courrier, envoyées directement depuis Brooklyn.

La particularité des témoins de Jéhovah c'est que leur enseignement est le même sur toute la terre. Tous reçoivent les mêmes publications à étudier et à enseigner. Il n'existe aucune formation psycho-sociale. La seule formation qu'un ancien reçoit est un stage de quinze jours consacrés à étudier un livre d'instruction judiciaire propre à la Watchtower. C'est dans ce livre qu'on retrouvera les instructions en cas de problèmes d'attouchement ou de viol sur un mineur auxquels j'ai fait allusion précédemment.

Voici un texte repris du livre des anciens : « Faites paître le troupeau de Dieu[11] », page 73 alinéa 3 :

« On doit disposer de deux ou trois témoins oculaires, non pas simplement de personnes répétant des propos rapportés (ouï-dire) ; on ne peut prendre aucune mesure à l'encontre de quelqu'un si l'on ne dispose que d'un témoin (Deut. 19:15 ; Jean 8:17). »

On comprend vite que si un violeur n'a pas été surpris par une personne extérieure, la victime ne pourra pas valider sa plainte

---

[11] Livre de 2010, publié par la Watchtower.

puisqu'elle n'aura pas deux témoins des faits. Il en est de même avec les pédophiles !

J'ai connu deux cas de pédophilie dans la salle des témoins de Jéhovah que je fréquentais. L'un c'était un père de famille qui était soupçonné d'attouchement sur sa fille de 6 ans et l'autre un beau-père qui abusa, durant de longues années, la fille de sa femme.

Ces deux cas avaient été dénoncés à la police dès que l'affaire fut connue de tous. Ces frères ont fait de la prison mais aucun ne fut excommunié, selon le principe que si une personne se repent, il est pardonné de sa faute à la condition de ne plus la reproduire.

Par la suite, il y avait des soupçons qui planaient sur plusieurs personnes haut placées, en l'occurrence des anciens. Nous avions des doutes sur l'intégrité de deux anciens car l'un avait un comportement étrange avec sa fille en lui touchant ses parties intimes continuellement à la salle du royaume lors de petits jeux enfantins alors qu'elle avait plus de 18 ans. Son attitude dérangeait plusieurs personnes dont la femme d'un autre ancien qui a dû lui en faire part car peu après son attitude changeât du tout au tout.

L'autre concernait un ancien âgé qui n'arrêtait pas de parler de pédophile à mes enfants dès qu'il les voyait. Il avait pour habitude de toucher leurs têtes en parlant de cas de pédophilie dans le monde. Nous étions dérangés par son attitude au point où les enfants étaient très mal à l'aise en sa présence. Nous avions appris que son fils avait été mis en prison parce qu'il avait été accusé d'attouchement sur ces enfants. Son fils se suicida par la suite.

Suite à ces situations, nous avions pris la décision que nos filles n'iraient plus prêcher de porte en porte avec des frères seuls. Il était de coutume en prédication de partir durant une demi-journée seule avec un enfant. Durant ce moment de prédication l'enfant est à la merci de la personne adulte.

Nous avions appris dans les médias qu'une jeune fille avait été abusée chaque dimanche au moment de la prédication par un frère haut placé. C'est seulement une fois devenu adulte qu'elle a pu porter plainte à la police pour le dénoncer car sa famille avait peur du scandale sur l'organisation des Témoins de Jéhovah.

Plus tard, nous avions compris que des personnes malintentionnées circulaient dans les congrégations en vue d'abuser d'enfants. Le responsable de la congrégation d'Auderghem nous avait averti en catimini de ce souci en nous demandant de ne pas laisser nos enfants partir seuls à la toilette pendant les réunions.

Cette décision d'empêcher nos filles de partir seules avec un frère durant la prédication a été le début de notre arrêt de mort. Le collège nous a noté comme des personnes infréquentables par ce que nous avions imposé cette décision pourtant adéquate à la situation. Nous mettions de la suspicion sur le collège des anciens.

Les deux frères en question, nous ont calomnié en nous traitant de famille stupide. Au départ, nous ne comprenions pas que ces allégations dites sur le podium, à toute la salle, nous visaient mais c'est par la suite que nous avions compris que nous mettions le doigt sur un problème épineux. En tout cas leurs réactions démontraient avec évidence qu'il y avait anguille sous roche. Pourquoi prendre la mouche sur une décision évidente et réfléchie si ce n'est parce qu'on touchait du doigt un problème délicat qui planait sur la congrégation d'Auderghem ?

Au départ, j'avais mis cela sur l'imperfection humaine et ses pulsions mais par la suite, j'ai compris que toute structure qui impose des interdits sexuels provoquent son contraire ou des disfonctionnements aberrants comme la pédophilie ou l'abus. Chez les Témoins de Jéhovah les interdits sont nombreux sur la façon de faire l'amour. La seule position autorisée est celle du missionnaire.

On comprend bien vite que si le couple désire se divertir, il devra braver l'interdit et avoir la foudre de Jéhovah qui voit tout, entend tout ; une conscience torturée dès que sur le podium un lien est fait avec l'honnêteté ou un lien direct avec la sexualité dépravée. Une conscience torturée peut provoquer un disfonctionnement et créer une double personnalité en étouffant les émotions naturelles d'une conscience éduquée (imposée). Le paraître devient l'absolu tandis que l'être réel s'étouffe en son nid. L'obscurité, ami de la conscience tronquée se révèle dans la solitude par une conduite honteuse qui n'a plus de limite. Pourquoi freiner un interdit alors qu'on a bravé le plus haut privilège de sa vie d'être une personne pieuse en l'apparence à celle de son créateur ?! Ne sommes-nous pas faits à l'image de Dieu... ou... à l'image du Diable ?!

Peu de temps après, quand j'ai perdu mon travail, j'ai eu le temps de réexaminer les écrits des témoins de Jéhovah. J'avais depuis longtemps eu des doutes sur certains passages des écritures, dans la compréhension qu'en faisait le Collège Central mais le temps manquant et mon ignorance de départ sur les écrits bibliques faisaient que j'avais accepté leur interprétation comme étant « la Vérité ». D'ailleurs, c'est de cette façon qu'ils viennent se présenter aux portes. Ils vous présentent les fautes des autres religions, Bible à l'appui et donnent leur interprétation. Comme toutes les grandes religions ont évolué avec le temps, ils ne sont plus attachés aux écrits sacrés mais à la maturation des écrits sacrés dans le cours de l'histoire, grâce ou à cause de penseurs religieux qui imposent leur compréhension des écrits sacrés à l'ensemble de leur mouvement.

Pour les catholiques, la religion est vivante et se meut dans le temps. C'est pour cette raison que l'on retrouve une évolution dans le culte de Christ en un culte pour Marie. Il en est de même pour les mélanges de cultures et de traditions religieuses qui se fondent en une seule croyance comme par exemple les Pâques confondues avec le solstice du printemps, période de la fertilité où les lapins et les œufs représentent bien cette fertilité. Il en est de même en ce qui concerne la fête de Noël. On mélange des traditions dites païennes avec le christianisme primitif : le sapin, les boules, les bûches, etc...Cela ne fait pas de ces religions dominantes des pépinières d'incroyants comme le disent les témoins de Jéhovah qui viennent sonner à votre porte.

Pourtant c'est à pied joint que je me suis engouffré dans ce mouvement. Comme je l'ai mentionné plus haut, j'étais dans une période de remise en question et je cherchais un but dans ma vie.

Il m'a fallu réexaminer le dernier livre de la Bible pour comprendre que les Témoins de Jéhovah étaient dans l'erreur : l'Apocalypse !

Merci Carrefour pour mon licenciement, même si je suis depuis sans emploi, je vis libre maintenant. Je sais que les choses qui se produisent ne sont jamais anodines, il y a toujours une raison qui se profile à l'horizon et qu'il faut absolument percevoir pour comprendre la finalité de ces évènements. Ce licenciement m'a donc permis d'entrevoir, à la lumière des Saintes Ecritures, le caractère trompeur de l'enseignement des témoins de Jéhovah.

Qu'ai-je trouvé de troublant au point de remettre en question cet enseignement ? Il s'agit du chapitre 7, verset 9 du livre de l'Apocalypse qui dit :

(Révélation 7:9) « [...] Après ces choses j'ai vu, et regardé ! une grande foule que personne ne pouvait compter, de toutes nations et tribus et peuples et langues, se tenant debout devant le trône et devant l'Agneau, vêtus de longues robes blanches ; et il y avait des palmes dans leurs mains. »[12]

Pour les Témoins de Jéhovah, cette grande foule représente les près de 7 millions de témoins dans le monde qui ont une espérance terrestre par rapport aux quelques centaines de Témoins de Jéhovah qui ont une espérance céleste.

Ce point n'est pas un détail dans l'enseignement des Témoins de Jéhovah.

C'est en relisant l'Apocalypse, livre des Ecritures Saintes qui se nomme « Révélation » dans la traduction des Témoins de Jéhovah, que j'ai remarqué qu'il n'y avait aucune corrélation avec le reste des Ecritures.

---

[12] Quand un verset de la Bible est pris, je le prends de la Bible des témoins de Jéhovah, la Traduction du Monde Nouveau. Si cela ne devait pas être le cas, la traduction utilisée sera mentionnée.

J'ai par la suite posé une question au surveillant de la congrégation d'Auderghem :

« Ne peut-on pas comprendre que cette grande foule soit plutôt l'ensemble des êtres au ciel qui se réunissent pour s'associer aux 144.000 fidèles du temps passé ? »

J'ai demandé comment faire pour envoyer une question de lecteur qui paraisse dans les revues des Témoins de Jéhovah. Le frère en question me demanda d'adresser d'abord la lettre au collège des anciens de la Congrégation locale, qui ensuite répondra avant de l'envoyer au Bethel[13] de Belgique. Ce que je fis le lendemain.

Il a fallu près de deux ans à ce collège pour me répondre ! J'étais dans l'attente d'une réflexion pertinente sur l'enseignement des Témoins de Jéhovah et ma naïveté étant, je ne compris pas que cette lettre était le début de mon arrêt de mort. Les relations devenaient tendues entre frères à responsabilité. Je devenais gênant, mais pas au point de devoir perdre mes privilèges. Je faisais toujours des discours et des sujets sur le podium. Mon enseignement était apprécié mais pas extraordinaire. J'ai toujours eu des peurs, des craintes de mal faire et des doutes en moi sur mes capacités d'enseigner. Cela venait de mon père qui m'avait brimé jadis alors que je voulais lui montrer que j'étais capable de lire et de comprendre.

Le podium était toujours vécu comme un supplice et un moment de stress intense mais ma volonté à partager mes découvertes

---

[13] Bethel signifie maison de Dieu. Chaque pays ou presque a un lieu appelé « Bethel ». Dans ce lieu vivent des frères et leurs épouses. C'est de cet endroit que viennent les instructions du collège Central et les publications à proposer et à étudier. Les instructions et les publications sont dispatchées sur l'ensemble du territoire assigné, en l'occurrence le pays concerné. Ces frères et leurs épouses vivent dans cette maison de Dieu et travaillent bénévolement pour l'œuvre des Témoins de Jéhovah. En réalité, ils n'ont rien comme possession et vouent une dévotion complète à Dieu par la soumission au Collège Central. Si un couple a un bébé, il devra quitter le Bethel rapidement et il perdra tous ses privilèges liés à sa fonction de bethélite.

était la plus forte et me permettait de passer outre ces peurs d'enfant. Je cherchais l'originalité et la profondeur de l'enseignement au risque de limiter mon sujet à une élite. On m'en faisait souvent le reproche. Mon discours était toujours bien ficelé mais il suffisait que l'auditoire soit distrait un instant pour qu'il décroche de la suite de l'exposé, ce qui était dommageable sur le plan pédagogique.

J'ai constamment cherché à m'améliorer mais le temps était mon ennemi. Nous étions tenus par un timing serré et la matière, très riche, me coinçait dans ce temps imposé. Ah le temps, il s'arrêtait pour moi sur le podium, mais ce même temps continuait sur le chrono du frère qui était responsable du timing de la réunion. Je devais aller vite et faire partager mes découvertes à l'auditoire en un temps record. J'ai compris par la suite qu'il est préférable de mettre moins de matière que de perdre l'auditoire sur le fil conducteur du thème imposé. Cela me posait des problèmes lorsque par la suite de mes découvertes, je compris que « l'espérance terrestre »[14] était un tour de passe-passe de la Watchtower pour avaliser le nombre croissant d'adeptes dans l'organisation des Témoins de Jéhovah (près de 7 millions dans le monde). Pour l'organisation seulement 144.000 personnes devaient bénéficier de l'espérance céleste. Quid des autres ???

Quand je faisais des sujets qui touchaient à cette espérance bidon, je passais sous silence le point ou je reprenais textuellement les dires des écrits de la Watchtower. Je savais que mes propos étaient surveillés par les anciens qui m'écoutaient avec une oreille plus qu'attentive. Si une parole était contraire à l'enseignement reçu, j'avais le doigt levé d'un ancien pour rectifier mes propos. Cette façon de faire s'appliquait à tous les frères qui avaient un

---

[14] L'espérance terrestre s'oppose à celui de l'espérance céleste. Pour la Watchtower, il existe deux espérances dans la Bible : Une qui concerne 144000 personnes élus qui vont au ciel après la mort terrestre et l'autre qui connaitra une espérance de vivre éternellement sur la terre sans jamais mourir après la guerre de Dieu à Armageddon.

sujet. Nous étions notés sur l'exposé comme si nous étions en formation.

Chez les Témoins de Jéhovah, la formation est continue. Nous devons faire des sujets avec des points à mettre en pratique lors de nos exposés comme tenir compte du temps, la clarté du sujet, l'observation de la salle et les gestes, etc... Cette formation m'a appris à parler en public avec des techniques d'enseignement professionnel. Tout Témoin de Jéhovah doit devenir un enseignant qualifié de la parole de Dieu. Ce que je suis devenu avec plus de 20 ans d'un enseignement quotidien. Je prêchais beaucoup et enseignait de porte en porte les préceptes de la Watchtower.

Cette première lettre a été le début de mes découvertes spirituelles. Après coup, je me rendis compte que cette pensée était encore loin de la vérité qui allait croissant. Mais les deux années à attendre une réponse et une discussion sur le thème ne m'ont pas refroidi sur mes recherches. Je continuai à creuser et à découvrir des pépites d'or dans la lecture de la Bible. De plus en plus, mes doutes devenaient des certitudes et ma conviction un pilier inébranlable devant leurs fausses doctrines. L'amour pour la Vérité me permit de passer des montagnes comme dans l'histoire du petit Poucet. J'avais mis mes bottes de sept lieues et me trouvais en étroite relation avec Dieu qui m'envoyait des signes pour comprendre sa parole.

Je tentais en vain d'aborder ces sujets de découvertes avec mon entourage mais beaucoup ne pouvaient pas me répondre et fuyaient la discussion spirituelle. Il était extrêmement, et paradoxalement difficile d'aborder un sujet spirituel avec les frères et sœurs. Je vivais cela comme une frustration.

C'est la famille de Céline, Bruno et Patricia qui avertirent par courrier, à notre insu, le collège de mes questions troublantes. Je fus catalogué comme apostat avant l'heure. Les relations devenaient tendues entre la maman de Céline et nous. Céline commençait à s'ouvrir aux médecines parallèles, ce qui ne plut à sa mère qui voyait en cette démarche, pourtant laissée à la conscience libre de chacun, une hérésie. Céline tentait tant bien que mal de lui expliquer la libre conscience mais en vain.

Nous avions appris de manière fortuite que la maman de Céline avait envoyée toute notre correspondance par mail au collège des anciens de la congrégation d'Auderghem. J'étais choqué de cette violation de notre vie privée et de la traitrise d'une mère envers sa fille et son gendre. J'ai exprimé ma désapprobation et je trouvai la méthode insultante, au point de vouloir mettre mon poing dans la figure de mon beau-père. Mais comme il était à plus de 500 kilomètres, il me fut impossible de m'exécuter. La guerre venait de commencer entre moi et ma belle-famille.

J'ai écrit une lettre résumant mes déceptions et la traitrise ressentie dans laquelle je me suis permis de dire les quatre vérités. Ce qui eut pour résultat de ne plus avoir de contact avec ma belle-famille.

Il a fallu, en plus, qu'un ancien, peu de temps après, transmette une conversation entre parents d'école de ma fille ainée aux anciens de la congrégation pour comprendre que tous mes faits et gestes étaient surveillés par le collège des anciens. Et comme nous vivions tous dans un périmètre restreint, les nouvelles allaient bon train, surtout s'il s'agissait de mettre à mal la bonne réputation d'un frère ou d'une sœur.

En un temps record, je devenais un paria, une personne indigne de porter le nom de Témoin de Jéhovah. Pourtant, je pouvais toujours faire des sujets et assumer mes privilèges dans la congrégation. Il y avait une incohérence derrière tout ça.

En fait, comme je faisais les comptes des deux congrégations et que mes comptes étaient toujours parfaits (j'avais eu de la comptabilité dans ma formation d'éducateur spécialisé), le collège préférait me garder et passer sous silence les ragots. Pour eux, je n'avais plus toutes les qualités requises, mais comme il n'y avait personne pour faire les comptes, ils préféraient me laisser mes privilèges d'assistant ministériel.

Dès que j'eus compris cette raison, j'ai remis mes privilèges et j'ai quitté sur le champ la Congrégation. Ma femme a été contrainte de me suivre. Elle ne comprenait pas tout ce qui se tramait mais elle avait des craintes à mon sujet que je ne quitte définitivement l'organisation des Témoins de Jéhovah.

Nous avons été à une autre congrégation, celle d'Ixelles, commune voisine.

Les choses n'ont plus jamais été les mêmes depuis ce jour-là ! J'ai été à deux reprises à la nouvelle salle mais sans motivation. Très vite, j'avais pris mes distances avec les frères. Je compris que pour moi la suite ne sera plus jamais comme avant car j'étais noté définitivement comme rebelle et apostat. Ma femme suivait avec peine les réunions sans moi et les enfants quelquefois l'accompagnaient. Nous avons eu des visites de frères de la nouvelle congrégation mais en vain en ce qui me concerne. J'étais décidé de ne plus fréquenter les témoins de Jéhovah. J'ai donc pris mes distances mais ma femme continuait à fréquenter la congrégation. Pour elle la situation était problématique et notre vie de couple en pâtissait. Elle était tiraillée entre l'organisation et moi. Les frères l'exhortaient à contrer mon enseignement vis-à-vis de mes enfants. J'avais compris depuis quelques temps déjà que Jéhovah n'était pas le Dieu suprême, le père de Jésus, mais Jésus dans sa position céleste, le Dieu des hébreux.

Je disais donc à mes enfants de prier Jésus et non Jéhovah. C'est en cette période de trouble car la situation allait trop loin et le tiraillement devenait excessif[15] que j'ai proposé à Céline de divorcer.

Elle prit peur de cette décision, mais je ne pouvais plus continuer dans cette ambiance qui me prenait la tête au sens réel. Je devenais de plus en plus dépressif et le désir de mettre fin à mes jours

---

[15] Céline devait constamment surveiller mes faits et gestes et le collège des anciens lui incita de nous séparer. Les frères et sœurs invitèrent Céline et mes enfants, sans ma présence, à des réceptions, ce que je refusais fermement.

devenait une solution envisageable tellement la douleur était intense. Mon esprit bouillait au sens littéral. Tout tournoyait dans ma tête. La désillusion et les peurs devenaient trop intenses et me faisaient mal à la tête. J'avais l'impression qu'elle allait exploser. Je compare ce moment de folie passager à un trop plein d'information contradictoire et à une remise en question très profonde de mon être. J'accumulais connaissances et compréhensions à une allure folle. Mon cerveau ne pouvait plus suivre mais l'Esprit de Dieu me souffla la compréhension des textes sacrés et son application au point où aucun verset ne m'était étranger. Je pouvais en comprendre le sens caché mais cela au détriment de ma santé physique et psychique.

Céline commençait à déprimer et c'est à ce moment-là qu'elle a pris la décision de retourner à la congrégation de Watermael, près d'un ancien qui était notre lien d'unité puisque c'était par son biais que nous nous étions rencontrés, Philippe V. Je trouvais cela un non-sens puisque nous avions quitté cette congrégation qui nous avait fait souffrir auparavant. Mais elle la préférait pour sa facilité de déplacement.

Je fus convoqué officieusement peu de temps après par le frère qui me fit l'étude jadis, Francis C. Il me convia à une rencontre avec un autre ancien dans le but de m'aider. Comme il n'y avait pas trois anciens, nombre nécessaire pour une excommunication, j'eus confiance et je me suis présenté à ce rendez-vous.

Malheur ou bonheur m'en appris car par la suite de cette rencontre, je fus excommunié volontairement. Je suis devenu en un instant un excommunié par retrait volontaire alors que je n'avais rien envisagé de tel. Mais pour ces deux anciens, mes dires lors de cette rencontre exprimaient ce retrait. Et comme il suffit de *deux* témoins pour juger la chose selon le manuel des anciens, j'étais d'office condamné sur le dire de ces deux témoins.

Lors de cette entrevue, Francis me posa la question :

« Es-tu encore en accord avec les deux questions du Baptême ? » L'une demande si on s'est voué à Jéhovah et l'autre à l'Organisation divine de Dieu.

Je répondis que :

« Je suis toujours attaché à Dieu et à son Organisation divine ».

Il cherchait à m'évincer sur le plan spirituel en me faisant renier mon engagement envers Dieu et rendre caduc mon baptême mais j'étais encore plus déterminer à aimer Dieu qui me réveillait de ma pauvreté spirituelle acquise chez les témoins de Jéhovah. Je sentais mon amour pour lui bien plus intense et plus fort qu'auparavant. Depuis, ces moments pourtant difficiles, je garde jusqu'à ce jour cet amour intime comme une osmose, une unité inébranlable avec lui et son fils.

Francis voulait que je renie la deuxième question du baptême qui se porte sur l'organisation de Dieu. Mais comme dans la question du baptême on fait allusion à l'organisation spirituelle, qui pour la Bible se trouve au ciel et non sur la terre, Francis ne put m'évincer sur ce point qui sous entendait un parallèle entre l'organisation des Témoins de Jéhovah et celle au ciel. Ce qui pour moi n'était pas le cas dans la question du baptême ni dans la Bible, puisqu'on y mentionnait l'organisation « divine » et non « terrestre » !

Je lui expliquai que mon amour est inébranlable, mais cela ne le satisfaisait pas. Il retourna la question autrement et me demanda si j'étais toujours d'accord avec la Watchtower, le collège central de Brooklyn, cette fameuse organisation dont il faisait allusion précédemment. Là, je pus lui dire sans ambigüité que je n'étais pas d'accord avec le collège central de Brooklyn sur plusieurs points dont l'espérance terrestre et le nom du Père de Jésus. Il me répondit avec dédain :

- « Tu as une ligne directe avec Dieu, le téléphone rouge ? ». Je lui dis tout aussi rapidement que :

- « Oui et je m'étonne que vous ne l'ayez pas ».

Je pris un exemple simple mais radical pour exprimer ma relation étroite avec Dieu :

« Quand vous prenez la Bible pour la lire, vous demandez à Dieu par la prière que son Esprit vous aide à la comprendre ? »

Le frère Patrice qui accompagnait Francis me répondit par l'affirmative.

« Et quand ton esprit, grâce à cet Esprit que tu pries, t'insuffle une nouvelle façon de comprendre la lecture que fais-tu ? »

- « Ah, je vais voir si l'organisation des témoins de Jéhovah pense de la même façon que je le comprends, rétorqua Patrice ! »

Je lui répondis, pour ce qui me concerne :

- « Eh bien moi non, je laisse l'Esprit me guider et m'insuffler sa compréhension ! »

A ce moment-là, la lumière de la salle s'éteignit brusquement, les plombs avaient sauté dans tout le quartier. Cela a duré le reste de la conversation qui fut brève par la suite. Je fis une allusion à l'Esprit qui venait de se manifester à leur encontre. Je partis ensuite et les frères m'ont regardé avec un dédain qui manifesta leur amour désintéressé.

Je sentis une libération et une tranquillité d'esprit suite à cette rencontre. Francis avait dit auparavant que c'était pour m'aider que cette rencontre devait se faire. Je ne crois pas qu'il pensait à cela quand il avait dit ces mots, mais Dieu est plus grand que nous et permet à chacun de se libérer du joug pesant de ce monde.

Je fus donc libéré en ce mois d'octobre 2012 du joug pesant de cette organisation sectaire ! Cela faisait justement 21 ans que j'avais pris position pour cette organisation et voilà que 21 ans plus tard presque jour pour jour, je la quittais !

C'est indirectement que j'ai appris que je quittais les Témoins de Jéhovah volontairement. Il faut dire que quand il s'agit de tronquer les faits pour l'accommoder à sa sauce, les Témoins de Jéhovah sont champions. Je n'avais nullement explicité mon retrait mais les deux anciens avaient manifestement préparé leur coup pour m'évincer. C'est par le biais d'un autre frère que j'appris donc la nouvelle. Le Collège des Anciens de Watermael-Boitsfort l'avait annoncé au podium, lors de la réunion qui suivit notre rencontre.

D'une part, j'étais soulagé et d'un autre coté embarrassé car Céline ne comprenait rien de ce que je vivais.

Normalement, quand on quitte cette organisation, les liens fraternels sont rompus et aucune personne ne peut me parler ou m'aborder car je suis devenu à leurs yeux un paria. Ma femme devait ainsi éviter de parler de choses spirituelles en ma présence et devait reprendre l'éducation religieuse des enfants car je n'étais plus le chef de famille spirituel, selon la Watchtower.

Comme je le mentionnais précédemment, ma connaissance biblique allait bon train et mes recherches étaient bouillonnantes d'Esprit Saint, au point où ma tête allait exploser. J'emmagasinais énormément de choses et l'annonce de mon retrait allait compliquer ma relation avec ma moitié. J'avais beau lui expliquer mes nouvelles compréhensions et surtout les intentions cachées de cette organisation mafieuse, Céline ne suivait pas à mon rythme. Elle semblait désorientée devant cette exclusion annoncée et son amour pour moi.

J'avais pris la décision par la suite de partager mes recherches avec les ex-frères et sœurs spirituelles des deux congrégations, celle de Watermael et celle d'Auderghem.

J'écrivis 7 lettres… Je fis comme à la bataille de Jéricho[16] le tour du quartier et je mis dans les boites aux lettres de toutes les Témoins de Jéhovah que je connaissais, une lettre avec un thème abordé et cela chaque semaine. Sept fois, je fis le tour de toutes les adresses de tous les Témoins de Jéhovah de mon quartier en sonnant de la trompette spirituelle.

Josué 6 :1-5 :

---

[16] La bataille de Jéricho est relatée dans la Bible, dans le Livre de Josué. Le peuple de Dieu devait tourner sept fois autour des murs de cette grande ville pour avertir ce peuple décadent de l'intervention divine. Au septième jour, les murs de la ville tombèrent et le peuple de Canaan fut détruit par les israélites.

« 1 Jéricho était fermée et barricadée devant les enfants d'Israël. Personne ne sortait, et personne n'entrait.

2 L'Eternel dit à Josué : Vois, je livre entre tes mains Jéricho et son roi, ses vaillants soldats.

3 Faites le tour de la ville, vous tous les hommes de guerre, faites une fois le tour de la ville. Tu feras ainsi pendant six jours.

4 Sept sacrificateurs porteront devant l'arche sept trompettes retentissantes ; le septième jour, vous ferez sept fois le tour de la ville ; et les sacrificateurs sonneront des trompettes.

5 Quand ils sonneront de la corne retentissante, quand vous entendrez le son de la trompette, tout le peuple poussera de grands cris. Alors la muraille de la ville s'écroulera, et le peuple montera, chacun devant soi. » Bible Louis Segond

Ce fut une activité lourde de sens à réaliser mais j'ai tenu bon et j'ai fait sept fois le tour de la ville avec une lettre annonciateur des fausses doctrines de la Watchtower. C'était pour moi, ma façon de rompre avec cette organisation.

La première lettre consistait à remettre en question leur calcul de la fin des temps. Je dénonçais une manipulation de la chronologie biblique pour calculer les six mille ans de l'histoire humaine. Ces six mille ans écoulés devaient amener au retour de Christ et à cette fameuse guerre sainte qu'on nomme « Armageddon ». En réalité il en n'est rien car le temps biblique pose problème dans les calculs des temps. Selon la version de la traduction du grec ancien et de l'hébreux utilisée, les dates des évènements qui servent au calcul des 6000 ans de l'histoire humaines varies considérablement.

Il existe plus de 500 ans d'intervalle entre le texte de la septante et les textes massorétiques, deux livres utilisés pour traduire en langage courant les versets bibliques. Les datations ne sont pas les mêmes et l'angle de vue du récit narré de l'un par rapport à l'autre modifie considérablement les faits tangibles. Pour prendre un exemple concret :

1 Rois 6:1 :

« Ce fut la quatre cent quatre-vingtième année après la sortie des enfants d'Israël du pays d'Egypte que Salomon bâtit la maison à l'Eternel, la quatrième année de son règne sur Israël, au mois de Ziv, qui est le second mois ». La Saint Bible, traduite à partir de la version Massorétique.

Ce passage mentionne 479 ans (480ième année) selon la massorétique alors que la Septante mentionne 439 ans (440ième année).

Ce passage est primordial pour calculer le temps biblique jusqu'à nos jours. Nous avons sur ce seul passage de la bible une différence notable qui ne permet pas de calculer avec précision le temps des événements bibliques. En réalité l'un tient compte des 40 ans où le peuple hébreu a erré dans le désert avant d'entrer sur la terre promise tandis que l'autre traduction n'en tient pas compte.

La deuxième lettre était axée sur la vision utilisée par Daniel, patriarche du peuple Davidique dans le passage de Daniel, chapitre 4:10-28 où il est fait allusion à un arbre qui mènera au Christ. 7 temps bibliques doivent passer sur le peuple hébraïque pour qu'arrive le Christ. Pour les Témoins de Jéhovah ce temps amène à l'an 1914, date importante dans leur doctrine. Si on analyse cette interprétation avec leur rapprochement du livre de l'Apocalypse, les Témoins de Jéhovah identifie Christ au premier cavalier de l'apocalypse. Or ce cavalier mentionne la première grande tribulation de la fin des temps, l'apostasie et non la venue de Christ sur terre. On pourrait en déduire que cette pseudo religion serait le début de l'ère de Satan et non celui du véritable règne de Christ. Une compréhension qui viendrait à choquer l'ensemble de l'organisation des Témoins de Jéhovah ! Cette organisation viendrait à servir, à vénérer ce premier cavalier de l'Apocalypse (Apocalypse 6:2) qui représente le faux Christ (Luc 21:8). C'est donc Satan que vénère cette organisation et non le Christ en personne !

La troisième lettre faisait allusion à « l'Esclave Fidèle et Avisé » repris dans le livre de Matthieu au chapitre 24:45.

Qui est en réalité cet esclave ? Selon l'organisation des Témoins de Jéhovah, c'est le Collège Central des Témoins de Jéhovah. Cet esclave donne la nourriture en temps utile. Il est le représentant de Dieu sur la terre et le canal entre Dieu et les hommes. Mais est-ce vraiment de cela qu'il s'agit ? Cette lettre démontrait clairement que l'esclave peut être tout un chacun et non une église ou un groupe d'homme.

Il n'est fait mention d'aucun terme donnant un droit sur les autres dans la Bible. Celui qui s'érige comme 'classe' ou 'canal' au-dessus des autres est comparable à ce que dit Jacques :

Jacques 2:4 :

« ...vous établissez, n'est-ce pas, des distinctions de classe parmi vous et vous êtes devenus des juges aux sentences mauvaises ».

Si on reprend également les livres de Marc, Luc et Matthieu, les trois évangiles mettront l'accent sur l'importance à **chacun** de **veiller** (voir Matthieu 24:42/44, Marc 13:35, Luc 12:37).

La quatrième lettre mettait l'accent sur « qui sera sauvé, selon le livre de Matthieu 19:25 ? »

Beaucoup de religions promettent d'être sauvé si on suit l'enseignement reçu par elles. Mais en est-il vraiment question dans l'évangile ?

La suite du verset répond clairement à la question, Matthieu 19:26 « Les regardant bien en face, Jésus leur dit : " **Aux hommes, cela est impossible, mais à Dieu tout est possible** " ».

Cela laisse peu de place aux organisations sur terre pour garantir qu'elles sont capables de sauver ses ouailles car c'est une faveur imméritée selon Actes 15:11. Seul Christ a ce pouvoir et le donne à tous sans distinction de race et de religions car son amour est inconditionnel.

La cinquième lettre : « Qui est Jéhovah ? »

Pour la plupart des croyants, se nom se rapporte au Dieu des écrits hébraïques et concerne essentiellement le peuple juif.

De nos jours quelques groupements religieux font encore référence à ces écrits. Il est dès lors intéressant d'examiner cette question soulevée et de comprendre le sens des écrits et son harmonie pour les deux religions dominantes que sont les religions, juive et chrétienne.

Seulement le groupe religieux des Témoins de Jéhovah mentionne dans leur traduction de la parole de Dieu, le tétragramme YHWH dans les écritures grecque-chrétiennes en remplaçant le mot 'Kurios' qui veut dire 'Seigneur' par 'Jéhovah'. Mais pourquoi a-t-il remplacé le mot 'Kurios' à certains endroits et pas à tout l'ensemble des 'Kurios' du nouveau testament ?

Il y a des passages qui dérangent leur compréhension des écrits et on préfère ignorer l'évidence, tout simplement car elle révèle que Jésus est bien Jéhovah. Mais je précise que Jésus est bien le fils de Dieu, le père. Il y a donc une distinction évidente entre le père et le fils.

C'est seulement vers le IVème siècle de notre ère que le tétragramme a été enlevé des écrits hébraïques. La Septante traduit les textes hébraïques en grec à partir de 280 avant notre ère pour se terminer vers le deuxième siècle de notre ère. Cette traduction mentionnait ce tétragramme mais il est à noter que ce même tétragramme n'a jamais été écrit dans le nouveau testament par la suite.

Le mot 'Seigneur' est utilisé largement et se prononce 'Kurios' en grec.

C'est seulement à partir de l'année 1385 de notre ère (J²) que le tétragramme a été introduit furtivement dans le nouveau testament et majoritairement en 1599 de notre ère (J⁷), La plus récente est (J²²), publiée en 1979 et utilisé largement par la 'Traduction du Monde Nouveau'.

Il n'existe AUCUN écrit ancien qui fait mention du tétragramme dans le Nouveau Testament.

Certes le tétragramme a bien été enlevé dans les écrits hébraïques par la superstition de certains juifs mais en AUCUN cas ce nom apparaissait dans le Nouveau Testament sauf quand on citait un texte hébraïque dans les écrits du Nouveau Testament (voir Marc 12:29 & Deut.6:4 ; Actes 3:22 & Deut.18:15). Les fragments retrouvés à Qumran confirmeront l'existence du tétragramme dans les écrits hébraïques.

Voici un exemple parmi bien d'autres versets de ce que je confirme dans cette lettre.

(1 Pierre 2:3) « ... pourvu que vous ayez goûté que le Seigneur est bon ».

Ce passage fait référence au Psaume 34:8 qui mentionne bien 'Jéhovah' et Pierre le reprend pour l'accomplir en Jésus. Pourquoi la TMN ne mentionne pas Jéhovah dans ce verset et ne remplace pas 'Kurios' par Yhwh ? Voyez le contexte du verset repris par Pierre. Au verset qui suit, il est fait mention de la pierre angulaire. Seul Christ est la pierre angulaire et non Yhwh à moins que Yhwh soit Christ. Ce qui pour moi est le cas car l'un est l'autre dans une position qui diffère l'une de l'autre. Yhwh est le Christ dans sa position céleste avec comme mission de protéger le peuple hébraïque, tandis que Christ est le Yhwh en chair avec pour mission de porter le salut à toute l'humanité. Pour les Témoins de Jéhovah cela ne cadre pas avec leur compréhension puisque pour eux le Yhwh est le père de Jésus et non Jésus lui-même. Manifestement, ils n'ont pas l'Esprit pour être guidé par lui.

Sixième lettre, La traduction du monde nouveau (TMN) en quoi diffère-t-elle des autres traductions ?

Manifestement, il y a manipulation dans cette traduction car l'interprétation que font les Témoins de Jéhovah des écrits bibliques appuie leurs doctrines au détriment de la bonne compréhension.

La partie la plus falsifiée concerne le rôle de Jésus. Pour ne citer qu'un exemple, les Témoins de Jéhovah ne peuvent vénérer Jésus car seul Yhwh est à vénérer ou à adorer. Pourtant dans plusieurs passages des évangiles, il est dit que l'on peut vénérer ou adorer Jésus. Comment le collège central de l'organisation des Témoins de Jéhovah traduit ses passages ? Elle remplace le mot « adorer » ou « se prosterner » par « rendre hommage ». Elle détourne donc l'adoration légitime due à Jésus par un « hommage » et non par une vénération comme le précise les versets concernés :

1er exemple :

Matthieu 14:33 « Alors ceux qui étaient dans le bateau lui **rendirent hommage**, en disant : " Tu es vraiment le Fils de Dieu. » TMN, Bible des témoins de Jéhovah

Matthieu 14:33 « Ceux qui étaient dans la barque vinrent se **prosterner devant** Jésus, et dirent : Tu es véritablement le Fils de Dieu ». Louis Segond 1910

2ème exemple :

Hébreux 1:5, 6 [...] Par exemple, auquel des anges a-t-il jamais dit : " Tu es mon fils ; moi, aujourd'hui, je suis devenu ton père " ? Et encore : " Moi je deviendrai son père, et lui deviendra mon fils " ? **6** Mais quand il introduit de nouveau son Premier-né dans la terre habitée, il dit : " Et que tous les anges de Dieu lui **rendent hommage.** " TMN, Bible des témoins de Jéhovah

Hébreux 1:6 « Et lorsqu'il introduit de nouveau dans le monde le premier-né, il dit : Que tous les anges de Dieu l'**adorent** ! » Louis Segond 1910.

Le mot à l'origine est bien 'proskuneo' en grec qui se traduit par 'adorer' ou se 'prosterner'.

Une autre modification flagrante de la traduction de la bible est l'unicité de Dieu avec Jésus. Pour les Témoins de Jéhovah Dieu est différent de Jésus. Pourtant plusieurs passages des écrits bibliques infirment cette idée :

Jean 14:20 : « En ce jour-là, vous saurez que je suis **en union** avec mon Père, et que vous êtes **en union** avec moi, et que moi je suis **en union** avec vous » TMN, Bible des témoins de Jéhovah

Louis Segond traduira ce passage comme ceci :

Jean 14:20 : « En ce jour-là, vous connaîtrez que je suis **en mon Père**, et que vous êtes **en moi** et **moi en vous** ».

Nous comprenons toute la différence entre être « en union » et être « en moi ». Subtile mais combien cette différence amenuise l'implication de Jésus en notre for intérieur.

Jésus est en nous comme il est en son père. Il n'est pas une union d'idée ou de sentiment. Nous sommes en Dieu et nous sommes en Jésus car il habite en chacun de nous !

Cette différence implique plus que de suivre Jésus. Nous sommes acteur avec lui dans notre vie de tous les jours car en manifestant un amour désintéressé vis-à-vis d'autrui, nous faisons vivre Jésus dans nos actes de piété.

La dernière lettre, la septième a été une retranscription d'un rêve. La nuit qui a précédé ma dernière lettre, j'ai fait un rêve très révélateur de ce que je vivais chez les Témoins de Jéhovah. Je vous la livre tel quelle :

Un rêve,

« J'étais sur une grande route qui représente la vie. Cette route on ne la choisit pas, c'est celle que tes parents prennent pour toi et qu'on t'impose dès ta naissance. Elle est liée aux multiples choix que la vie propose par des circonstances tantôt fortuites, tantôt voulues.

J'étais sur une route mais elle n'était pas belle. La vie a fait que je prenne une autre direction, celle de la vie spirituelle.

Pendant ce temps, mon rêve continue et j'assistais à un colloque sur la manipulation et le destin. Je compris rapidement que nous étions tous orientés vers une destinée que nos parents nous avaient tracés.

L'animatrice m'interrogea sur les raisons qui m'ont poussé à changer de route.

Je me rendais compte que la voie initiale à suivre comportait des entraves et j'ai dû quitter cette destination. Comment me direz-vous ? Et bien en subissant des outrages psychologiques et affectifs importants qu'ont été la défection de mes parents à mon égard. Je devenais un véhicule encombrant et mal réglé. Je devenais un handicap pour la bonne circulation de cette route familiale. Pour m'en sortir de cette emprise néfaste, je me suis arrêté sur le côté et j'ai fait le point en écrivant un livre autobiographique et en méditant sur les raisons et les conséquences de choix imposés sur la suite de ma vie. J'ai compris que ma place n'était pas ici.

L'animatrice du colloque me confirma que cette façon était judicieuse et me permettrait de m'en sortir. Je lui confirmais que je m'en étais sortie et que j'avais pris une autre direction. Elle me demanda qu'elle fût ma destination ?

J'ai pris tout naturellement une autre direction tant bien que mal avec mes tares. Une voie s'était proposée à moi presque immédiatement. C'était la route du paradis. La direction me semblait merveilleuse et je l'ai prise. Il y avait beaucoup de monde sur cette route qui devenait de plus en plus une autoroute à plusieurs bandes. Les voitures circulaient rapidement mais tous dans la même direction. Pour la prendre, il fallait y mettre du siens et ne pas être un obstacle pour ceux qui la prenaient.

Très vite, je me suis mis au pas de la circulation et ai emprunté cette voie. Ça roulait très vite mais je pouvais suivre la cadence. La destination était le paradis promis par un groupe spirituel qui se disait le garant de notre bonheur futur. Il garantissait un avenir merveilleux mais pour l'atteindre, il nous fallait inciter d'autres à prendre la même voie. Nous klaxonnions à chaque fois que nous croisions d'autres personnes qui semblaient prendre une autre direction que la nôtre. Certains nous écoutaient mais beaucoup semblaient ne pas percevoir notre merveilleuse destinée. Je continuais mon chemin et l'allure était de plus en plus rapide. Nous ne pouvions pas freiner car nous risquerions de ralentir les autres dans leurs progrès spirituels. Nous devions montrer notre zèle dans cette voie pour inciter d'autre à nous suivre. Nous nous encouragions l'un et l'autre en klaxonnant et en nous faisant des signes d'amitiés.

Sur la route, j'ai rencontré ma femme et nous avons pris trois petites bambines que nous avions attachées à notre voiture comme avec une remorque. Nous étions heureux et pleins d'entrain vers ce merveilleux paradis promis.

A un moment donné, la voiture commençait à montrer des signes de fatigue. Nous étions obligés de freiner un peu pour récupérer et permettre à notre vie affective et familiale de souffler un instant. Nous avions profité de ce moment fortuit pour examiner la route que nous prenions et voir où nous en étions par rapport à notre destination. Je me suis rendu compte que la route n'était pas celle que nous croyons prendre et que notre destiné semblait plutôt s'arrêter subitement dans un endroit désert. J'en parlais autour de moi à celui qui voulait bien entendre mais personne ne réagissait à mes interrogations.

L'animatrice du colloque m'interpella en me signalant que cette route était effectivement dangereuse car elle comportait des doutes sur la destination. Je lui exprimais que je l'avais pressenti au moment de ce freinage forcé et que nous avions profité de cet instant pour faire le point et analyser la trajectoire à suivre. Elle s'empressait de me demander ce que j'ai fait par la suite.

Je lui répondais que je cherchais un moyen de sortir de cette autoroute par la prochaine bretelle mais il n'y en avait pas sur la carte qu'on m'avait donnée. Il semblait que cette route ne permettait pas de prendre une autre voie. Mais en examinant bien, j'avais remarqué une petite sortie sur la carte mais elle était fort abrupte et trop dangereuse car la vitesse de 120 km/heure empêchait de la prendre au risque de basculer dans le ravin. Je décidais malgré tout de prendre ce risque car la grande route nous menait vers une impasse, vers une mauvaise direction. Nous risquions de toute façon de nous cracher sur un mur ou une voie sans issue qui nous auraient empêché par la suite de prendre une autre direction. Cette petite sortie semblait la seule possible avant la catastrophe. Je me décidai donc de forcer mon destin vers cette voie inopinée.

L'animatrice signalait au passage pour les autres participants au colloque qu'il fallait absolument faire attention à cette voie abrupte car elle était dangereuse. Elle connaissait des personnes qui avaient tenté d'emprunter l'ultime issue possible pour s'en sortir et qui se sont échouées dans le ravin, certaines même en avait perdu la vie dans cette issue dont on s'en sort toujours avec des séquelles.

Nous étions d'autant plus prudents mais nous n'avions pas le choix. Il nous fallait absolument prendre cette voie avant qu'il ne soit trop tard. J'ai pris cette petite sortie qu'on appelait sur la carte : Apostasie. Elle était effectivement dangereuse car il fallait la prendre de plein fouet car nous n'avions pas le temps de freiner. Mais avec l'aide de Dieu, nous sommes arrivés à la prendre tant bien que mal. Nous étions affligés. Ma femme, mes enfants et moi-même étions meurtris mais nous étions sortis indemne de cette manœuvre périlleuse. Beaucoup de peurs et de larmes par la suite. Nous étions emplies de chagrin de voir que les autres, à qui nous lancions des appels de phares pour les avertir du danger, n'ont pas écouté nos avertissements. Certains, pour ne pas dire tous, ont proféré des menaces et des injures à notre égard. Nous étions tristes de voir à quel point ce petit groupe avait manipulé l'information de notre guide spirituel à des fins cupides, d'avidité de pouvoir et d'orgueil. Nous étions sortis de cette autoroute meurtrière mais pas sans émotions fortes.

L'animatrice nous demanda ce que nous avons fait par la suite car elle sait qu'une fois sortie de cette voie on ne s'en remet que très difficilement.

Nous étions heureux d'en être sortis mais meurtris de savoir que ceux que nous aimions soient restés sur cette mauvaise route. Nous avons lancé, le temps d'être encore visibles par eux, des messages d'avertissement forts. Nous avions envoyé sept messages qui avertissaient de la fin imminente de la route et des manœuvres à faire s'ils voulaient s'en sortir avant que ne vienne la fin de leur aventure funeste.

Nous sommes maintenant sur une vraie route spirituelle et libre de toutes circulations intempestives. Nous pensons avoir pris cette fois-ci la bonne direction. La route semble sinueuse mais belle de plus en plus qu'on y roule dessus. L'avenir nous dira si nous avons pris la bonne direction. Nous ne perdons pas espoir de revoir nos anciens compagnons de route prendre la même direction que nous mais c'est l'avenir qui nous le dira.

L'animatrice nous encouragea en confirmant que nous étions enfin libres de toute emprise de la manipulation et que notre voie était la meilleure qui soit pour notre devenir et notre avenir ».

C'est par ces mots que je prends une nouvelle direction que Dieu voudra bien me confier.

Je vous ai averti des dangers comme l'a fait Yona. J'ai fait sept fois le tour des frères et des sœurs de mon quartier comme l'a fait les israélites avec la ville de Jéricho (voir Josué 6:2-5) et comme le fera Jésus avec les sept trompettes de l'apocalypse (voir Révélation chapitre 8), afin de les avertir des dangers et des pièges des organisations qui se disent être le canal de l'Esprit de Dieu et qui sont sous la houlette de son adversaire qu'est le faux Christ.

C'est une offense devant Dieu de le limiter dans son amour à des fins cupides et par avidité de pouvoirs. Le but étant de mettre la main sur des innocents qui désirent faire la volonté de Dieu et qui n'ont pas suffisamment des connaissances et de liberté de penser.

Chacun devra rendre des comptes pour soi. Dieu est patient et permet à chacun de se libérer des emprises. Il faut le lui demander dans la prière (voir Luc 11:13).

Je vous en supplie avant que ne vienne la fin de ce monde « Sortez d'elle, mon peuple, si vous ne voulez pas participer avec elle à ses péchés, et si vous ne voulez pas recevoir [votre part] de ses plaies. 5 Car ses péchés se sont amoncelés jusqu'au ciel, et Dieu s'est rappelé ses actes d'injustice » Révélations 18:4-5. TMN

Ma porte vous sera toujours ouverte et mon amour intacte. J'espère que l'avenir sera pour les fidèles une véritable libération de toutes emprises spirituelles.

Frédéric hoebeeck.

Après avoir fait le tour sept fois, je n'ai plus écrit de lettre et j'ai tourné la page sur ma relation avec cette organisation. J'ai fait ce qui me semblait, à l'époque, une nécessité psychologique pour trouver la paix de l'esprit. Ayant averti des dangers qui guettent la vie de ces témoins de Jéhovah, j'ai accompli une tâche d'avertissement. Je ne sais pas si beaucoup d'ex-adeptes on fait cette démarche d'avertir des dangers et de la manipulation, mais j'avais besoin de le faire pour soulager un poids et par amour pour tous ceux qui sont victimes de prédateurs spirituels.

Depuis, ma femme et moi avons créés une association sans but lucratif (ASBL) pour prévenir de la manipulation mentale et de l'endoctrinement religieux : CheCoPa qui est le préfixe de Chenille, Cocon et Papillon et qu'on appelle également « les Chemins des Consciences Partagées ».

Céline a compris par la suite que cette organisation Jéhoviste était trompeuse, non seulement par les doctrines erronées mais également par l'attitude des soi-disant frères et sœurs vis-à-vis de moi. Elle subissait des railleries et des pressions contraires à la parole de Dieu comme celui de contrer mon autorité à la maison, alors que la Bible ne mentionne rien sur cette attitude à avoir si son mari n'est pas ou plus croyant à leurs yeux. Bien au contraire, Dieu a toujours été un père attentionné et aimant quoi que nous fassions. C'est sa compassion et son amour qui a toujours primés et non la punition ou le rejet. Dans chaque histoire biblique, c'est l'homme qui rejette Dieu et non l'inverse !!!

N'ayant jamais rejeté Dieu, je me trouvais consolé par lui. Il m'a fallu du temps pour que mon esprit retrouve la paix et que je retrouve la sérénité au sein du foyer conjugal.

Trois mois après, Céline a pris la décision de rompre à son tour avec cette organisation, en écrivant une lettre de retrait volontaire. Cette démarche allait bien plus loin que le simple fait d'écrire une lettre de renonciation car elle entraine une rupture avec tous ses ami(e)s et toute sa famille Témoins de Jéhovah. Comme notre seul lien était cette organisation, nous n'avions plus ou pas de contact avec d'autres personnes. Sans le vouloir consciemment, nous nous étions isolés du monde qui nous entoure. Nous étions dans une bulle spirituelle qui nous éloignait des autres personnes non croyantes ou qui étaient dans une autre religion ou dans un autre mouvement.

C'est de cette attitude de cloisonnement que détient la pression de cette organisation mafieuse. Petit-à-petit, elle arrive à faire le vide autour de vous et d'éloigner les amis et la famille non engagés dans ce mouvement. La pression est autant plus forte si toute votre famille suit cette pseudo-religion.

Céline a perdu tout contact depuis avec sa maman. Elle refuse de lui parler mais par contre sa maman voulait garder un contact avec nos enfants dans le but de les endoctriner. Nous avons fait opposition à cette démarche pour le peu révoltante et dénigrante. Il n'était pas question de voir et de prendre nos enfants tout en nous rejetant de la relation. Depuis, sa maman a fait des menaces de porter plainte auprès du juge pour pouvoir prendre les enfants et les voir mais en vain car nous n'avions jamais interdit de les voir. Nous avions mis une condition normale qui est de nous rencontrer et de ne pas nous éviter. Comme cela est contraire à sa pseudo-religion, nous n'avons plus eu de contact depuis. Elle essaye en vain de nouer un contact avec les enfants en envoyant des cadeaux par voie postale mais nous avons toujours réceptionné ces lettres et colis, même s'ils étaient en recommandées. Nous expliquions aux enfants que cette attitude était indigne d'une chrétienne et que toute tentative de les aborder en vue de les endoctriner était vaine. Chaque fois qu'une lettre ou un colis arrivait, nous les jetions au bac sans même les ouvrir. Depuis maintenant quelques années, nous n'avons plus de courriers venant de sa part et ses menaces de nous intenter un procès sont toujours restées mots.

Nous avons expliqué à nos trois enfants ce que nous vivions. Nous avons toujours eu une relation franche avec eux et nous parlons souvent de cela lorsque les enfants nous posent des questions sur les raisons de la rupture avec leur grand-mère maternelle. A priori, elle ne leur manque pas trop. Ils se sont faits une raison de son absence. Je sais que Céline souffre beaucoup de cette rupture mais elle sait que sa maman est endoctrinée et elle attend le jour où un déclic libérera sa maman de cette emprise.

Depuis cette rupture avec ce mouvement, nous avons fait du chemin dans le monde qui nous entoure. Nous nous sommes investis dans la vie communautaire de notre quartier en nous inscrivant dans des actions de partages comme celui du « SEL »[17]. Nous avons également participé à des activités qui favorisent la rencontre comme « le Chant des Cailles »[18]. Nous nous impliquons également dans la vie de la commune. Je me suis inscrit comme artiste et expose quelques fois des œuvres photographiques lors de manifestations culturelles.

Notre vie a du sens et notre expérience est utile pour aider les personnes qui désirent sortir de l'emprise sectaire ou relationnelle.

Nous avons fait de nos déboires une résilience qui nous poussent à l'action. L'Association CheCoPa est en quelque sorte, le résultat de cette lutte acharnée pour gagner notre liberté de penser et de vivre.

Nous avons réalisé plusieurs vidéos sur YouTube[19] et construit un site où nous expliquons notre expérience et les moyens concrets pour s'en sortir ou ne pas tomber dans les pièges des manipulateurs.

Chaque jour, nous sommes sollicités mondialement par des personnes victimes des mouvement religieux. Nous sommes heureux de contribuer à cette démarche humanitaire malgré le fait que nous le faisons bénévolement et que notre situation financière est au plus bas. Nous cherchons à pérenniser cette démarche et de faire

---

[17] SEL, est un groupe de personnes qui échange des services bénévolement et se fait payer par des cerises (monnaie virtuelle d'échange, axé sur le temps investi).

[18] Chant des Cailles est une association qui favorise l'entraide entre professionnel de l'agriculture urbaine et les habitants du quartier.

[19] Youtube est un moyen visuel de communication qui touche le monde entier et qui est diffusé par internet à tous.

de cette initiative un moyen de se financer modestement pour pouvoir continuer à vivre décemment.

Nous avons créé, dans l'association, une branche sur la manipulation commerciale. Cette voie nous permet de rentrer des fonds pour financer la branche du radicalisme religieux. Nous vendons des produits réalisés par des ateliers de confection lors de marchés de fin d'année. Cela permet de se faire connaitre et de rentrée un peu d'argent pour payer les factures inhérentes au fonctionnement d'une association sans but lucratif.

Céline s'est spécialisée en coaching et en tant que thérapeute énergétique. Ces connaissances sont un véritable atout pour l'association et pour aider les personnes à sortir de l'emprise sectaire, relationnelle et commerciale. Je contribue à l'association en partageant mes connaissances sur la gestion et sur le plan doctrinal religieux.

Nous avançons à petits pas vers une reconnaissance de nos activités mais le chemin est long et demande du temps et de l'investissement. Nous avons une vision à long terme et nous faisons de notre démarche un défi sur la vie.

Ce qui compte pour nous, c'est de vivre pleinement notre vie et quelle ait du sens et de la valeur. Nous désirons que notre vie soit un exemple de plénitude et une voie à suivre pour nos enfants et pour les personnes qui nous côtoient et qui font appel à nos services.

Que notre amour soit notre guide et notre force pour la liberté.

L'Eternité, qu'est-ce ?

L'éternité c'est l'instant présent.

Le Terme de l'éternité en grec est 'Aïon' et en hébreux, c'est le terme Owlam. On écrit aussi le mot 'éternité' dans les écrits hébraïques par 'Ad'.

Le mot d'origine qu'il soit grec ou hébraïque renferme l'idée de temps. Que ce soit 'toujours', 'à jamais', 'les temps anciens', 'tous âges' ou 'tout temps' garde cette idée de n'avoir ni commencement ni fin.

« (Psaume 48:14) [...] Car ce Dieu est notre Dieu pour des temps indéfinis, oui pour toujours. C'est lui qui nous guidera jusqu'à [notre] mort. » TMN

C'est termes utilisés dans la Bible renferment cette idée d'instant présent.
Si l'on remplace le mot 'éternité' par 'instant', par 'présent(e)' ou de 'tout temps'. Le sens est plus clair et permet de mieux comprendre que l'éternité n'a ni commencement ni fin comme représente l'image ci-dessus, une boucle sans fin, symbole de l'infini, du présent continu.

Le bonheur est un instant continu qui vit en nous comme l'éternité.

La fin de la vie de ma Maman,

'La boucle'

« Moi et ma maman, quelques mois avant son décès »   09-2017

Le temps va et pourtant se ressemble. Si je devais résumer la fin de la vie de ma maman, ce serait ce bout de phrase qui raisonnerait dans l'éternité de l'instant.

Elle a commencé sa vie d'adulte en faisant appel à l'état belge pour régler sa situation de famille ce qui a valu au départ notre placement à la crèche pour finir dans les institutions de l'état. A la fin de sa vie, c'est encore cet état judiciaire qui supplantera notre autorité d'enfant responsable à celui d'un avocat choisi d'office comme tuteur de ses biens et de ses choix de vie.

On a beau se battre que peut-on faire contre le destin ?

Si mon ardeur fut grande à vouloir changer cela, ce n'est pas sans compter l'univers qui nous dicte à sa façon notre chemin de vie. J'en viens à croire que notre vie sur terre n'est qu'un schéma de vie décidé par avance. Les théories vont bon train. Elles vont du choix que ferait l'enfant avant de naitre au sein d'une famille et les blessures de vie que nos ancêtres n'auraient pas réglées et qui nous sont imposées lors de notre venu au monde. Nous serions vivants juste pour accomplir ou dénouer des situations passées non résolues par nos ancêtres.

J'en suis fort aise. La réincarnation n'est que la résultante des pensées brouillées que nous injectent les religions orientales influencées par la métempsycose. Je n'y crois pas.

Pourtant quoi qu'il advienne, c'est bien le destin qui s'imposa devant mon chemin de vie.

Au début, 2017, Le CPAS m'a envoyé une lettre me demandant de subvenir aux besoins de ma mère. Elle n'avait pas assez d'argent pour palier à ces besoins. Elle vivait à trente kilomètres de Bruxelles, dans la région flamande, Liedekerke. J'ai pris contact avec elle, ayant reçu sa nouvelle adresse. Quelques années auparavant, Fanny, ma nièce, fille de Christiane, l'avait déplacée sans nous dire quoi que ce soit. J'avais perdu toute trace d'elle. C'est par cette demande d'aide financière que j'ai pu renouer le lien. J'ai été la voir avec ma femme et mes enfants. Fanny souhaitait être présente. Nous étions venus avec un gâteau, du café et la première édition de ce livre. Je voulais qu'elle ait se livre en main et qu'elle puisse le lire. Je ne sais pas si elle l'a lu mais elle en a eu la possibilité.

Notre rencontre fut banale comme si nous nous étions quittés la veille. Ma mère parlait très peu ; elle avait un souci aux oreilles qui la rendaient presque sourde.

Comme dirait ma femme devenue thérapeute et coach de vie, elle ne veut plus entendre ce qui pourrait la déranger dans son confort d'aujourd'hui que donne l'oubli. C'est compréhensible. Combien de personnes ne font pas la sourde d'oreille pour ne pas se remettre en question ou pour ne pas accepter sa situation de vie patente, lourde d'une passée culpabilisateur et invivable. Oui, c'est tout à fait compréhensible. Elle en était même arrivée à dire autour d'elle qu'elle avait été abandonnée par ses enfants. Nous étions aux yeux de son entourage et du CPAS de mauvais enfants.

J'ai tenté d'expliquer à l'assistante sociale du CPAS, en baragouinant le néerlandais mélangé par quelques mots en français, que nous n'avions jamais été éduqués par elle mais placés en institution depuis notre plus jeune âge.

Je ne sais pas si elle m'a compris mais la suite n'a pas été en notre faveur.

Peu de temps après, le CPAS provoqua une réunion familiale avec un juge de paix pour décider d'un tuteur.

J'ai compris à cet instant ce qui se tramait. La roue tourne et pourtant rien ne change. Le destin sonne à nouveau à notre porte. Fallait-il laissé notre mère de nouveau se laisser diriger par les autres ou fallait-il couper cette malédiction et accepter cette opportunité de reprendre notre vie de famille en mains ?

J'ai pris l'initiative, comme de coutume, de rassembler toute la famille chez moi autour d'un barbecue pour décider ensemble d'une attitude commune pour la suite de notre mère. Nous avions décidé au préalable de déplacer à court terme notre maman de Liedekerke vers ma commune, Watermael-Boitsfort. L'avantage était évident pour nous tous et pour notre maman qui souffrait de solitude et de manques de soins. Ses moyens ne lui permettaient pas de payer les soins de kiné et de médecin. Le loyer qu'elle payait dans son centre de jour était proche de 950 euros. Elle avait chaque mois 1100 euros de pension et 130 euros de pension d'handicapée. Elle avait subi quelques années auparavant une opération du cœur qui dura plus de six mois. Suite à cela, elle avait abandonné son ancien appartement à Anderlecht. Elle ne pouvait pas payer son loyer tout en restant à l'hôpital. On lui a implanté un pacemaker et Fanny lui trouva un centre de jour à Liedekerke. Les médecins de l'hôpital avaient exigé qu'elle ne reste pas seule chez elle.

Le lieu était pour moi mal choisi et probablement fait dans l'urgence.

A Watermael-Boitsfort, il y a un centre de jour similaire mais beaucoup moins chers, proche de 500 euros. Ma présence et celle de ma femme et de mes enfants auraient été pour elle un bon choix. J'en parla avec mes frères, mon neveu, David et ma nièce Fanny. Tous étaient d'accord avec ce choix. Elle aurait bénéficié de soins adéquats. J'en avais auparavant discuté en famille et tous étaient ravie de s'en occuper. Ma mère semblait être d'accord également mais elle était toujours indécise dans ces choix. Tout était bon pour elle.

Lors du barbecue organisé en la circonstance, seuls David et Fanny vinrent.

Nous nous sommes revus peu de temps après, lors de cette convocation devant le juge de paix. Malheureusement, la juge ne nous adressa pas la parole de bienvenue et ne parlait qu'en néerlandais. Je ne compris aucun mot à ces dires mais ce qui était évident c'est que Fanny avait décidé tout autrement de ce qui avait été souhaité par l'ensemble de la famille. Nous avions été bernés. Fanny voulait la tutelle mais sans les inconvénients et demanda qu'un avocat soit choisi d'office. L'assistante sociale du CPAS de Liedekerke connaissait bien Fanny et à deux, elles avaient déjà prévu la suite pour notre mère. Le juge décida en 5 minutes de donner la tutelle à un avocat et la personne de confiance fut Fanny. Sans salutation, le juge quitta la pièce où demeurait ma mère pour se faufiler dans les couloirs et disparaitre à notre vue.

Le greffier demanda à toutes les personnes présentes de signer le procès-verbal. Mes frères qui pourtant ne connaissaient pas un mot de néerlandais signèrent. J'étais le seul à refuser de signer ce torchon. Je bondis hors de moi en tentant d'expliquer qu'on nous volait pour la seconde fois notre maman mais en vain. Pour mes frères, Patrick, Edouard et Daniel, c'était une épine hors du pied. Ils ne comprirent pas que ce qui se tramait devant nos yeux allait avoir une incidence profonde dans notre vie future. Autant pour nos enfants qui voient en cette situation la façon dont on traite le vieillard et la blessure de vie qui se répète mais cette fois-ci en sens inverse. C'est à nous que revenait ce privilège de prendre soin des siens et non à l'état comme ce fut le cas lors de notre placement en institution. C'était à notre maman de s'occuper de nous. Nous avions la possibilité de retourner la situation et de fermer une blessure difficile à cicatriser. Mes frères n'ont pas réglé cela et verront en leur famille une redondance par la suite. C'est tellement évident pour moi mais apparemment pas pour eux ! Je plains par avance leur devenir.

J'ai quitté la pièce en embrassant avec tendresse ma maman pour la dernière fois. Je lui ai dit qu'on ne se reverrait plus mais seulement à son enterrement.

Patrick trouva cela dur à entendre mais combien ma vision fut juste car peu de temps après cette décision, près de quatre mois, elle mourut d'une embolie pulmonaire par manque de soin. Elle allait avoir 83 ans le 26 janvier 2018 mais elle mourut dans la nuit du 12 décembre 2017.

Cette nuit-là, vers minuit, je m'étais réveillé avec une sensation d'étranglement étrange. J'ai dû me reprendre à plusieurs reprises pour respirer. J'ai bu un peu d'eau et ensuite mon sommeil repris.

C'est dans le courant de la journée que mon frère Daniel me téléphona pour me dire que notre mère était décédée durant la nuit. J'ai appris par la suite qu'elle avait appelé le voisin dans les environs de minuit pour un malaise. On m'expliqua qu'elle avait eu des oppressions et qu'elle avait eu difficile à respirer pour en mourir peu de temps après dans son fauteuil. L'ambulance n'eut pas le temps de venir.

Fanny et David ne m'ont pas averti et ont préféré passer par mes autres frères. Le CPAS ne nous a pas averti non plus de la mort de notre maman.

La question qui brulât les lèvres de tous était qui allait s'occuper de l'enterrement ?

La suite et le silence de tous provoqua une réaction du CPAS qui prit l'initiative de l'enterrer comme une indigente.

Je n'ai pas été convoqué à l'enterrement mais par le biais de Patrick, je connus le lieu et l'heure.

Patrick ne voulait pas y assister et Edouard était parti en vacances aux Iles Canaris. De toute façon, il ne voulait pas en entendre parler. Daniel, insisté par sa fille Sarah, voulait juste assister à la pose des cendres dans un petit caveau au cimetière de Liedekerke.

J'ai été avec ma femme et mes trois enfants au crématorium de Gand pour assister à une cérémonie d'adieu en néerlandais. Fanny avait tout organisé. Les chansons choisies exprimaient aucun regret (Piaf, Non rien de rien…).

Je trouvais tellement dommageable cette fin vie. Qu'avait-elle apporté dans ce monde ? Qu'avait-elle fait de bien pour les autres ? Avait-elle seulement trouvé une plénitude de vie ? Je ne peux pas répondre pour elle. Ce que je sais c'est qu'elle a vécu en subissant la vie.

Fanny ne m'a pas adressé la parole et nous nous sommes quittés sur le pas du crématorium vers l'heure de midi en attendant de nous revoir l'après-midi pour la mise en caveau des cendres au cimetière de Liedekerke.

Je suis retourné chez moi avec ma famille pour nous restaurer pour ensuite repartir au cimetière de Liedekerke.

J'ai vu Daniel, mon petit frère et sa fille Sarah au cimetière. Fanny et David sont arrivés une demi-heure en retard. La suite s'est déroulée simplement en assistant à la mise en caveau des cendres de ma mère. La petite plaque de marbre noir marquait « Maria Hoebeeck » et non son véritable nom qu'est « Maria-Louisa hoebeeck ». Le petit « h » n'apparait pas comme signe distinctif de la famille. Est-ce volontaire, je ne sais pas. Pourtant sur sa carte d'identité nationale ce petit « h » était bien inscrit.

C'est extraordinaire de constater ce que la vie nous réserve, de voir sous ses yeux l'accomplissement de toute une vie se dessiner comme une fresque évidente de notre destiné.

© Fh. 2018 « Céline »

Pensées furtives,

Je me suis donné à l'état brut, il appartient maintenant à la suite de me façonner et à Dieu de purifier mon âme.

L'hiver arrive à grands pas et le toit de notre chaumière blanchit avec le temps.

J'existe au travers de mes souvenirs, mais qui suis-je vraiment ?

Il y a longtemps que j'aurais dû te mettre au monde, mais la douleur de cet accouchement était trop intense. L'inévitable est quand même arrivé ; je t'ai poussé du mieux que j'ai pu et tu es sorti enfin... misère de la vie. Un nouveau départ t'est donné, mais il sera de bien courte durée, car tu es né vieux.

Nous rentrons dans l'hiver en enfilant un nouveau pull de laine blanche confectionné par mère Nature que nous portons jalousement pour garder notre chaleur intime. La vapeur de la vie s'échappe malgré tout par les trous béants de la désolation et du passé. Les mites nous rongent ce qui nous reste de bon et inexorablement s'en va vers les lendemains avec son lot de déboires.

Je ne regrette rien de ce que j'ai écrit si ce n'est d'avoir perdu de longues heures à ressasser ce passé qui m'a laissé un goût amer d'un avenir qui m'était déjà tracé. Je ne crois pas à une destinée, mais je ne crois pas non plus au hasard. La puissance divine est présente en moi comme dans la nature et elle me pousse vers un chemin dont je connais la fin.

Pourriture d'une vie ensemencée par la bale du temps et qui émerge dans une terre aride. L'hiver en aura fait de toi et tu auras beau crier cette circonstance, l'échéance approche où tu seras à nouveau emporté par la puissance du vent.

Demain, oui demain sera... et pourtant, il fut déjà.

Je suis... alors que je ne suis qu'une pensée dans la nuit qui s'échappe dans le temps. Nous sommes une vapeur qui se perd dans la brume, à la rencontre des autres qui se croisent dans cette étendue obscure. Nous cherchons des réponses et nous ne trouvons que des questions : qui sommes-nous ? Où allons-nous ?

Je l'ai vécu, je l'ai écrit...

Frédéric hoebeeck

Esther   Marie   Hannah

© Fh. 2006   « Mes enfants »

« La chanson de Paul »
Paroles de Jean-Loup Dabadie
Chantée par Serge Reggiani.

Ce soir, je bois !

Tu peux toujours éteindre la lampe

Et ta main blanche glissant sur la rampe

Monter jusqu'à ta chambre

Pour y chercher ton sommeil noir...

Moi, je reste en bas ce soir

Et je bois !

Oui, j'ai promis !

Oui, mais je bois quand même !

Va, je t'aime.

Va dans ta nuit...

Je bois...

Aux femmes qui ne m'ont pas aimé

Aux enfants que je n'ai pas eus

Mais à toi qui m'as bien voulu...

Je bois...

À ces maisons que j'ai quittées

Aux amis qui m'ont fait tomber

Mais à toi qui m'as embrassé...

Mais à toi qui m'as embrassé...

Ce soir-là

On sortait d'un cinéma

Il faisait mauvais temps

Dans la rue Vivienne

J'étais très élégant

J'avais ma canadienne

Toi tu avais ton manteau rouge

Et je revois ta bouche

Comme un fruit sous la pluie...

Comme un fruit sous la pluie...

Ce soir, je bois !

Heureusement, je ne suis jamais ivre.

Dors... Cette nuit, je vais écrire mon livre.

Il est temps, depuis l'temps.

C'est mon roman, c'est mon histoire !

Il y a des choses qu'on n'écrit

Que lorsqu'il est très tard,

Que lorsqu'il fait bien nuit...

Dors, je t'aime.

Dors dans ma vie...

Je bois...

Aux lettr's que je n'ai pas écrites,

À des salauds qui les méritent

Mais je n'sais plus où ils habitent...

Je bois...

À toutes les idées que j'ai eues.

Je bois aussi dès qu'ils m'ont eu

Mais à toi qui m'as défendu,

Mais à toi qui m'as défendu...

Ce jour-là,

Dans un café du quinzième,

Tu m'avais dit :

« je t'aime"

Je n'écoutais pas.

Y avait toute une équipe.

On parlait politique.

Je m'suis battu avec un type

Et tu m'as emmené

Comme un enfant blessé,

Comme un enfant blessé...

Je bois...

Au combat que tu as mené

Pour m'emmener loin de la fête.

Ce soir, je bois à ta défaite.

Je bois...

Au temps passé à te maudire,

À te faire rire, à te chérir,

Au temps passé à te vieillir.

Je bois...

Aux femmes qui ne m'ont pas aimé,

Aux enfants que je n'ai pas eus

Mais à toi qui m'as bien voulu,

Mais à toi qui m'as bien voulu...

© Fh. 2015   « La coupe »

© Fh. 2012 « L'appel » Portrait de Marie

© Fh. 2012 « L'insouciance » Hannah et Céline

©Fh.2010 « La tendresse » Portrait d'Esther

Le Temps Qui Reste
Serge Reggiani

Combien de temps...
Combien de temps encore
Des années, des jours, des heures, combien ?
Quand j'y pense, mon coeur bat si fort...
Mon pays c'est la vie.
Combien de temps...
Combien ?

Je l'aime tant, le temps qui reste...
Je veux rire, courir, pleurer, parler,
Et voir, et croire
Et boire, danser,
Crier, manger, nager, bondir, désobéir
J'ai pas fini, j'ai pas fini
Voler, chanter, parti, repartir
Souffrir, aimer
Je l'aime tant le temps qui reste

Je ne sais plus où je suis né, ni quand
Je sais qu'il n'y a pas longtemps...
Et que mon pays c'est la vie
Je sais aussi que mon père disait :
Le temps c'est comme ton pain...
Gardes-en pour demain...

J'ai encore du pain
Encore du temps, mais combien ?
Je veux jouer encore...
Je veux rire des montagnes de rires,
Je veux pleurer des torrents de larmes,
Je veux boire des bateaux entiers de vin

De Bordeaux et d'Italie
Et danser, crier, voler, nager dans tous les océans
J'ai pas fini, j'ai pas fini
Je veux chanter
Je veux parler jusqu'à la fin de ma voix...
Je l'aime tant le temps qui reste...

Combien de temps...
Combien de temps encore ?
Des années, des jours, des heures, combien ?
Je veux des histoires, des voyages...
J'ai tant de gens à voir, tant d'images..
Des enfants, des femmes, des grands hommes,
Des petits hommes, des marrants, des tristes,
Des très intelligents et des cons,
C'est drôle, les cons ça repose,
C'est comme le feuillage au milieu des roses...

Combien de temps...
Combien de temps encore ?
Des années, des jours, des heures, combien ?
Je m'en fous mon amour...
Quand l'orchestre s'arrêtera, je danserai encore...
Quand les avions ne voleront plus, je volerai tout seul...
Quand le temps s'arrêtera..
Je t'aimerai encore
Je ne sais pas où, je ne sais pas comment...
Mais je t'aimerai encore...
D'accord ?

Tous mes remerciements vont à :

Ma femme : Céline Rouge,

> qui m'a encouragé à continuer ce livre, commencé en 1994 pour s'achever en 2018.

René Sigrist,

> sans qui ce livre n'aurait pas pu voir le jour et qui fut mon mentor pour un temps.

Mes enfants : Hannah, Esther et Marie,

> qui m'ont donné la force de continuer d'écrire et de pouvoir transmettre une partie de l'histoire familiale à ma descendance.

© Fh. 2015 « Céline et moi, le 15-03-1997 à Briançon, France »

© Fh. 2012 « la rencontre » Paul Wittebols avec Marie, ma fille

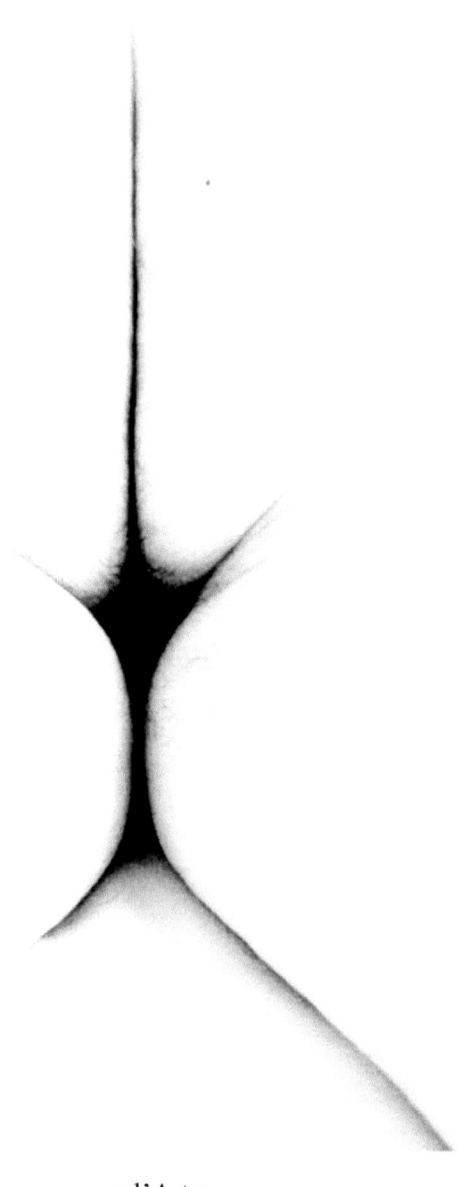

© Fh. 2015   « l'Art »

Table

©Fh.2015   « Notre mariage le 15-03-1997 »

Pour mes enfants :

Hannah, Esther & Marie hoebeeck-Rouge

Ce livre est inscrit dans la bibliothèque nationale de la royale Belge. Il sera donc toujours possible de le lire et de le retrouver.

C'est en quelque sorte une trace historique de notre famille que je vous écris. Il vous appartient de le transmettre et de compléter notre arbre généalogique au fur et à mesure que les enfants naîtront.

Papa qui vous aime